千亿之路

房地产企业规模跳涨的成功法则

明源地产研究院 编著

中信出版集团·北京

图书在版编目（CIP）数据

千亿之路：房地产企业规模跳涨的成功法则 / 明源地产研究院编著 -- 北京：中信出版社，2018.9（2021.1 重印）
ISBN 978-7-5086-9366-8

Ⅰ.①千… Ⅱ.①明… Ⅲ.①房地产企业 - 企业管理 - 研究 Ⅳ.① F293.3

中国版本图书馆 CIP 数据核字 (2018) 第 187443 号

千亿之路——房地产企业规模跳涨的成功法则

编　　著：明源地产研究院
出版发行：中信出版集团股份有限公司
　　　　　（北京市朝阳区惠新东街甲 4 号富盛大厦 2 座　邮编　100029）
承　印　者：中国电影出版社印刷厂

开　　本：787mm×1092mm　1/16　　　印　张：22.5　　　字　数：282 千字
版　　次：2018 年 9 月第 1 版　　　　　印　次：2021 年 1 月第 4 次印刷
书　　号：ISBN 978-7-5086-9366-8
定　　价：66.00 元

版权所有·侵权必究
如有印刷、装订问题，本公司负责调换。
服务热线：400-600-8099
投稿邮箱：author@citicpub.com

《千亿之路》编审委员会名单

总　编：徐　颖　吴浪雄

编　委：夏　凯　钟洪涛　黄　乐

　　　　王　刚　黄辉华　何科伟

前 言

2015—2017年，房地产市场迎来大分化、大转型。特别是2017年以来，相较于以前大丰收之后的皆大欢喜，房企的心情各有不同。其中典型的应该是喜悦与焦虑同在，喜悦的是企业规模和利润都在增长，焦虑的是不确定这种增长是来自企业的实力增长还是市场的红利，更让它们焦虑的是这种增长是否可持续，特别是在行业"天花板"已经显现，在大型企业规模持续增长的情况下，中小型企业将何去何从。

在和"别人家的孩子"比较之后，很多房企发现，原来强中更有强中手，增长竟然可以是跳跃式的。过去三年如果你的复合增长率只有30%，你都不好意思向领导交代。因为别人都是50%的复合增长率，甚至不少房企业绩连年翻番。因此众多房企不约而同地提出"千亿"销售愿景，希望抓住市场的后续机会快速做大规模，提升效率。

明源地产研究院基于对房企多年的研究成果，与各大房企资深从业者进行了广泛沟通，搜集整理了跨越"千亿"销售门槛所面临的一些重点和难点，全面解读并萃取典型房企成熟的升级策略。

在本书中，我们将回顾"千亿"销售愿景的前因后果，分析典型

千亿之路

房企的跨越之旅，并对其中的共性进行归纳总结，分别从布局与土地、资金来源与风险控制、标准化、运营调节、机制激活动力共五个方面展开讨论，挖掘并呈现最有效、最前沿的房企实践经验。

我们相信通往"千亿"有无数条路径，也有无数种方式，每一家企业都有自己的特色，单纯的"拿来主义"未必能够保证企业在"千亿"追逐中一帆风顺，但通过观察成功者留下的印记，却能让我们更好地反思、融合、再提升。

明源地产研究院将持续关注房企在"千亿"浪潮中的种种创新和实践，并及时与你分享。

本书涉及的企业和行业数据，均根据行业公开数据整理。数据主要源于上市房企发布的年报、金融数据和分析工具服务商Wind（万得）、行业分析报告、企业在网络公开的数据。

目 录

《千亿之路》编审委员会名单／Ⅰ

前言／Ⅲ

第一章　千亿焦虑与狂欢

一、千亿焦虑／4

二、千亿狂欢／9

三、千亿背后的求变探索／13

第二章　条条道路通千亿

一、典型企业的千亿打法／23

二、千亿房企主要路线／38

三、实现千亿跨越的关键举措／41

第三章　精挑细选拿土地

一、优化区域布局，借势规模增长／49

二、升级城市研判，创新评价模型 / 76

三、强化内部管理，推动管理创新 / 129

四、积极探索并购，助推规模跳涨 / 137

第四章 资金来源策略与财务风险控制

一、冲刺千亿元销售目标需要过心理关 / 154

二、资金来源四大策略 / 155

三、快速调整借贷结构 / 164

四、有效控制负债风险 / 166

五、追求现金流的快周转 / 170

六、小结：风物长宜放眼量 / 180

第五章 标准化助推千亿跨越

一、标准化是房企的发展利器 / 186

二、不同房企的标准化实践 / 189

三、标准化内涵与实践挑战 / 193

四、运营标准化的具体内容和举措 / 200

五、整体标准化推动的路径和组织保障 / 211

第六章 重视运营的调节机制

一、运营内涵变化 / 220

二、运营是节奏调节器 / 224

三、运营是经营观察室 / 232

四、运营的组织保障 / 252

五、大运营的"1352" / 256

第七章 努力实现快周转

一、快速开工，降低项目的资金占用量 / 272

二、快速销售，打出品牌，提升去化 / 277

三、快速回款，提升造血功能，助力快速扩张 / 290

四、快周转的基本前提和重要保障 / 304

第八章 构建合理机制　充分激活动力

一、激励创新，激发自组织时代最大潜能 / 312

二、鼓励内部竞争，规避盲区 / 316

三、严考核锻造超强执行力 / 319

四、计划强管控，提升开发效率 / 338

后记　千亿房企的路径选择

第一章

千亿焦虑与狂欢

2017年，我国房地产行业发生了极大的变化，行业整体获得了极大的丰收。纵观房地产行业，其销售总额从2011年的6万亿元，增长到2013年的8万亿元，然后在8万亿元的水平维持了2年的时间，2016年的销售总额突然增长到近12万亿元，而2017年的销售总额更是前所未有地超过了13万亿元。从当前的情况来看，2018年行业的销售总额也将维持在13万亿元这个水平，甚至超越这个水平。

在这样的背景下，有相当多的房企取得了极其快速的成长，但是也有为数不少的房企未能跟上趋势，未能在销售额年度榜单上保持此前的排名。众多房企怀揣着千亿跨越的期望和焦虑（如图1-1所示）。

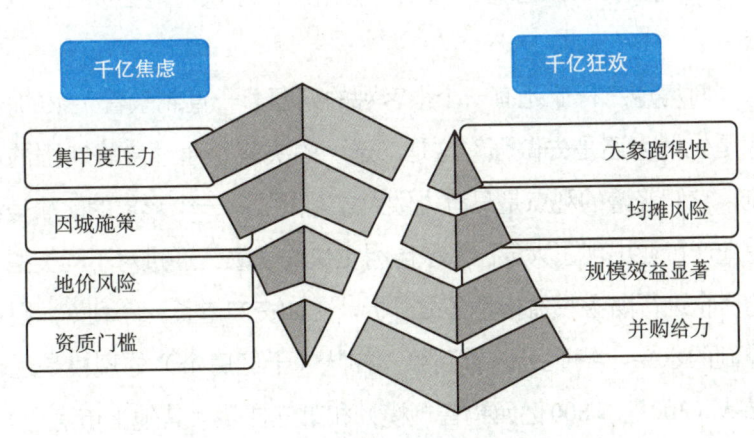

图1-1 房企的千亿焦虑和千亿狂欢

千亿之路

一、千亿焦虑

不少名不见经传的房企迅速崛起，也有不少老牌房企在行业排名中快速下滑。房地产行业正处于风起云涌的旋涡中，对于很多中小型企业而言，"千亿"销售是一种目标，更是一种焦虑。

（一）集中度快速提升带来危机感

近年来，房地产行业的集中度突然变成了一个非常敏感的指标。十年前排名第一的房企，其销售额在行业的占比还只有2%~3%，但是近年来这个指标在持续增长，前3强的房企销售额在行业的占比从三年前的8%迅速增长到13%，前30强的房企销售额在行业的占比从26%增长到38%，2017年上半年，前50强的房企销售额在行业的占比超过50%。通过线性预测，到2019年，前10强的房企销售额在行业的占比将会从25%增长到40%，行业"天花板"会从2017年的13万亿元增长到15万亿元。那么根据行业占比40%计算，前10强的房企的平均销售额将达到6 000亿元。6 000亿元意味着在2017年还可以成为房地产行业的龙头。可以想见，未来的房地产行业很可能会成为少数人的游戏。

同时房地产行业还有一个很客观的问题，一直刺激着大家的神经：到底是先做大还是先做强？这是二选一的决策。通过与前20强的房企交流，它们普遍的观点是只有先做大才能做强。一个形象的比喻是，目前房地产行业出现了大象比猴子跑得更快的现象。通过对不同类型、规模的房企进行财务收益指标多维分析，比如资产增长、净利率、财务费用控制的水平，我们可以看到第一梯队（千亿房企）的规模是远超第二梯队（300亿~800亿元销售规模）和第三梯队（其他上市房企）的。

按照这个态势演化下去，未来第二梯队、第三梯队还会有特别发展的机会吗？这个值得大家进一步思考。

另外，政府的政策也在不断变化，例如上海市政府对房企的要求与房企对供应商的要求越来越像，政府对企业资质提出了刚性要求，更加关注房企的经济实力、项目经验、技术资质等。

集中度的快速提升，对于很多企业而言，带来了严重的危机感，很多中小型企业的生存空间受到了极大的挤压。与此同时，规模集中的压力已经逐渐传导至100亿元左右销售规模的企业，其中受到最大挤压的应该是二、三线城市单区域发展的本地龙头企业。在这些区域的龙头企业受到挤压后，很多企业被迫进行跨区域发展，而进入管理的陌生领域必然带来更大的压力。

（二）政策与方向多变也让人无所适从

行业发展迅猛，政府的政策也同步发生了很多的变化，因城施策、租售同权、营改增等多项政策的出台，更是给房地产行业从业人员带来了极大挑战。

以前每一年都有一个调控主题。大家都知道政策对房地产行业影响较大，但是多数房企并未深度关注政策。基于大数据分析，我们可以看到中国实体经济持续走低，我国持续多年的高储蓄率，导致了购买需求集中爆发。针对这种趋势，当下的调控政策在不断地演变。以前房企只关注自身的经营账，但在未来需要在关注企业经营账的基础上，进一步关注政府的经济账，因此目前行业内非常多的企业纷纷成立了地产研究院。

全面跨区域发展的房企必须面对不同区域的不同政策，不少土地本身就带有特定的要求，另外，要求建码头、游乐场、配套产业、教育设施等的项目越来越多，不同项目都会有不同的做法。这些对房企的经营和项目开发均带来挑战。

多种业态和产业并举、城市运营商等地产开发的概念不断提出，也在考验着房企的神经。每一家房企都要寻求自己的特色，转变原有的地产开发商角色，同样具有极大的挑战。

（三）地价越来越高，企业的风险越来越大

"地王"频现——地价越来越高已经是一个不争的事实。数据显示，2016年北上广深四大一线城市土地楼面价同比增长72.2%，二线城市涨幅更是达到86.7%，超过房价的上涨幅度。而在2017年，虽然各地政府大幅度增加了土地供应，但是1~10月，土地成交金额相比2016年全年上涨了62%，成交面积同比增长42%，显然土地的价格仍然在不断上涨。

由于众多房企的疯抢，地价不断高涨，一线城市的土地签约金额已经刷新了一线城市住宅土地成交金额的历史纪录。另外，政府对拿地企业的资金审查力度也在不断加强。比如从2017年2月21日起土地拍卖实行新规定，对于房企自有资金的审核比此前更严厉，而且一旦房企报价超过自有资金额度，便会被直接取消参与拍卖权。

这种土地市场价格的暴涨，大型房企都在疯狂地抢地，同时政策上也逐步限制小规模企业的拿地，导致中小房企在拿地时进退两难：一方面希望获得土地维持发展，另一方面却又难以获得平价的土地资源。地价高涨意味着要承担更大的风险，房企未来的发展和成长空间受到了极大的挑战。

（四）土地市场对企业资质的刚性审查趋严

上海土地采用招标挂牌复合式出让，规则发生了明显的变化，这对很多企业的资质提出了刚性要求，同时政府的审查将变得更为严格。

这种资质审查主要涉及经济实力、技术资质和项目经验三个方面。

经济实力：最近三个会计年度合并财务报表中总资产、净资产、净利润率和净资产收益率的三年平均值，是经济实力各评分项的计算依据，平均值越高得分越高。在这一点上，大企业占有明显的优势。

技术资质：主要包含三条，一是上一年度央行认可的评级机构出具的信用评级，按规定等级评分；二是上一年度房地产开发资质，按规定等级评分；三是近三年中国房地产开发企业百强平均排名，按规定等级评分。显然大企业也占有明显的优势。

项目经验：要求近三年在境内"一线城市"及所有境外城市自行开发（在建和已建）的住宅情况，按规定等级评分，涉及各种类型的总建筑面积、所获奖项等。以上都需要提供真实的证明材料。

上面所述的土地出让规定短时间内只有上海这一个城市在推行，但是众多房企均担心，这种土地招拍挂模式既考查企业的综合实力，又要求企业有一定的排名和规模，后续很可能大范围推广。对于中小型房企而言，未来很可能无法获取足够的土地资源，从而将退出房地产市场。

（五）资金来源偏向大规模企业

近年来，银监会等监管机构对于银行房地产信贷投放监管越发严格。2017年4月，银监会发布《中国银监会关于银行业风险防控工作的指导意见》，重点指出要坚持分类调控、因城施策，防范房地产领域风险；要求分类实施房地产信贷调控，强化房地产风险管控，加强房地产押品管理。

2017年年底，银监会发布《中国银监会关于规范银信类业务的通知》，明确商业银行和信托公司开展银信类业务应贯彻落实国家宏观调控政策，遵守相关法律法规，不得将信托资金违规投向房地产、地方政府融资平台、股票市场、产能过剩等限制或禁止领域。

同时，不少商业银行也正在根据宏观经济形势以及政策环境变化主动调整信贷结构，在自身风险偏好框架内寻求风险收益的最大化。

对于房企而言，整体资金来源正在面临结构化的调整期。根据行业数据分析，业内企业普遍认为，房地产行业的集中度将进一步加强，未来三年，前3强房企的销售额将占行业的30%，前30强房企的销售额很可能会占到全行业的70%。对于金融资本而言，与其到处找缺钱的主，还不如直接借钱给有规模、有信用基础的前30强的房企，这将是未来的主流。

对于很多未能冲进前30强的房企而言，在未来的竞争中，不管是企业的权益乘数还是企业的资金成本，无形中都将会受到制约，强者恒强的法则会表现得更为明显。

（六）大型房企具有更大的话语权

我国的房地产市场较为复杂，部分城市房地产价格持续上涨，部分城市表现温和，还有些城市正在为去库存而焦虑。国家统计局的数据显示，2017年，在70个大中城市中，一线城市的房价与上年相比略有下降，二、三线城市房价略有上涨，有些城市房价已经处在下行通道。

对于管理层而言，围绕房地产行业建立长效机制，建设完善的房地产监管体系，通过一套"组合拳"，有效地引导房地产市场向着有序的方向前进是关键所在。自2016年以来，一线城市限购政策逐渐升级，二线城市也逐渐开始限购，三、四线城市房地产市场热度较前几年有所上涨。在制定政策时，若不顾城市的自身特性，一刀切式地将局部房地产政策同中国宏观调控政策保持一致，势必会造成政策"水土不服"。大部分城市管理层希望能够营造一个因地施策和分类调控的政策环境，打击"快进快出"以及跟风炒作的风潮，同时又满足刚需和改善型住房的要求。针对单一城市，管理层甚至可能根据城市区域和市场的不同而制定"收、限、放"等不同的应对策略：针对核心区域收紧限购，避免房价剧烈波动，导致房价的混乱；对于合理区域则通过强化备案制度，限制一定区域的房地产价格；对于库存较高的区域则采取放松策略，当然在考虑限购松绑的同时，也须保证房价并不会因为"松绑"而出现明显的反弹。

因此"一城一策""因城施策"成了管理层的主要思路，但是如何才能真正制定出合理的制度，并保障制度切实可行，仍然需要结合当地市场和市场参与者来完成。在行业集中度高涨的背景下，不管是中央管理层还是地方管理层都会联合行业内排名靠前的企业进行政策的研讨，这种方式是最为高效的施政模式。此时，行业前30强的房企或者地方前5强的房企在政策方面有更大的话语权和更强的前瞻性。对于小型房企而言，在政策方面则会丧失话语权，逐步被边缘化。

总的来说，在行业高速发展的过程中，两极分化现象是明显的。这种两极分化，给中小企业带来的是更多的焦虑，从而激励它们努力扩大规模。

二、千亿狂欢

当中小型房企都在感叹房地产"白银时代"和"下半场"到来的时候，不少规模极速增长的企业却认为这个时代是房地产行业的狂欢季，正如融创中国（以下简称"融创"）董事长孙宏斌在某论坛发表的观点：这是钻石时代。事实上恒大、融创等企业用杠杆和激进的开发模式撬开了属于它们的"钻石时代"。

它们在发展过程中不断地攻占小公司的市场份额，不管是销售额还是利润，这些企业都取得了极好的成绩。其实不单单是这几个企业，

千亿之路

在前30强的房企中，很多房企都借助快速做大规模获得了非常好的业绩，在行业中获得了极大的关注。2015—2017年可谓是房地产行业大型房企的整体狂欢季。

（一）大象比猴子跑得快

2015—2017年，房地产行业的销售规模在疯狂增长，在这几年里，有不少企业单年度销售额增幅超过100%，也有企业连续几年的复合增长率超过50%。

通过对2016年的房企年报数据进行分析，我们可以发现，销售规模在1 000亿元以上的大型房企具有典型的特征，它们的总资产增长率达到31%以上，远高于销售规模在300亿~800亿元的房企，相对更小型房企的1.5%的增长率而言，更是遥遥领先。

传统上，大家普遍认为大型房企要获得高增长难度更大，小型房企因为基数小，增长肯定更为可观，但是在当今的房地产行业，呈现大型房企的增长高于中型房企，中型房企的增长又高于小型房企，表现出非常明显的"大象比猴子跑得快"的现象。

（二）多城市布局均摊风险

中国房地产市场发展差异明显，不同的城市和区域发展不均衡，分化也更加显著。比如，北京、上海等一线城市及杭州、南京等二线发达城市房地产市场量价齐升，库存消化时间持续下行，未来市场发展依然向好，而三、四线城市在未来可能会面临挑战，市场销售乏力，库存去化时间较长。

多区域的全国布局，有利于企业分散风险，有利于企业快速对多区域进行资源和目标的平衡。小规模房企只能在单一或少数几个城市发展，容易受到政策或者市场环境的冲击，而且面对行业周期性的波动，抗风险能力较低。大规模房企因为项目分布广，产品类型多，所属区域和城市级别相对均衡，因此在面对市场波动时，不管是对城市热点的轮动，还是对政策的变化，都有较好的应对能力，通过运营的调节作用，总能实现"东边不亮西边亮"的效果。

庞大的规模也有利于聚焦深耕，大型房企凭借对城市特点和需求特点等的深入了解，能够实现销售规模的持续增长。另外，挖掘并洞察客户需求是房地产有效去化的不变法宝。随着市场的发展与饱和，客户的需求必将发生变化，此时房企只有深耕才能更好地收集、沉淀并挖掘出客户的真实需求，在竞争中获得先发优势。而庞大的规模，能够让企业在更多区域推广深耕策略，这也是大型房企区别于小型房企机会式散点布局的根本优势。

（三）规模产生效益

通过对2017年房企年报数据进行分析，我们发现，大型房企在企业规模、净资产收益率、净利率三大指标上处于绝对的领先地位，在体现内部管理效率的营销费用率、管理费用率、财务费用率三个数据上则是明显低于中小型房企。从数据来看，销售规模在1 000亿元以上的大型房企的企业绩效远远好于中小型房企，如果说5年前大家都在说规模不经济，那现在的情况已经非常明显，规模带来了极好的效益。

对于房企来说，规模不单单带来了行业排名（地位），更重要的是实实在在地为企业带来了效益，其项目和产品的品牌溢价更高、拿地成本更低、融资成本更低、管理费用更低。因此，众多的房企提出了"千亿"跨越的口号，"千亿"不是目标，规模、排名、效益才是大家的追求。

（四）并购市场纵横捭阖

从房地产行业的发展趋势来看，房企从初创期的百花齐放，最终都将走上整合与联盟的道路，行业内的企业数量将急剧减少，"快鱼吃慢鱼、大鱼吃小鱼"的现象将成为常态。

并购与合作开发应该是很多企业规模发展的主要手段，最近几年房地产并购单数呈现指数级增长。并购规避了招拍挂市场的激烈竞争，能够获得成本较低的土地，成为高成长型房企"直道超车"的最佳路径。

在并购市场上，规模越大的房企并购的选择更多，议价能力更高，还可以借助背后的资源，包括融资渠道、产业渠道甚至是存量资源等，无形中产生了更多的增益效果，也能够让企业在并购中占有相对的领先位置。同时大型房企在并购中形成的口碑也能够让其有更多选择，可以构建更为完善的风险评估机制。

同时，合作新时代已经到来，四大资产管理公司慢慢地成为房地产行业的新主角。数据统计发现，目前前50强的房企已全部涉及合作开发，并且合作开发的比例都在不断加大。目前，在企业对外部政策环境、融资成本、土地获取等各类因素无法左右的情况下，不同的企业间会将各自最优势的环节强强联合，来谋求共同发展，这背后的资本的力量不容忽视。

整体而言，规模的增长给房企带来了各种优势。如今的这个时代，对于大型房企而言是钻石时代，对于中型房企可能是白银时代，对于小型房企则很大可能是后地产时代。在这种背景下，房企在战略上的选择，更多的是倾向于先做大再做强，甚至很多企业认为，做大了自然就做强了。然而，"千亿"其实并不是一个确定的名词，并不代表销售规模达到了1 000亿元就实现了"做大"，而是代表着在行业中的排名、市场占有率和话语权的争夺能力。因此，追逐"千亿"成为众多房企的首要目标。

三、千亿背后的求变探索

百舸争流千帆竞，乘风破浪正远航！

在新时代，房企规模在跳涨，房地产行业中不同规模的企业，在未来的发展道路上发生了分化。大量的研究分析发现，行业内未来将主要并存五类发展主体（如图1-2所示）：第一类是行业龙头，包括万科、碧桂园、恒大、融创等前20强的房企；第二类是区域龙头，比如绿城、建业、金科等在各自所在省份及周边三、四线城市深耕的企业；第三类是细分领域龙头，它们不以地域而是以其专注领域，即细分的客户、产品或者服务为深耕目标，比如泰禾、绿城、远大、康桥等企业；第四类是破局者，是从其他行业跨界到地产行业的企业，比如链家、世联行、京东、新派、清华等，这些破局者为房地产行业带来了一些新的变化，注入了一些新鲜血液；第五类是国企，这类企业很特殊，当前正处于经济发展周期的关键时期，以国企为排头兵的改革引领非常重要，而国企

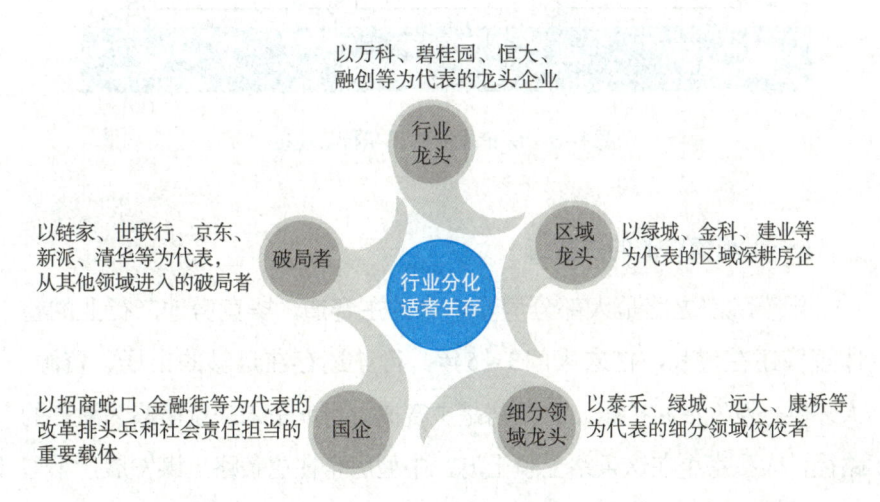

图1-2 未来房地产行业将并存的五类发展主体

千亿之路

有国有资本作为后盾，会成为将来行业中不可或缺的一个主体。

市场的分化，必然导致企业的发展方向、发展重心发生变化。那么，这些企业将如何应对行业变化？如何适应地产新时代的新特征？它们的生存之道是什么？通过大量的样本分析，我们总结出房企发展的三条核心路径（如图1-3所示）：第一条是规模跳涨之路，第二条是小而愈美之路，第三条是泛地产探索之路。每一条路径都有自己背后的发展逻辑，也都有不同的提升渠道和关键业务，增长的速度和速率也各不相同。

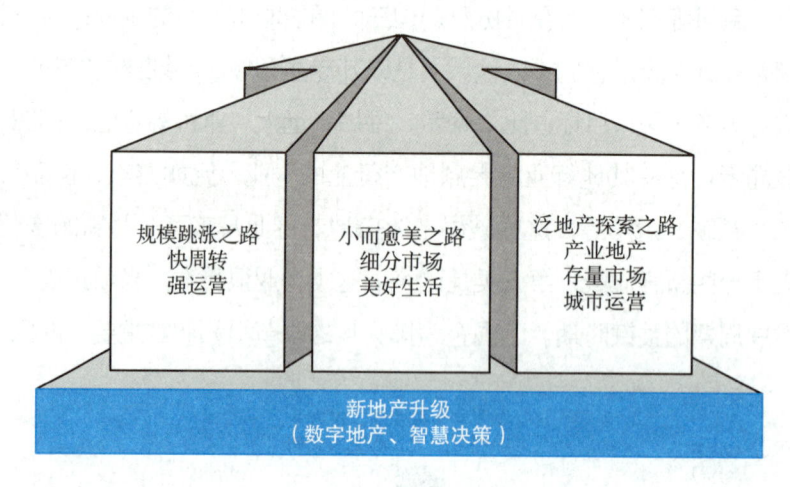

图1-3 房企发展的三条核心路径

（一）规模跳涨的主赛道

规模跳涨之路是大部分房企未来的主赛道，毕竟房地产行业的整体规模还在增长，在未来的3~5年，行业还存在足够的市场、资源、人才供企业发展和扩张。这条路是主赛道，也就是未来竞争最为激烈的路径，大型房企在这条路上争上游，中型房企在这条路上谋发展，小型房企在这条路上求生存。

第一章　千亿焦虑与狂欢

在这条路上，规模是企业最大的追求。房企之间进行着激烈的"排位赛"，1 000亿元的销售规模则是"参赛选手"的基准线。当前前5强的房企为整个房地产行业提供了风向标，它们的布局策略、标准化、开发模式、运营管理、激励模式等都被同行竞相模仿并试图超越。

比如恒大冲刺千亿元的销售目标关键离不开产品标准化，离不开其超强的营销能力，也离不开其特有的资金整合模式。再比如万科，其运营管理模式、合理有效的管理制度、产品标准化为企业立下了汗马功劳。再比如碧桂园，其独特的激励模式、布局策略、快周转策略成为行业中争相模仿的形式，不少企业就明确提出对标碧桂园，并在过去两年时间里取得了很好的业绩。对于大部分房企来说，这条路是一条安全的道路，毕竟还是围绕它们最擅长的方式在开展业务，各种业务环节不用发生太大的变化。

对于中小型房企来说，这是一条极具挑战性的道路，毕竟它们需要和更多的大型房企短兵相接。同时中小型房企和大型房企在核心能力上还存在较大差距，需要企业进一步挖掘客户需求、打磨产品特性、调优运营管理。

（二）小而愈美的差异化赛道

"房子是用来住的，不是用来炒的""我国社会主要矛盾已经转化为人民日益增长的美好生活需要和不平衡不充分的发展之间的矛盾"，这两句话充分显示了政府对房地产行业未来的定位和发展的方向。

这些年房地产行业能够取得如此高速的发展，得益于两个重大的红利，第一是土地红利，第二是人口红利，这两个红利现在都逐渐在消失。随着2017年中国的人均收入达到8 800美元，接近发达国家的1.2万美元的门槛，消费升级时代已经到来。企业或者创业者想要赢得新一轮的发展机遇，必须把握好消费升级这个红利，而把握这个红利的关键

千亿之路

就是深刻洞察消费升级期的客户需求，这将是"弯道超车"的一次绝佳的机会！

小而愈美之路主要是以"构筑美好生活"为目标，通过深刻的客户需求识别，并通过企业产品和服务的创新、迭代，切入细分市场，逐步做大做强。从现有情况来看，大规模房企在试探性地进入，而很多以产品力见长的中小型房企在这个领域中更是凭借长期的积累获得了不错的成绩。可以说"构筑美好生活"一定是未来房企的发展趋势。

小而愈美的关键点有两个，一个是针对细分市场，发现细分的客户需求。客户可细分为五大客群：刚需群体、刚改群体、终改群体、乡绅富农以及品质追求者（如图1-4所示）。另一个关键点是精准的产品和服务打造，善于发现和挖掘美好生活中的各种体验要素，绿色、智能、节能、体验都是其中的敏感点。

图1-4 细分的五大客群

比如超大城市的流入人口，居住是他们的刚需。目前来看，针对刚需、刚改群体的公寓产品，其产品形态远远不足，仍有极大的挖掘空间；对于终改群体，即使有泰禾等企业面向这些客户提供相应的产品，但无论是产品方面还是服务方面，仍然有很大的市场空间；乡绅富农，可能在一、二线城市买不起房，因而会选择回家买一栋乡村别墅，针对此类客户的需求，远大推出了Bhous（远大美宅）产品，对于品质追求者，满足他们的需求，也是未来的趋势所在，比如朗诗就在这条路上走得很好。

当然小而愈美需要注意一个陷阱，就是极致客户定制，极致产品质量。企业必须从生意的角度重新看待匠心精神，发现客户需求的敏感点或者购买杠杆点，并提供相应的产品和服务，而不是一味地追求极致，否则很容易陷入花了大把时间和资源建造了不错的产品，但是在规模和市场话语权方面错过了发展机遇。在某种意义上，小而愈美领域也需要规模、效益、口碑的平衡。

房地产行业表面上看是一片"红海"，企业之间竞争激烈，艰难求存。但是在客户需求的细分领域，其实仍是一片"蓝海"。企业只要结合自身优势，守住细分市场的"蓝海"，就一定有广阔的空间。

如图1-5所示，企业可以通过精细化、差异化、绿色化、智能化、服务化运营，打造具有特色的产品。精细化就是深度研究目标客群的生活场景，打造基于体验的"人性化"精品。差异化则是适当细分目标客群，创造性地为其提供适用的新品。绿色化则是围绕环保，发展绿色科技，铸造节能环保产品。智能化则是围绕居住中的智能设备，整合智能

A 精细化：深度研究生活场景，打造"人性化"精品
B 差异化：细分目标客群，创造"个性化"新品
好产品会说话
C 绿色化：发展绿色科技，铸造节能环保产品
D 智能化：整合智能家居技术，建设"智慧人居"
E 服务化：提供软性服务内容，满足"美好生活"的精神需求

图1-5 打造具有特色的"好产品"

家居技术，建设"智慧人居"。服务化则是基于客户的居住体验，提供软性服务内容，满足"美好生活"的精神需求。

（三）泛地产转型探索的新赛道

泛地产转型之路也是当前比较热门的话题，不少领先企业已经提前进行布局，探索行业发展的新机遇。不少企业将这种方式称为"换道超车"。其主要方式有以下几种：产业地产、存量市场和城市运营。

第一种是产业地产。

在国家政策的大力支持下，很多企业纷纷开始打造各种各样的小镇。一开始，它们打着这个旗号去拿地，到后来发现不转型便行不通。因为这种方式并不能为社会带来本质的价值提升，仅是地产业务，容易形成空心化的居住社区。对于政府而言，这种挂着产业的名义实则做地产开发的形式越来越受到排斥。房企需要洞察其中的根本变化，才能占得一席之地。

产业地产的关键词是产业而不是地产，因此必须围绕产业挖掘关注点。一是真正做产业，而不是做地产，其核心在于打造产业链，这也是未来转型的重点。二是解决资金难题。产业地产无论是前期规划还是产业的投资，从规模而言，都不是传统的地产模式可以相提并论的。企业需要先在产业中进行培育然后才能获得相应的收益，且必须保证长期且低廉的资金引入。三是解决长远的盈利问题。产业配套重要的是要考虑产业的生存问题和盈利问题，否则地产难有长远的发展。四是实现1+1>2。对于房企而言，在产业领域有着天然的门槛，因此房企经常会选择产业排头兵进行合作，比如与在科技创新领域、医药健康领域都发展良好的企业合作，打造科技小镇、健康小镇等。如何确保1+1可以大于2是很多企业需要去思考的核心问题。

可以说产业地产考验的是参与者的产业思维、生态链思维，这已经远远超出了地产的范畴，因此大部分房企都在尝试、探索。当然，如果形成了规模和差异化能力，则远景极其可观。

第二种是存量市场。

当前对于房地产行业而言，存量市场领域已经不是说要不要布局，而是变成了应该怎么布局的问题。

有哪些因素促进了这种转变呢？主要有四个因素：存量开发、存量经营、存量社区和存量金融。房企需要瞄准这些方面来重点发力。

从增量市场到存量市场，房企的主战场要从增量开发转到存量改造，从短平快运作转向持有运营，从以前的空间为王转变为现在的内容为王；而在赢利模式上，也是从产销模式逐渐过渡到资产管理模式。

总体来看，房企的经营决策者需要关注的是：增量市场赚的是快钱，存量市场赚的是慢钱，但未来会赚大钱。当然这也跟国家的宏观政策、金融政策息息相关。

第三种是城市运营。

目前，很多房企都提出了城市运营的口号，但是将来是否真的能做成，取决于房企的实力。房企可以在短期内不过多地考虑赢利指标和投资回报，而是争取更多的政策扶持和资金扶持，并且形成更强的人才吸附力。所以在这个领域中，国企可以走得更远。

总体而言，房企要想在行业中占有一席之地，并获得长期的生存与发展的空间，规模是硬要求。在追求规模的过程中，千亿万亿的规模跳涨之路是众多房企的主赛道，当前90%的企业仍将在这条赛道上你追我赶。小而愈美是看得见的差异化赛道，也必将成为众多中小型房企在发展过程中的大赛道。而泛地产领域转型探索之路仍然处在迷雾当中，房企需要在这个领域中多尝试、多总结。

房地产行业正在进行跨越时代的变化，从以前"资源至上"的时

千亿之路

代，变成现在"能力为王"的时代，而房企只有把握行业的变化，进一步跟进市场的需求，才能在千亿之路上越走越快，在转型之路上越走越稳。

对于大部分传统房企而言，小而愈美之路和泛地产转型之路，更多的是对未来方向的一些探索，在策略上还有很大的盲区，而企业的核心能力还需要更长时间的打造和培育。

第二章

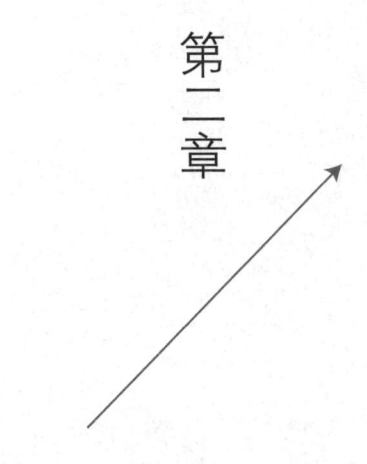

条条道路通千亿

正如前文所述,千亿规模对众多房企而言充满了各种诱惑,同时也在鞭策着很多企业往千亿规模靠近。当然千亿规模并不是严格地达到1 000亿元的销售规模,而应该理解为企业规模做大的期望(可能用销售额来衡量,而行业中更认可的是利用排名来衡量),比如不少企业追求进入前10强,有些企业追求进入前20强、前30强、前50强等。这种诉求的背后一方面是强调规模的增长,另一方面是担心掉队,担心被行业边缘化。

如何才能在规模和排名上保持前列呢?也许跟随和模仿是其中最好的策略。"学习万科好榜样"是10年前最具代表性的口号,后来龙湖的七巧板运营管理也成为很多企业的管理样本,随着华夏幸福的崛起,产业地产也一度盛行。最近几年,恒大、中梁、阳光城等企业的异军突起,快周转策略也成为很多企业冲击规模的不二之选;融创和阳光城的快速做大则展示出并购对于企业业绩垂直起飞的过人魅力。接下来我们"以史为鉴",透视企业千亿奔袭的主要路径。千亿房企的主要成长路径如图2-1所示。

一、典型企业的千亿打法

纵观房地产行业,各家房企通往千亿阵营的路径各有特点。虽说市场大环境功不可没,但聚焦到不同房企,它们各有各的打法,各有各

千亿之路

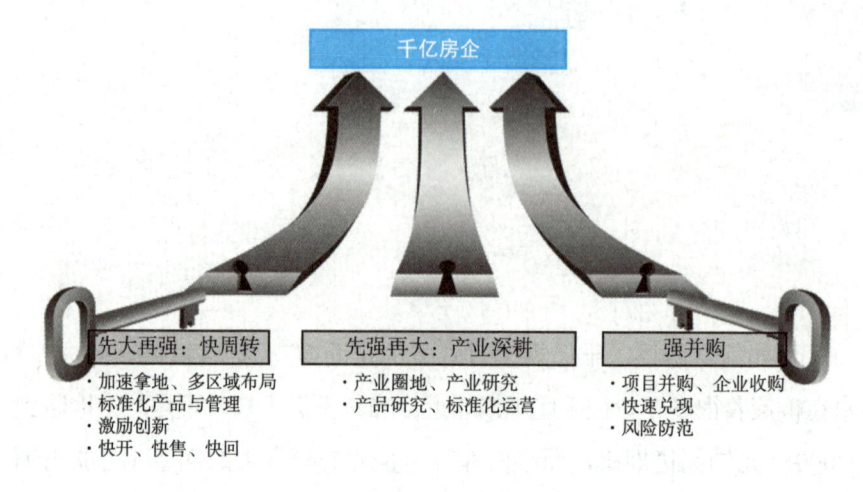

图 2-1　千亿房企的主要成长路径

先大再强：快周转
- 加速拿地、多区域布局
- 标准化产品与管理
- 激励创新
- 快开、快售、快回

先强再大：产业深耕
- 产业圈地、产业研究
- 产品研究、标准化运营

强并购
- 项目并购、企业收购
- 快速兑现
- 风险防范

的奇招。接下来，我们就来看看几家典型房企是如何通往千亿之路的。

（一）B企业的千亿之路：大象能起舞

B企业1992年成立于广东，2007年在香港上市，2017年正值该企业创立25周年、上市10周年。该企业相较上市之初已然发生根本改变，昔日蜗居广东一隅的区域房企，现已华丽转身，多项经营指标实现较大增长。以下我们对该企业的年报数据和公开数据进行分析。

从业绩规模来看，B企业在2012年以前，企业的销售规模还停留在500亿元以下，2012年全年销售额仅为476亿元，2013年却猛然发力，以1 060亿元的销售业绩闯入千亿阵营，排名跃升至行业第六，2014年及2015年销售额也稳定在千亿元以上。2016年销售规模直接跳过2 000亿元，一步跨到了3 000亿元，实现业绩跨越增长，跻身行业前三名。2017年，其销售规模再上新台阶，销售额突破5 000亿元，再度演绎了"大象能起舞"的神话。B企业的业绩表现如图2-2所示。

图2-2　B企业近六年销售额及同比增速

数据来源：企业年报，明源地产研究院。

从1 000亿元到3 000亿元，再到5 000亿元，仅仅数年时间，在企业销售规模跳涨的背后，到底都有哪些推动力呢？我们经过梳理总结发现，标准化、激励模式的创新等，正是其规模持续增长的秘诀。

1. 标准化练内功

综观已经迈入千亿殿堂的几个典型房企，无一不是先在标准化上下功夫，不断修炼内功并取得卓越成效后，才开始全面加速，获得更大的规模，进而获得更高的市场地位。从公开的信息可知，B企的标准化主要体现在以下几个方面：

（1）拿地标准化：B企推行的土地拓展的刚性原则是必须获得能够成就共享的土地。而成就共享有两个方面的要求：一方面是现金流的要求，一年内自有资金投入全额回笼，回笼资金大于自有资金投入与年化自有资金收益之和；另一方面是利润的要求，要求项目净利润大于自有资金按年折算后的金额。如果新项目不能获得成就共享，相应的区域总经理、项目总经理均会受到处罚。

（2）产品标准化：B企沉淀了自己的"3+2"的产品体系，即以郊区大盘、城区快盘、城市综合体为主导，积极介入保障性住房项目，适当发展商业项目。同时，从"户型标准化""建筑立面标准化""结构标准化""水、暖、电标准化""精装修标准化""园林标准化""成本标准化""采购标准化""验收标准化"几个维度，真正将产品标准化全面落地执行，进而不断提升产品质量。除此之外，企业还不断进行产品升级、丰富产品线，因城施策，针对不同级别城市的不同客户群体，打造适配的产品形式，满足刚需、中高端客群的不同需求，最大化地提升产品溢价。

（3）运营体系标准化：从"组织架构标准化"、"流程制度标准化"和"模板标准化"三个方面重点发力。组织架构标准化界定了四级组织架构的工作界面，同时也定义了不同成熟度的区域的决策范围。流程制度标准化将企业的各个专业线的作业标准、决策流程都进行了清晰的定义，有利于新进入城市的项目快速复制和引用，保障项目的开发效率。而模板标准化更是将开发计划的每个工作项的方案、指引、套表、审批表单、作业表单等都进行了标准化，可以帮助新员工快速上手，也可以规避一线作业过程中的不规范带来的各种风险。支撑快周转的、全链条成熟的战略运营体系，是B企积蓄力量、厚积薄发的关键因素。

（4）客户服务标准化：为了确保项目去化目标的快速达成，如何精准地满足客户对于相关服务的需求，也是B企的核心关注点。因此，将全国的客户服务标准从"交楼标准化"、"客户满意度标准化"和"客户反馈标准化"三个方面予以真正固化，并且形成反馈闭环，进一步驱动前端设计、施工等环节的业务改善，不断提升整体的客户服务质量。

2. "双享"激励机制助推快周转、高收益

在做好标准化之后，B企在激励模式上也进行了大胆革新，并使其成为跨越千亿之路的另一个关键助推器。激励模式的创新主要体现在"双享机制"上。

（1）成就共享。2012年B企推出业内首个合伙人制度——成就共享，以之提升企业运营活力，促进员工发展。实现成就共享有两个前提：一是现金流，要求项目原则上一年内实现自有资金投入全部回笼；二是净利润，要求只有回笼的自有资金超过自有资金投入与年化自有资金标准收益之和时，项目才可按季度计提超额净利润股权金额，计提比例原则上为15%，特殊项目可适当调整。达到成就共享的奖励条件后，成就共享股权金额每半年以现金奖励及直接购股方式进行分配。

在成就共享机制下，一线项目团队的积极性得到了极大激发，激励其主动做好拿地与市场研究，只拿能获取成就共享的地块，并实现快速开工、快速销售、快速资金回笼，有效地提升了项目开发运营效率，有力地推动了快周转目标的实现。可以说，成就共享对B企起了关键作用，是其规模跳涨、跻身千亿军团的一支强心剂。

（2）同心共享。2014年10月，在成就共享的基础上，B企优化改革推出了同心共享，即项目跟投的合伙人模式，与成就共享合称为"价值双享"。同心共享机制通过跟投人投入自有资金、分享项目红利的形式，实现"利益共享、风险共担"，充分绑定核心骨干的利益。其本质在于将跟投人视为战略合作伙伴，员工与公司不仅是老板和伙计的关系，也是大小股东的关系。同心共享的运作模式是，B企与区域公司共同组建项目合资公司，B企持85%以上的项目股权，有资格参与的管理层员工可跟投不高于15%的项目股权，大小股东同股同权、同责同利；

千亿之路

在分红方式上，项目工程竣工结算，且当可售商品房已销售95%时，按股权比例分配总利润的95%，在项目清算时，按股权比例分配总利润的100%，此外，B企每年会提取预测利润的50%进行预分红，项目富余资金可回借进行滚动再投资，5年封闭运作。

从公开渠道获取的数据可以看到，截至2016年12月31日，B企共有583个项目实行了跟投模式，累计合同销售额达2 612亿元。在推行跟投模式之后，B企各项经营指标显著好转，开盘时间由之前的6.7个月缩短为4.3个月，净利润率由10%提高到12%，个别项目甚至高达20%，自有资金年化收益率由约30%提高到65%，现金流回正周期从10~12个月缩短为8.2个月。项目跟投模式有力地推动了快周转目标的实现。毫无疑问，同心共享的项目跟投模式是B企规模再上新台阶、跨入行业前列的又一个强劲的助推器。

3. 优化拿地布局，扩充土地储备

战略布局的优化、前瞻的拿地策略及土地储备的扩充，也是B企业绩翻倍增长的重要推动因素。

在战略布局上，从2015年开始，B企的拿地方向从以三、四线城市为绝对主导，转向"巩固三四线、开拓一二线"的布局策略。一方面，继续强化三、四线城市布局，保持稳健增长，在新进入的三、四线城市主要采取快速推出新盘，第一时间抓住城市需求从而抢先占领市场地位的策略；另一方面，加大一、二线城市的布局，稳扎稳打，不以高价强行进入，而是把握一、二线城市非核心地段的需求。从公开数据中（见表2-1）我们看到，在B企2016年的新增土地储备中，一、二线城市的比例达48%。B企继续双线作战，除了在国内城市的精准布局，还持续深化拓展海外市场，业绩贡献率逐渐提升。

表2-1 2016年B企新增土地储备分布

区域	预计建筑面积（万平方米）	占比（%）
位于一线目标一线	263	3.0
位于二线目标一线	263	3.0
位于三、四线目标一线	1 225	14.0
位于二线目标二线	2 188	25.0
位于三、四线目标二线	263	3.0
位于三、四线目标三、四线	4 551	52.0
总计	8 753（共413宗土地）	100

在拿地策略上，B企坚守差异化的拿地原则，利用"利润+规模"两条腿走路，在把握市场节奏的同时，注重成本控制。一方面，对于一、二线城市，在加强占有率的同时，坚持"不拿面粉比面包贵的地"，注重利润。对于一线城市核心地段，"保持关注和审慎参与"；对于二线城市，则"持续参与"，更倾向于做潜力板块，挖掘未来预期，例如城市大规划的受益区、承接一线城市外溢人口的环一线区域等，充分捕捉大城市外溢的购房需求。另一方面，对于竞争优势明显的三、四线城市，土地拓展则更注重规模，把三、四线城市划分为多个小板块、小区域，在这些板块或区域里，只拿较成熟区域或潜力区域里的核心地段。城市进入的策略为一城多个项目深耕，即先进入一个城市，再在这个城市广泛布点，进行深耕。

与此同时，B企的土地拓展也一改以往在三、四线城市大面积拿地的策略，所拿项目更趋于小型化和中心化。除了对不同级别城市差异化的拿地策略之外，对于收并购与合作开发模式的娴熟运用，也大量增加了其土地储备，有效降低了其拿地成本。

总体而言，B企在千亿之路上的不断跨越，是诸多因素综合推动的，但标准化内功的修炼、有效的激励机制、战略布局的优化及有效的拿

千亿之路

地策略，无疑是其中最关键的推动力，推动着B企实现从1 000亿元到3 000亿元再到5 000亿元销售规模的"三级跳"。

（二）华夏幸福的千亿之路：产业深耕，慢慢做大

华夏幸福成立于1998年，是中国领先的产业新城投资开发运营集团，以产业新城和产业小镇为核心产品，聚焦"产业新城+地产开发"协同发展，用城市聚集产业，用产业带动城市，产城融合、城乡一体、共同发展。"政府主导、企业运作、合作共赢"的PPP（政府和社会资本合作）市场化运作模式是华夏幸福最显著的标签。早在2002年，华夏幸福就扛起了国内PPP模式的探索大旗，为中国新型城镇化发展提供了有价值的实践样本。

华夏幸福在千亿之路的征程上可谓"十年苦读无人问，一举成名天下知"。华夏幸福一路稳扎稳打，其近六年的销售规模稳步增长（如图2-3所示），到2016年跨入千亿阵营，销售额同比增长65.9%，成为

年份	销售额（亿元）	同比增长	排名
2012	232.0	40.6%	排名第20
2013	376.0	62.1%	排名第17
2014	512.5	36.3%	排名第13
2015	723.5	41.2%	排名第10
2016	1 200.1	65.9%	排名第8
2017	1 521.4	26.8%	排名第10

图2-3 华夏幸福近六年的销售额及同比增长

数据来源：Wind，明源地产研究院。

唯一跻身千亿俱乐部的产业新城运营商。2017年华夏幸福继续保持稳健增长态势，销售额突破1 500亿元。

作为2016年千亿房企中唯一一家主打产业地产的企业，华夏幸福又是如何做到一路突围的呢？除了受益于京津冀一体化与新型城镇化的政策东风，也有其自身因素，主要为以下几点。

1. 产业新城PPP模式及其异地复制

华夏幸福的产业新城PPP模式无疑是促使其跨入千亿阵营的有力推手，该模式以"产业优先"为核心策略，建立"孵化器—加速器—专业园区—产业新城"的产业培植链条，推进全球科技创新成果在华夏幸福的产业新城内落地、开花、结果。产业新城模式推动销售规模持续增长的主要原因在于以下几个方面

第一，PPP模式优势凸显。华夏幸福早在2002年就与地方政府确立了PPP的合作模式，以"政府主导、企业运作、合作共赢"为原则，把平等、契约、诚信、共赢等合作理念融入产业新城的协作开发和建设运营之中，构建产业新城整体开发的政企伙伴关系机制。政企双方用"契约精神"取代了"身份观念"，实现"利益共享、风险共担"。与其他PPP模式最大的不同是，华夏幸福产业新城PPP模式主要是整体开发运营，超越单体项目进行综合开发建设，大幅度减少政府对资源的直接配置和对资源要素的价格干预。在此模式下，华夏幸福在土地整理投资、基础设施建设、公共设施建设、产业招商服务、城市运营维护服务等方面与地方政府进行全面合作，共同决策、共同推进、紧密协作、优势互补，创造出"1+1>2"的效果。

第二，领先的产业发展能力。华夏幸福通过整合全球资源，从产业研究规划、产业集群布局、产业载体建设到产业服务运营，为产业新城所在区域提供产业升级和经济发展的综合解决方案。在产业研究规划

千亿之路

方面，一方面借"外脑"，与全球知名智库达成战略合作，另一方面练内功，在公司内部，组建包括产业研究院、产业发展中心等专业团队。在产业集群方面，华夏幸福以"一个产业园就是一个产业集群"为发展理念，围绕电子信息、智能制造、航空航天等十大重点产业展开布局，积极在全球范围内整合资源，因地制宜、因势利导地为所在区域打造科技含量高、示范带动强的高端产业集群。通过与40余家房企结成战略联盟，与30多家科研院所达成广泛合作，以及与100多家研发机构深度对接，华夏幸福已在全国近50个产业新城中，形成了百余个区域级产业集群。

第三，产业新城模式的可复制性。2016年，华夏幸福最为明显的一条扩张路径，便是将产业新城模式复制到了全国其他区域以及海外市场。自固安产业新城项目伊始，华夏幸福便利用产业造城模式圈地扩张，将固安样本复制到全国各地，以产业之名，在城中再造一座城。据不完全统计，2016年以来，华夏幸福与相关政府部门签约近30个产业新城项目，涉及面积近1 400平方公里。

第四，产品线的升级与延伸。以成熟的产业新城模式为基点，华夏幸福还不断挖掘市场商机，拓展产品线。例如，借"轨道交通与房地产"的互融之势发展"产业新城+轨道交通"，在产业新城平台模式的基础上接入城际轨道交通业务，提升城际铁路沿线产业新城的区域价值和经济收益，实现了其产业新城平台模式的重大创新升级。再比如特色小镇的打造，华夏幸福将原来在产业园区的运营系统和生态体系升级运用到小镇中，打造制造业小镇、健康小镇、财富小镇及文创小镇等（这些小镇都成为华夏幸福业绩增长的新的突破点）。

2. 紧扣国家战略，精准卡位布局

华夏幸福突破千亿元销售规模的另一个关键要素在于其精准的卡

位布局,即始终围绕国家重点区域精准发力。

2016年上半年,华夏幸福在夯实京津冀区域的基础上,卡位布局长江经济带,积极突破珠三角、"一带一路"等区域,实现了围绕国内经济热点城市的全面布局。除了国内布局的拓展外,华夏幸福在海外市场扩张的步伐同样紧密契合国家战略。2016年,华夏幸福积极响应国家"一带一路"倡议和"国际产能合作"战略,在海外与印度尼西亚、印度、越南、埃及等地方政府达成合作,为跨区域产业经济合作和未来业绩的多元化增长打下了基础。通过投资建设和运营国际产业新城,华夏幸福构建起了国际产能合作的良好平台,也成为中国企业"走出去"的有效载体。

总体来看,从京津冀、长江经济带到珠三角,从东南亚的印度尼西亚、越南,到南亚的印度,再到北非的埃及,其事业版图已遍布全球60余个区域。基于PPP模式的异地复制,华夏幸福的产业新城由点、线到面,正加速推进全球布局。

3. 灵活融资降成本

快速复制扩张产业新城的模式,离不开资本的支撑。一般而言,我国的产业新城建设是依靠地方政府和城投公司以土地收益权作为抵押,从而获取银行贷款。华夏幸福作为民营上市企业,是没有政府信用背书的"城投公司",从一级开发到基础设施建设再到二级载体建设,资金需求量惊人。然而民营企业的身份、产业新城的不确定性、收益的未知性以及抵押物的缺乏,再加上历年来负债率过度高企和不断增加的短期偿债压力,注定了华夏幸福不可能过多地指望银行贷款。2016年,在华夏幸福的融资渠道中,银行贷款仅占20%。

迫于此种形势,华夏幸福硬生生地将自己修炼成融资高手。相关数据显示,2012—2016年,不依靠银行贷款,华夏幸福一共从外部融

千亿之路

得资金2 974亿元，涉及融资方式多达16种，如信托借款、公司债、售后回租式融资租赁、债务重组、债权转让、资产证券化（ABS）、夹层式资管计划、定向增发、银行承兑等。从华夏幸福2016年的融资结构来看，银行贷款金额为206.88亿元，债券（票面）融资金额为328.00亿元，债券期末金额为326.29亿元，信托、资管等其他融资金额为175.97亿元。从利息成本来看，2016年华夏幸福融资加权平均利息率为6.97%，其中银行贷款的平均利息率为6.04%，债券的平均利息率为5.20%，信托、资管等其他融资的平均利息率为9.37%。

总体而言，花样繁多的融资渠道，为华夏幸福跨入千亿阵营提供了有力的资金保障。由此也可以充分论证，房企要跨入千亿阵营，精湛的融资术和资本运作能力必不可少。

（三）融创的千亿之路：并购助推规模跳涨

融创是一家在香港联交所上市的专业从事住宅及商业地产综合开发的企业，坚持区域聚焦和高端精品发展战略，重点布局一线、环一线及核心城市，匠心打造精品项目，产品涵盖高端住宅、别墅、商业、写字楼等多种物业类型。

从近六年融创的销售规模来看（如图2-4所示），2012—2015年融创的销售规模稳定增长，但一直徘徊在百亿元规模级别，到2016年，融创以销售额1 506.3亿元的骄人业绩跻身千亿阵营，同比增长约121%，排名跃升至行业第七。2017年，融创更是实现了业绩的再度进阶和跳涨，销售额达到3 652.6亿元。

从跨越1 000亿元到跨越3 000亿元，融创是如何在短短两三年就实现如此惊人的销售业绩呢？其背后的增长动力是什么？综合来看，通过并购快速扩张、扩充土地储备、先做大再做标准化，是融创业绩跳涨的原因所在。

图 2-4 融创近六年的销售额、同比增长、行业排名情况

数据来源：Wind，明源地产研究院。

1. 并购助推布局完善，土地储备剧增

并购无疑是融创在行业内的显著标签，在业界，融创被认为是通过并购获得房地产项目最知名的房企，并被冠以"并购王"的称号。从2012年开始，融创就开始在并购市场崭露头角，尽管其间历经了收购绿城及佳兆业失败的事件，但融创在并购之路上越挫越勇、越走越宽。在总结汲取以往并购失败的经验和教训后，融创从2015年开始大举并购，避开竞争白热化的招拍挂市场，转而将并购作为拿地的主战略，2015年其并购拿地占当年总拿地量的64.4%，2016年这一比例上升至68%，2017年融创在并购市场更是屡下大单。

通过积极并购，融创一方面快速实现了全国化布局，布局城市数量从2015年的16个迅猛增加到2017年的63个，围绕一线、环一线及核心城市的全国化布局基本形成。另一方面，融创以更低成本获取了大量的土地储备，最典型的案例莫过于通过收购万达13个文旅城获取近

千亿之路

5 000万平方米的土地储备，使融创的总体土地储备瞬间增至2亿平方米，位居行业前三。此外，相比火热的招拍挂拿地方式，并购还使融创极大地降低了拿地成本，这也成为融创改善利润的根基之一。融创近三年的土地储备情况如表2-2所示。

表2-2 融创2015年至2017的土地储备情况

2017年（万平方米）			2016年（万平方米）			2015年（万平方米）		
区域	土地储备	占比	区域	土地储备	占比	区域	土地储备	占比
北京区域	1 991.16	18.59%	北京区域	1 244.45	17.07%	北京区域	362.24	13.32%
华北区域	1 678.30	15.67%	华北区域	1 195.97	16.40%	天津区域	586.21	21.55%
上海区域	1 161.36	10.84%	上海区域	1 097.93	15.06%	上海区域	528.59	19.43%
西南区域	2 758.56	25.75%	西南区域	1 534.20	21.04%	成渝区域	923.47	33.95%
东南区域	846.93	7.91%	东南区域	804.23	11.03%	杭州区域	146.13	5.37%
广深区域	1 140.42	10.65%	广深区域	684.27	9.38%	海南	55.85	2.05%
华中区域	913.81	8.53%	华中区域	551.71	7.57%	武汉	117.5	4.32%
海南区域	221.17	2.06%	海南区域	178.56	2.45%			
总计	10 711.71	100.00%	总计	7 291.32	100.00%	总计	2 719.99	100.00%
布局城市数量	63个		布局城市数量	44个		布局城市数量	16个	

注：2017年数据包含2018年1月1日至2018年3月28日新获取的土地。

融创对并购利器的运用如此娴熟，在并购之路上越走越宽，其背后的并购术是什么呢？综合来看，主要在于以下几点：第一，好口碑，融创注重在并购市场树立诚信、厚道、大度的口碑形象，通过良好的口碑带来大量的并购资源；第二，快决策，融创在大量并购中形成了化繁为简、大事化小、高效决策的能力，一方面形成了一套成熟的财务检视机制，只要将各项指标一对照就知道项目的好坏，另一方面组建了专业的并购团队，对市场上的并购机会进行快速捕捉，对并购中的风险进行快速掌控；第三，在并购项目的选择上，倾向于选择快周转项目，融创基于强劲的营销能力，入手成熟度高及易于快周转的项目，更好地控制项目成本及入市时机，快速实现现金回流，同时，契合企业战略布局和高端产品定位的项目、性价比高的项目也是融创并购的重点；第四，通过融资渠道的创新保障并购资金来源，同时优化债务结构，规避融资风险。

总体来看，积极并购实现了区域布局的快速扩张和优化，获取了大量的土地储备，积极并购是融创跨入千亿阵营的有力法宝。

2. 精准布局与区域深耕

仅靠一个城市或几个城市的销售，任何房企都不可能达到千亿元的销售规模，只有将资源、城市范围扩展开来，在更多的城市展开销售，才能帮助企业更快速地实现目标。融创基于聚焦一线、环一线及核心城市的布局战略，近年来持续扩大城市布局，积极开拓和精选城市，持续加大二线省会城市的布局力度，2014年深耕8个一、二线核心城市，2015年增加至16个，2016年迅猛增加至44个，2017年增加至63个。除了广撒网分散城市布局外，融创还对所布局城市进行持续深耕，在当地市场占据领先地位。可以说，融创敏锐地捕捉了不同级别城市的机会，充分挖掘了各地市场的潜力，并踏准了各线城市的房价上涨节奏。全国化城市布局、精准的布局节奏、持续的区域深耕，最终让融创具备了千亿房企的条件。

此外，融创还将所布局城市进行区域划分，并在此基础上对各区域进行业绩目标的划分，每个区域各自领取份额，最终推动融创达成千亿元销售目标。

3. 标准化提升产品力与客服质量

通过并购快速做大后，融创还通过一系列标准化的操作来提升产品力和客服水平。对于融创来说，并购所获得的项目必然品类庞杂，风格极为不同，其中不乏一些沉寂多年的烂尾项目，如何才能有效地消化并购大池子里的各类"货物"，是融创必然要面对的问题。也就是说，融创并购项目相当于正规军收编散兵游勇，必须用统一的标准来约束它们。而融创正是通过打造标准的品控体系和客户价值服务体系，让这些并购项目起死回生，归入融创自身的产品运营轨道。标准化就相当于融创董事长孙宏斌手中掌握的一把产品标尺，用来控制品类和风格各异的项目，扬长避短。

由此可见，在大量的兼并收购后，融创通过标准化实现了对各类项目的统一归集，并有效地把控了项目质量，这也是融创冲击千亿元销售目标的重要保障。

二、千亿房企主要路线

综合梳理各家千亿房企的实践路径得知，它们依靠的核心竞争力各有侧重，但总体来说，主要有两条途径能够助力房企走上千亿之路：一条是通过外部资源整合发力破千亿，其中并购及合作开发是重要的整合方式，融创、阳光城、蓝光等房企是典型代表；另一条是内部能量激发破千亿，关键在于通过制度的革新、标准化的建立来提升综合能力，并通过快周转快速做大做强，恒大是典型代表。当然还有另外一条道路，即通过深度的产业研究，并依托相应的配套资源和运营能力实现土地资源的优先获取，再通过住宅销售逐步做大。以下我们主要介绍并购之路和快周转之路。

（一）路径一：并购之路

通过整合外部资源快速做大，是房企实现千亿元销售目标的重要路径之一。融创正是通过这条路径2016年实现销售额超1 000亿元，2017年实现销售额超3 000亿元。融创通过避开地价居高不下的招拍挂市场，运用并购利器完善区域布局、扩充土地储备，实现低成本快速扩张，为企业规模的跳涨提供了根本条件。准千亿房企，如阳光城、福晟等，也在这条路上越走越快，千亿蓝图指日可待。

当然，并购并不是一件简单的事情。走外部资源整合发力的并购扩张之路，有如下五个方面特别值得关注。

精挑细选做布局：选择基本面好的城市，选择有潜力的城市，深入分析城市或城市群，根据未来城市布局选择项目。从并购的格局来看，长三角、珠三角、京津冀核心城市群是首选的并购区域，热点城市更是争抢的目标；另外，市场容量大的城市也是开展并购的主要区域，比如武汉、成都、重庆等中西部重点城市。

现金流变现能力：争取每一个并购项目可以快速进入销售状态（净地5~6个月就可以达到预售条件），这样就可以快速产生现金流，降低资金成本压力，快速做出销售业绩。

整体收购到局部收购：整体收购对于多数房企来说具有较大的难度，更多企业采取的是项目收购或者片区项目打包收购的方式，一方面获得了土地资源，另一方面实现了布局互补。

并购后主动调整：在并购之后，收购方都会结合企业的开发模式和管理方式进行主动调整，在项目开发策略上会进行坚决的调整，但在人事方面会慎重考虑。

并购风险防范：并购势必有风险，关注并购风险，并设定自我保护条款是一道底线。

综上所述，一方面房企必须有充足的并购资金，这对它们的融资能力、资本能力是一项考验；另一方面，房企必须注重并购综合能力的锻造，如并购前对机会的捕捉，并购中对风险的把控和并购后对团队的整合等。只有具备以上多种能力，房企才能避免并购带来的负面影响，才能在并购浪潮中把握先机，真正推动自身规模的壮大。

（二）路径二：快周转之路

强激励、大干快上、销售额快速突破千亿元是快周转模式的典型

千亿之路

路线。纵观近几年高速发展的房企,有不少都是采用快周转策略来实现规模跳涨的(如图2-5所示),它们依靠整体的增速提效实现了开发运营的快周转。其中碧桂园"456"的极致快周转策略,更是在行业中引起了广泛讨论,不少企业通过对标、模仿也实现了企业规模的高速扩张。

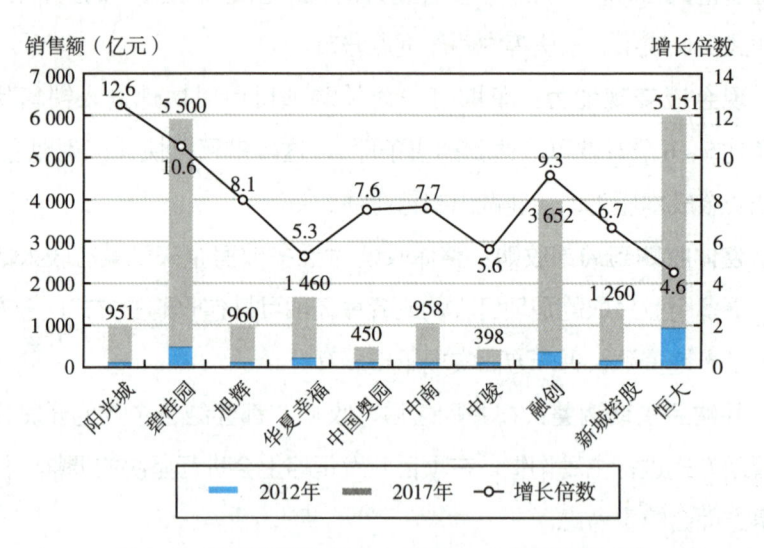

图2-5 快周转型房企2012年和2017年销售额对比

快周转策略的核心是围绕资金的快周转加速项目的开发,通过快速开工、快速销售、快速资金回笼的方式来快速推动项目,并通过快速的滚动开发实现企业规模的不断壮大。

随着项目级快周转策略的实现,势必将全面推动企业运营级的快周转,所以多数房企围绕快周转去构建相应的开发模式、管理模式,以更好地发挥其阶段性的价值。比如在拿地方面,不少房企规定:更多获取可以快周转的地,放弃高利润但是开发较慢的地;在产品方面,简化产品,推行标准化,快速复制,快速建设,快速推向市场;在营销层面，也推行快速去化，以更快地实现现金流回正；在激励方面，围绕现金流回正来做推动，成就共享就是和快周转相配套的典型的激励手段。

"天下武功，唯快不破"已经成为不少房企的口头禅和经营利器，能够帮助房企在规模跳涨的阶段攻城略地。当然快周转也对企业内部的管理系统、风控体系提出了非常大的挑战。

三、实现千亿跨越的关键举措

通过行业普遍交流和调研，我们认为不管是采用并购快速获取资源，还是采用快周转的方式，或是采用两者并举的方式来快速实现规模的跳涨，都有着类似的关键举措。这些举措至少包含五个方面，如图2-6所示。

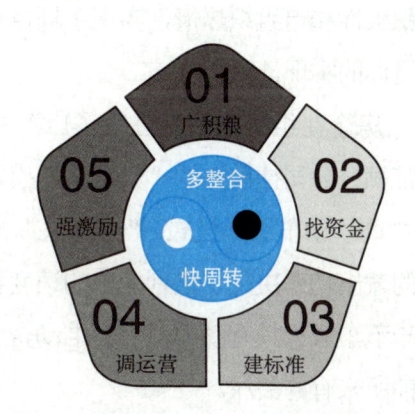

图2-6 典型房企实现千亿跨越的关键举措

广积粮：在全国范围内多区域布局，围绕有潜力的区域进行深耕，充分建立自己的"粮仓"。当前，全国性的散点布局短期内能帮助企业冲规模，但是从中长期来看，更多企业在获取土地时更偏重于能否实现局部深耕，以获得更大的管理优势、客户优势、产品优势。

千亿之路

找资金：千方百计多找钱，不管是银行贷款、企业债务发行，还是供应链金融或进度款控制，都是企业获得资金的途径。现金流控制深入这些企业的骨髓。

建标准：坚定不移地推动标准化，而且是由董事长来推动，不仅涉及产品标准化，还包括运营管理标准化、服务标准化等，以提升开发效率和管理效率，提升产品品质和客户满意度，为长远发展打下基础。

调运营：充分关注企业的内部资源协同，关注开发过程的协同，更关注开发节奏和经营节奏的控制。基于货值的产销匹配和基于数据的精准运营成为热门话题，运营的作用得到了前所未有的重视，运营的职能也在持续地深化。

强激励：通过成就共享、项目跟投激励制度的创新，有效地激发了管理层及员工的积极性和自组织热情，实现了项目开发运营效率的提升，推动了快周转目标的实现。

除了以上五点，房企在组织方面也进行了广泛的变革，如传统的房企采用的是集团带领分公司往前奔的"火车头"模式，当前主流则是各经营实体自带动力的"动车组"模式。"火车头"模式都是由火车头输出动力，火车头的输出功率决定了整列火车的速度和载重量。而"动车组"模式则是每一节车厢都具有动力，都在推动企业往前奔。人才梯队的建设也受到了前所未有的关注。

综合来讲，有钱的房企选择并购的方式，火箭式地快速做大规模；勤奋的房企通过快周转也可以实现规模跳涨；也有不少天赋异禀的房企通过各种产业融合的方式稳健地突破千亿规模。

此外，不同的房企对千亿规模的理解各有不同，除了当前主流房企普遍认可的销售规模达到千亿元之外，不少上市房企也期望达到市值的千亿元，而以资产运营为主的房企则会强调资产总值达到千亿元规模。这些视角的千亿愿景不管在业务逻辑还是管理方式上都有其独特的诉求和思路，在本书中暂不做阐述。

第三章

精挑细选拿土地

房企想要跨越千亿元的销售规模，土地资源显得尤为重要。土地是房地产开发的重要生产资料，是房企一切活动开展之根本，某种程度上，能否拿到地直接决定了企业未来的生死存亡。有了土地资源，企业运转的车轮才可能不断地往前滚动，因此房企必须不断地寻找土地，发现投资机会。

以往房企要做到百亿元销售规模，做到一两百万平方米甚至二三十万平方米的开发面积即可达到；这种规模可能只需要十几个项目，在3~5个城市，每个城市拿2~3块地就可以做到，或者在一线城市做一两个项目即可达到。但是要再上一个台阶跨入千亿阵营，则需要五六百万平方米的开发面积，这就需要50~60个项目，另外，企业要持续稳定地保持在千亿元销售规模以上，还要保证有足够的土地储备供未来数年的发展。持续不断地获取土地资源，实现滚雪球式的拿地，才能保持千亿体量的持续开发。

在地块数量需求激增的情形下，传统的依靠资源或个人关系网、局限于单一城市或单个城市群拿地的模式显然将无法支撑规模增长的诉求。房企必须放眼全国，谋求更广泛的布局，拓展全国层面的土地资源。所获得的土地资源在达到一定量级后将形成一种势能，有利于房企进一步降低拿地的管理成本和融资成本。多区域、多能级的布局，已成为房企扩张规模、规避风险的重要方式，这就要求房企在布局拿地方面做出重大调整并快速成长。

在房企必须走出去拿地的新形势下,土地资源的获取不再是个人能力的体现,而是考验着房企的综合能力。那么,房企走出去必须具备哪些核心能力呢?经过与众多房企的交流,结合近年来快速成长的房企实践,我们建议可以从四个方面(如图3-1所示)进行重点发力,提升房企的整体拿地能力,力求达到许多董事长口中常提的"不错、不漏、不放过"的终极目标。

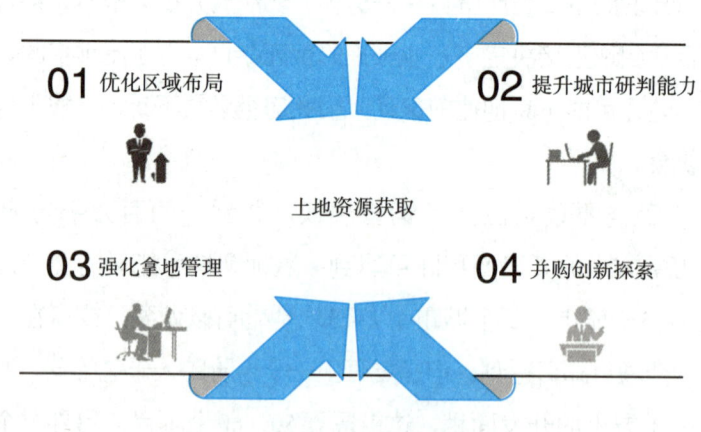

01 优化区域布局
02 提升城市研判能力
土地资源获取
03 强化拿地管理
04 并购创新探索

图3-1 土地资源获取的四大要点

首先是对全国城市的整体判断与布局优化。这是房企在顶层设计环节就需要思考清楚的问题,涉及国家的政策导向、城市轮动和经济发展规律。根据整体判断,房企还要结合自身的资源优势和阶段性战略目标进行布局优化。大方向把握准了,借势增长,房企便能做到"事半功倍"。

其次是对于具体城市的研判。到底应该进入哪些城市?如何评判哪些城市该进、哪些城市不该进呢?对于房企的投资拓展部门而言,这是一次全新的挑战与学习的机会,因为过往的投资拓展经验和传统指标，在当前急剧变化的市场环境下，明显"水土不服"，需要有一套全新的研判指标及决策逻辑，以适应当前的投资拓展业务。

再次是加强房企内部的土地管理。在进入一个城市后，该城市的土地市场如何管理？怎样判断一块地该不该拿？如何提升拿地效率？如何以更低的成本获取更多的土地资源？这些都对房企内部的管理提出了更高的要求。

最后是房企对于并购创新的探索。特别是大中型房企，它们越来越多地借助于自身的品牌、运营及资金等优势，积极发力并购创新，进一步实现房企的规模提速。

如果房企能够在以上四个方面重点发力，就有可能踩准节奏借势增长，快速高效地获取土地，并最终实现千亿元的销售目标。

接下来，我们将结合典型房企的做法，从优化区域布局、提升城市研判能力、强化拿地管理、并购创新探索这四个方面展开论述，以期发现通往千亿之路的关键举措。

一、优化区域布局，借势规模增长

通过对典型房企近年来拿地布局特征的了解和认知，我们就能管中窥豹，可见一斑。明源地产研究院从Wind和行业公开数据中选取了2017年1~9月前30强房企作为样本进行分析（剔除了以商业地产为主的万达和以产业地产为主的华夏幸福后，合计28家房企）。从2017年前30强的房企与2016年前30强的房企比对可以看到，近两年的前30强的房企总体保持稳定，其中泰禾、中梁、蓝光是以黑马姿态跻身2017年前30强的房企，如表3-1所示。

千亿之路

表3-1　2016年、2017年前30强房企销售额对比

\multicolumn{5}{c	}{2016年}	\multicolumn{5}{c}{2017年}
排名	房企	销售额（亿元）	排名	房企	销售额（亿元）	排名	房企	销售额（亿元）	排名	房企	销售额（亿元）
1	万科	3 622.0	16	世茂	681.1	1	碧桂园	5 500.1	16	世茂	1 010.2
2	恒大	3 731.5	17	首开股份	654.1	2	万科	5 239.0	17	泰禾	1 007.2
3	碧桂园	3 090.3	18	旭辉	653.2	3	恒大	5 131.6	18	中南	963.2
4	绿地	2 513.1	19	富力	651.3	4	融创	3 620.0	19	阳光城	915.3
5	保利	2 203.2	20	鲁能	646.7	5	保利	3 150.1	20	正荣	910.2
6	中海	1 925.1	21	雅居乐	530.2	6	绿地	3 042.1	21	鲁能	893.7
7	融创	1 500.3	22	远洋	526.1	7	中海	2 013.7	22	万达	891.2
8	华夏幸福	1 200.1	23	中南	502.3	8	龙湖	1 560.3	23	富力	883.0
9	绿城	1 136.1	24	正荣	490.1	9	华夏幸福	1 538.0	24	雅居乐	866.1
10	万达	1 100.2	25	荣盛	489.1	10	华润	1 512.0	25	中梁	757.9
11	华润	1 080.1	26	阳光城	487.2	11	绿城	1 457.1	26	荣盛	730.2
12	金地	1 006.3	27	中国金茂	485.4	12	金地	1 403.2	27	远洋	723.0
13	龙湖	858.1	28	中国铁建	476.8	13	新城控股	1 260.1	28	融信	703.1
14	招商蛇口	735.2	29	融信	460.5	14	招商蛇口	1 126.3	29	中国金茂	693.0
15	新城控股	685.2	30	首创置业	455.2	15	旭辉	1 040.0	30	蓝光	689.1

我们对这28家房企2017年1~9月的销售额及同比增长情况进行了比对，如图3-2所示。

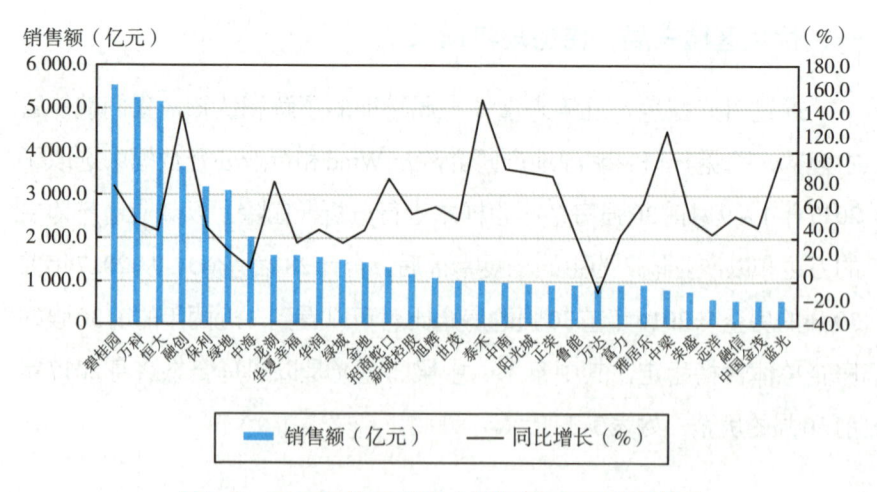

图3-2　2017年前30强房企销售额及同比增长情况

数据来源：Wind，明源地产研究院。

我们针对样本房企2016年及2017年的拿地数据进行统计分析，发现其拿地总体呈现以下几点特征和趋势。

（一）房企拿地凶猛，规模扩张诉求强烈

房企要冲刺千亿元销售目标，必然要加大拿地力度，扩充并保证充足的土地储备。拿地力度可以从两个角度来看：一是拿地销售比指标，也就是房企拿地金额占其权益销售额的比重，占比越大，显示拿地力度越强，比值超过1，则表示投资规模甚至超过销售规模；二是将2017年的拿地建筑面积与2016年全年进行对比，比例越高，则拿地力度也越强，如果超过1，则表示2017年的拿地建筑面积已超过2016年全年销售水平。基于这两个分析角度，我们发现典型房企呈现出投资规模大过销售规模、拿地明显加速的态势。

1. 大型房企拿地力度空前，投资大过规模

将房企的拿地金额与权益销售金额相比，可以从一个侧面反映出房企的拿地力度。2017年，前30强的房企中大部分拿地销售比都超过了50%，平均值达到了57.3%。整体而言，典型房企拿地十分凶猛。如图3-3所示。

2. 中型房企不甘落后，积极发力加速拿地

2017年以来，随着调控的逐步深入，房企拿地速度不减反增，尤其是以往拿地较保守、谨慎稳健型的国企，也一改以往的保守姿态，2017年也开始凶猛拿地，加紧补仓，如远洋、中海、保利等。从2017年前三季度拿地面积来看，样本房企中就有超过16家房企超过了2016年全年，尤其是远洋，2017年前三季度拿地面积是2016全年的13.9倍，高居第一，其次为雅居乐、旭辉。

不少中型房企在房地产浪潮中努力追赶，例如阳光城、中南等，

千亿之路

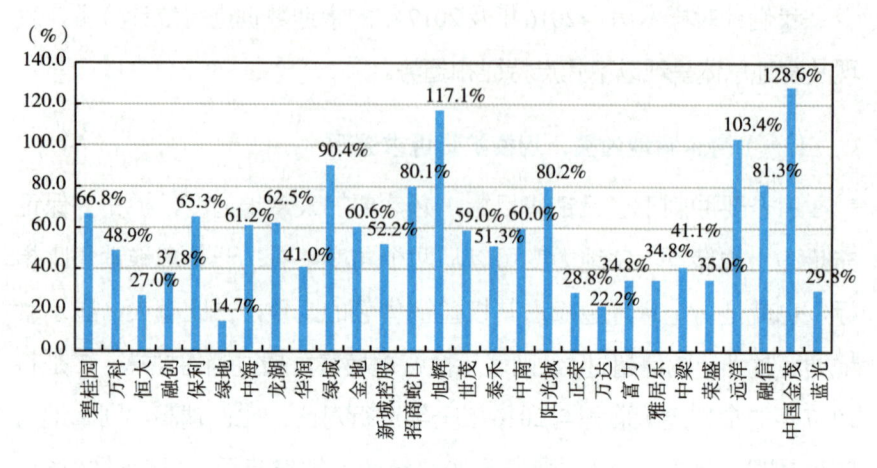

图3-3　2017年前30强的房企拿地销售比

注：销售金额为流量金额。
数据来源：Wind，明源地产研究院。

2017年前三季度拿地规模远超2016年全年。

中海从2017年起开始积极拿地，扩充土地储备，截至2017年第三季度末，中海总权益土地储备面积近6 000万平方米，为2016年全年拿地的140%，主要集中于核心一、二线城市，可为其未来3～4年的发展提供充足可售资源。此外，中海惯有的逆周期拿地策略也是其在调控趋严的2017年加速拿地的重要手段。

总体来看，企业的补货需求，加上规模竞争的推动，正是当前房企尤其是国企、央企及一些中型房企加大拿地力度的根本原因。

3. 小型房企雪上加霜，分化洗牌形势严峻

相比大中型房企而言，小型房企在土地市场竞争中表现乏力。其中固然有其自身规模小、资金少导致的在土地拍卖市场举牌竞争乏力的原因，但更重要的原因是，众多小型房企掌门人对行业后市看空导致的消极战略，再加上自身的运营管理能力确实相对薄弱，难以和外地大鳄

直面竞争，纷纷萌发了诸如"将手头上的几个项目做完就算了""与其累死累活不如将项目卖个好价钱"等想法，进一步加剧了行业的洗牌格局。

4. "大吃小，多快好"，并购已成房企拿地的主流模式

近年来，并购已成为融创、泰禾、福晟等多家大中型房企的拿地主旋律，尤其在2017年，全行业的并购更是呈指数级增长。例如，在近年来的公开报道中，融创的并购就高达50多宗，它在2017年的并购市场上更是屡下大单，获取了大量的高质量的且价格较为低廉的土地，2017年上半年的新增土地储备中并购占比达84%，详情如表3-2所示。

而泰禾的并购力度也同样凶猛，在2017年前9个月，以并购获取的项目占比接近86%。

经分析发现，这与房企的拿地策略显著相关，特别是对于规模增长有明确诉求的房企而言，能在短时间内更快更好更多地拿到价格更低廉的地块，能极大地为其规模增长提供充足的源动力。

5. "手中有粮心中不慌"，不少国企"未雨绸缪"

在拿地竞争中，我们发现有些国企在2017年的招拍挂市场拿地力度不明显，尤其是在众多大中型房企纷纷抢地的背景下，显得尤为突出。经统计分析，这种"手中有粮心中不慌"的局面，最主要的原因是国企拥有其先天的资源获取优势，例如招商蛇口在2016年通过前海土地整备获取了大量土地资源，足够供其未来数年消化，因此对于招拍挂拿地的补货需求暂不强烈。在接下来的"棚改"、"旧改"及城市更新过程中，此类企业更是有着先发优势。

总体来看，土地资源是众多房企争夺的中心，投资规模快于销售规模的现象在行业中比比皆是，全年的销售额都拿来拍地是一种普遍现象。有钱的靠收购来快速获取土地资源，有历史背景的通过上下游资源

千亿之路

表3-2 融创近年来的收购统计

并购时间	并购项目	进入城市	所属区域	并购方式
2014年5月	绿城24.313%的股权		并购失败	
2015年2月	佳兆业上海4个项目，佳兆业大股东郭氏兄弟49.25%的股权		并购失败	
2015年9月	雨润集团，超过6 000万平方米的建筑面积储备		并购失败	
2015年7月	中渝置地旗下中渝国嘉7个项目100%的股权，总可售建面达241万平方米，其中139万平方米未售	成都（首入）	中西部省会	股权收购
2015年8月	大股东融创地产旗下的武汉塔子湖置业，成功控股股东	武汉	中西部省会	股权收购
2015年9月	天朗8个项目（4个城市各2个项目），并与天朗共同出资组建西安合营公司	西安、济南、南京、成都	中西部省会/长三角/京津冀	股权收购
2015年12月	烟台海基旗下的海南万宁弘基置业有限公司50%的股权，获得位于海南万宁日月湾日岛合计516亩的地块	海南万宁	海南	股权收购
2015年1月	上海枫丹37.855%的股权及相关的未偿还股东贷款，获得位于上海浦东郊商住地块50%的权益	上海浦东东郊（分五次"蚕食"收购）	长三角	股权收购
2015年8月	上海枫丹24.29%的股权，持股比例增至62.145%		长三角	股权收购
2015年10月	上海领悟全部股权及债务		长三角	股权收购
2016年1月	上海华枫17.5%的权益中9.4%间接持有的权益，由浦发集团代持，剩下的8.1%权益由浦发集团拥有		长三角	股权收购
2016年1月	进一步收购上海枫丹37.855%的股权及债权，至此，融创于上海浦东郊百万大盘的权益由57.9725%增至76.9%		长三角	股权收购
2016年1月	江苏友谊旗下苏州新友置地有限公司95%的股权，获苏州石湖地块	苏州	长三角	股权收购

54

第三章 精挑细选拿土地

续表

时间	事件	区域	方式
2016年1月	北京昌平区东方普罗旺斯及怀柔区长青雁栖湖两个别墅项目	北京	京津冀	股权收购
2016年2月	苏州德尔太湖湾以及苏州德尔太湖城100%的股权及债权	苏州	长三角	股权收购
2016年2月	郑州美盛旗下中牟美盛70%的股权和债权	郑州（首入）	中西部省会	股权收购
2016年3月	与上海摩克成立合营公司，收购上海摩克两个目标项目	上海浦东南郊	长三角	股权收购
2016年5月	莱蒙国际7个项目公司的100%股权	三河燕郊、上海、南京、杭州、深圳、惠州；首入深圳；完成四大一线城市布局	长三角/珠三角/京津冀	股权收购
2016年5月	陕西科为西安航天城项目95%的股权	西安	中西部省会	股权收购
2016年6月	成都天合房产3个项目所有股权	成都	中西部省会	股权收购
2016年8月	杭州金辂海南博鳌金湾项目50%的权益	海南琼海	海南	股权收购
2016年9月	杭州金成杭西溪海项目40%的权益	杭州余杭区	长三角	股权收购
2016年9月	联想控股旗下41个公司的相关股权及债权，共涉及42个物业项目的权益	北京、天津、杭州、武汉、长沙、合肥、无锡、大连、三亚、大庆、江阴、唐山、景德镇	长三角/珠三角/京津冀/中西部	股权收购
2016年9月	金科23.15%的股份，通过定增成为金科第二大股东	重庆、成都等	中西部省会	战略收购
2016年11月	青岛嘉凯城100%的股权	青岛	京津冀	股权收购
2016年12月	杭州金辂及金成房地产旗下三个项目公司的34%的股权	杭州余杭区	长三角	股权收购
2017年1月	北京链家6.25%的股权	北京	京津冀	战略收购
2017年1月	成都顺宁置业公司新川项目100%的股权	成都	中西部省会	股权收购
2017年1月	入股乐视，成为乐视第二大股东	跨界	跨界	战略合作

55

续表

并购时间	并购项目	进入城市	所属区域	并购方式
2017年3月	北京融智瑞和成都联创融锦股权和债权、表武汉、合肥项目	合肥、武汉	中西部省会	股权收购
2017年5月	再度举牌金科股份，至此累计斥资约63.2亿元，持股增至25%	重庆、成都等	中西部省会	战略收购
2017年5月	天津星耀80%的股权及债权，接手超级大盘星耀五洲	天津	京津冀	股权收购
2017年7月	万达13个文旅项目	南昌、哈尔滨、无锡、青岛、广州、桂林、济南、昆明、海口、成都、重庆、合肥、西双版纳	全国多地	战略收购

整合为后续发展提供资源，而更多的企业则是在招拍挂市场中"拼刺刀"，所有的目标均指向房企未来销售规模的可持续增长。

（二）主战场开始转移，均衡布局，规避风险

从2016年到2017年，由于一、二线热点城市持续高压调控，购买力流入三、四线城市，加上"棚改"等利好政策的推动，三、四线城市房价迎来周期性高位，投资机会相应地转向了三、四线甚至五线城市。在此形势下，2017年房企的业绩呈现出冰火两重天的局面。

那些仅布局几个一、二线核心城市的房企排名大幅下滑，例如SL企，仅布局一、二线的几个城市，加上其海外布局不利，排名从2016年的48位大幅滑落至2017年的105位。而一些敢于在三、四线城市拿地的房企，受益于热点城市需求外溢，弯道超车，业绩爆发式增长，排名大幅提升。例如XS企，2015年、2016年，当行业普遍在一、二线热点城市高价拿地时，它在长三角三、四线城市逆势低位获得大量优质土地储备，到2017年正好迎来了三、四线楼市的回暖，精准地把握了城市轮动，销售额比2016年增长215.3%，行业排名比2016年上升了55位。

由此我们可以看到，政策导向带来的区域轮动，是众多房企弯道超车的绝佳机会。而房企能否精准地洞察政策导向，把握区域轮动规律，优化城市布局，很大程度上取决于房企规模的增长以及抵抗调控风险的能力。

尤其是在当前行业高度集中的背景下，房企要跨越千亿元销售规模，不仅要拿更多的地，还必须要走出去拿地，向异地扩张。在跨区域拿地布局的过程中，前瞻性的区域布局有利于借势增长，享受城市发展红利；而合理化的城市布局，也有利于房企规避结构性风险。以下，我们就从典型房企拿地的城市级别和城市群分布特点，来解读房企是如何进行前瞻性布局，并规避拿地结构性风险的。

千亿之路

> 注：为了统一数据口径和城市样本，我们对城市级别的划分在此进行了界定，作为后续分析房企城市级别分布特征的依据。我们依据经济指标、人口指标、创新指标、房价指标、节点城市指标，根据各城市在这几大指标上的表现，将全国所有城市划分为一、二、三、四线城市，具体如表3-3所示。具体而言，经济指标包括GDP（国内生产总值）总量及其增速、人均/单位面积GDP、人均/单位面积财政收入、"三产"占比；人口指标包括常住人口数、人口净流入及高净值人群；创新指标主要指各城市新增的专利数；房价指标包括新建商品住宅成交均价、房价收入比；节点城市指标指是否属于国家战略规划下的"一带一路"节点城市、长江经济带重要中心城市、京津冀一体化受益城市、粤港澳大湾区受益城市以及重要高铁节点城市。

1. 三、四线城市将成为房企新的"战场"

从2016年四季度开始，房地产行业进入新一轮调控期，一、二线热点城市调控形势严峻。与此同时，诸多三、四线城市2017年上半年开始出现量价齐升的态势，让很多深陷调控的一、二线城市的房企羡慕不已，部分房企开始动摇，纷纷加入三、四线城市的拿地浪潮。例如万科、中海、金地、远洋等老牌房企，前几年始终围绕一、二线城市获取土地资源，它们在2016年三、四线城市拿地极少，2017年这些房企已经试探性地去三、四线城市拿地了。

表3-3　城市样本分级

一线城市（4个）

北京市、上海市、广州市、深圳市

二线城市（49个）

成都市、杭州市、武汉市、重庆市、南京市、天津市、苏州市、西安市、长沙市、沈阳市、青岛市、郑州市、大连市、东莞市、宁波市、厦门市、福州市、无锡市、合肥市、昆明市、哈尔滨市、济南市、佛山市、长春市、温州市、石家庄市、南宁市、常州市、泉州市、南昌市、贵阳市、太原市、烟台市、嘉兴市、南通市、金华市、珠海市、惠州市、徐州市、海口市、乌鲁木齐市、绍兴市、中山市、台州市、呼和浩特市、扬州市、汕头市、洛阳市、兰州市

三线城市（65个）

桂林市、三亚市、泰州市、银川市、保定市、西宁市、芜湖市、赣州市、绵阳市、漳州市、莆田市、威海市、邯郸市、临沂市、唐山市、宜昌市、湖州市、包头市、济宁市、盐城市、鞍山市、廊坊市、衡阳市、秦皇岛市、吉林市、大庆市、淮安市、丽江市、揭阳市、荆州市、连云港市、张家口市、遵义市、上饶市、龙岩市、衢州市、赤峰市、湛江市、运城市、鄂尔多斯市、岳阳市、安阳市、株洲市、镇江市、淄博市、郴州市、南平市、齐齐哈尔市、常德市、柳州市、咸阳市、南充市、泸州市、蚌埠市、邢台市、舟山市、宝鸡市、德阳市、抚顺市、宜宾市、宜春市、怀化市、榆林市、梅州市、呼伦贝尔市

四线城市（一、二、三线城市之外的有房企进入的城市）

从表3-4可见，万科、华润2017年前三季度在三、四线城市的拿地面积占比有一定提升，富力提升更为明显，三、四线城市拿地占比从8.4%大幅上升到24.7%；而2016年中海、招商蛇口、金地、首开股份、远洋、雅居乐、龙湖在三、四线城市拿地均为零，2017年开始在三、四线城市零星拿地，尝试拉长城市战线。但总体而言，一、二线城市仍是这些房企的主战场。这些房企基本以老牌央企、国企居多，这也体现出了国企一贯审慎稳健的风格。

千亿之路

表3-4 老牌房企近几年在不同级别城市的拿地比例

万科	2016	2017	金地	2016	2017
一线	6.9%	8.7%	一线	15.3%	12.8%
二线	87.3%	76.8%	二线	84.7%	83.4%
三线	0.5%	7.7%	三线	0	0
四线	5.3%	6.8%	四线	0	3.8%
中海	2016	2017	首开股份	2016	2017
一线	0	8.9%	一线	24.0%	60.2%
二线	100%	83.3%	二线	76.0%	36.6%
三线	0	3.9%	三线	0	3.2%
四线	0	3.9%	四线	0	0
华润	2016	2017	远洋	2016	2017
一线	2.3%	9.3%	一线	0	13.7%
二线	93.0%	83.7%	二线	100%	84.6%
三线	1.3%	7.0%	三线	0	0
四线	3.4%	0	四线	0	1.7%
招商蛇口	2016	2017	雅居乐	2016	2017
一线	37.3%	21.2%	一线	11.0%	0
二线	62.7%	74.0%	二线	89.0%	90.0%
三线	0	0	三线	0	7.2%
四线	0	4.8%	四线	0	2.8%
龙湖	2016	2017	富力	2016	2017
一线	13.0%	18.7%	一线	0	5.7%
二线	87.0%	68.2%	二线	91.6%	69.6%
三线	0	0	三线	8.4%	11.2%
四线	0	13.1%	四线	0	13.5%

注：2017年取值为2017年1~9月份数据。
数据来源：Wind，明源地产研究院。

第三章　精挑细选拿土地

快周转型的房企更敢于在三、四线城市拿地，这些房企在三、四线城市拿地的占比普遍高企，例如中南、新城控股、泰禾、阳光城、融创等，2017年前三季度在三、四线城市拿地占比相比2016年均有显著提升，中南、泰禾在三、四线城市的拿地比例都达到了七成以上。但是，这些房企并不是随意地去三、四线城市拿地，而是精选核心城市周边的三、四线城市进行布局，例如中南、新城控股、中梁，都是深耕长三角的快周转房企，2017年在长三角已有布局基础上继续下沉、渗透，拓展到周边更多的四线城市。得益于三、四线城市去库存的红利以及对核心城市外溢需求的充分捕捉、快速收割，这些房企近几年均实现了规模的跳涨，行业排名也大幅提升。

究其原因，行业内众多房企将主战场转移至三、四线城市，主要是基于规模增长的诉求和抵御风险的角度来考虑的。

从规模增长的诉求来看，面临一、二线热点城市调控持续承压，三、四线城市楼市普遍回暖的现状，房企要求得增量市场的规模，必须将主战场从一、二线城市转移到三、四线城市。因此，对于此前习惯于只了解一、二线城市的房企而言，应全面升级战略眼光，放眼全国，在全国600多个城市中寻找和审视投资机会。到底哪些三、四线城市有机会，哪些三、四线城市有风险，是追求千亿元销售规模的房企的必答题。

从抵御风险的角度来看，此前集中在一、二线热点城市高价拿地的房企，抵御限贷、限价等调控风险的能力就相对较弱，容易出现库存积压、资金链断裂或利润率无法保障等经营危机。从目前来看，部分房企已面临"地王"项目投建即亏损的尴尬局面，甚至已经开始为解救现金流，在市场上寻求机会出售项目或转让股权。而如果在战略布局上能够拉开城市战线，在有中长期投资价值的三、四线城市也有所布局，当

千亿之路

一、二线城市的项目面临调控时,三、四线城市的项目还能对冲风险,可以做到"东方不亮西方亮"。

2. 全国均衡布局,一、二、三、四线城市全覆盖

我们从样本房企拿地的统计分析还发现一个共同的特征,就是这些房企都开始重点加大以往较薄弱城市群的布局,以求在全国城市群的布局做到更加均衡,这与在不同级别城市的均衡布局是一致的,例如一些传统的区域型房企,一方面基于城市群深耕,继续在已深耕区域下沉、渗透,另一方面也逐步向全国其他区域拓展,从区域型房企逐步向全国化房企转型。另外,房企在各大城市群拿地呈现出明显的"3+X"的布局特征,它们主要聚焦长三角、环渤海、珠三角三大城市群拿地,在中西部重点城市进行零星布局。

从2017年前三季度前30强的房企拿地的城市群分布来看(如表3-5所示),中西部、长三角城市群是普遍受房企青睐的区域。从数据中可以看到,无论是央企、国企还是民企,都显著加大了对中西部城市的拿地力度,绿地、中海、雅居乐、新城控股2017年前三季度在中西部拿地占比较2016年有大幅提升,而金地、旭辉2016年没有在中西部拿任何地块,2017年在中西部拿地面积占比有显著提升。对冲风险、实现全国化布局,是房企加大中西部拿地力度的重要原因。

长三角城市群也是2017年颇受房企关注的区域。2017年前三季度,龙头房企恒大显著加大了在长三角区域的拿地,相比2016年增幅达17.6%,保利、龙湖、首开股份等也同样增幅明显。而作为深耕长三角区域的绿城,则继续加大对长三角城市群的深耕,长三角区域始终是其拿地的重中之重。作为深耕成渝地区的区域型房企蓝光,2017年也显著加大了对长三角区域的布局,此外也开始进驻珠三角区域,印证了蓝光从四川走向全国的坚定步伐。

表3-5 典型房企2016年及2017年在不同区域招拍挂市场拿地占比

万科	2016	2017	碧桂园	2016	2017	恒大	2016	2017
环渤海	23.0%	21.6%	环渤海	4.5%	10.0%	环渤海	18.1%	8.0%
长三角	27.5%	24.9%	长三角	31.6%	25.5%	长三角	19.0%	42.0%
中西部	32.1%	40.2%	中西部	32.2%	31.0%	中西部	51.7%	41.4%
珠三角	17.4%	13.3%	珠三角	31.7%	33.5%	珠三角	11.2%	8.6%
保利	2016	2017	绿地	2016	2017	中海	2016	2017
环渤海	24.9%	22.3%	环渤海	28.4%	18.9%	环渤海	68.9%	21.9%
长三角	16.2%	24.5%	长三角	25.2%	22.9%	长三角	12.8%	23.2%
中西部	17.7%	26.2%	中西部	29.6%	53.2%	中西部	11.5%	46.7%
珠三角	41.2%	27.0%	珠三角	16.8%	5.0%	珠三角	6.8%	8.2%
华润	2016	2017	招商蛇口	2016	2017	中铁	2016	2017
环渤海	38.5%	46.7%	环渤海	20.8%	20.0%	环渤海	15.1%	13.5%
长三角	19.5%	13.6%	长三角	32.1%	39.4%	长三角	22.5%	10.2%
中西部	27.0%	26.2%	中西部	15.5%	17.9%	中西部	59.5%	49.4%
珠三角	15.0%	13.5%	珠三角	31.6%	22.7%	珠三角	2.9%	26.9%
龙湖	2016	2017	绿城	2016	2017	金地	2016	2017
环渤海	23.2%	31.7%	环渤海	13.1%	18.6%	环渤海	23.3%	37.1%
长三角	14.4%	33.4%	长三角	52.1%	62.1%	长三角	72.8%	29.2%
中西部	52.5%	30.5%	中西部	15.9%	10.8%	中西部	0	28.2%
珠三角	9.9%	4.4%	珠三角	18.9%	8.5%	珠三角	3.9%	5.5%
富力	2016	2017	首开股份	2016	2017	融创	2016	2017
环渤海	41.6%	19.9%	环渤海	5.5%	70.9%	环渤海	28.2%	29.9%
长三角	50.8%	26.1%	长三角	19.3%	27.2%	长三角	31.8%	36.7%
中西部	7.6%	46.0%	中西部	39.4%	0	中西部	28.8%	25.4%
珠三角	0	8.0%	珠三角	35.8%	1.9%	珠三角	11.2%	8.0%
新城控股	2016	2017	雅居乐	2016	2017	中南	2016	2017
环渤海	33.0%	8.6%	环渤海	0	1.9%	环渤海	0	23.1%
长三角	56.8%	54.9%	长三角	20.1%	30.4%	长三角	81.9%	56.4%
中西部	4.4%	30.6%	中西部	9.2%	26.9%	中西部	18.1%	18.5%
珠三角	5.8%	5.9%	珠三角	70.7%	40.8%	珠三角	0	2.0%

续表

旭辉	2016	2017	阳光城	2016	2017	远洋	2016	2017
环渤海	70.5%	24.0%	环渤海	3.1%	7.3%	环渤海	0	14.6%
长三角	29.5%	24.8%	长三角	31.4%	37.2%	长三角	28.8%	4.2%
中西部	0	47.3%	中西部	33.7%	27.5%	中西部	71.2%	81.2%
珠三角	0	3.9%	珠三角	31.8%	28.0%	珠三角	0	0
泰禾	2016	2017	蓝光	2016	2017			
环渤海	0	18.3%	环渤海	3.5%	0			
长三角	41.4%	14.2%	长三角	20.0%	27.6%			
中西部	0	0	中西部	76.5%	72.4%			
珠三角	58.6%	67.5%	珠三角	0	0			

数据来源：Wind，明源地产研究院。

在长三角区域的三、四线城市拿地是2017年房企在该城市群拿地的显著特征，2017年1~8月，恒大、中梁、新城控股、融创成为在长三角区域三、四线城市拿地的前5强房企，充分体现了这些高增长型房企对环长三角区域三、四线城市的看好。

除了中西部和长三角城市群外，环渤海城市群也是部分房企2017年开始加大力度拿地的城市群之一，如华润、首开股份、龙湖、富力、阳光城、中南、远洋，2017年前三季度在环渤海区域的拿地、建筑面积占比均有明显提升。而反观珠三角区域，房企2017年前三季度在珠三角区域拿地普遍缩减，只有泰禾、富力、蓝光等个别房企在此区域拿地略有提升，其原因在于，不少房企在珠三角区域已有大量土地储备可供未来消化，而泰禾、富力、蓝光等这两年都处于加快珠三角区域扩张布局的进程当中。

对于快周转型房企而言，目前基本形成了广泛而深入的全国化布局，在广泛布局三、四线城市后，近年来也开始向高能级城市收回，例如，某千亿房企2015年下旬成立了一线事业部，2017年前三季度，显著加大了一、二线城市拿地,但与此同时,其布局重心并没有发生转移,在三、四线城市的拿地占比仍在50%以上,该企业善于捕捉一、二线城市周边三、四线城市的外溢需求。恒大也呈现类似的特征,2017年前三季度在二线城市的拿地占比大幅提升。总体而言,龙头快周转型房企呈现出"一、二、三、四线城市全线出击、火力全开"的拿地态势,愈加讲求和注重不同级别城市布局的均衡性。表3-6是根据Wind和行业公开数据整理的快周转型房企在不同级别城市拿地占比。

表3-6　快周转型房企在不同级别城市拿地占比

碧桂园	2016	2017	恒大	2016	2017
一线	2.1%	5.9%	一线	70.6%	0
二线	19.8%	34.2%	二线	14.0%	47.0%
三线	19.3%	18.1%	三线	15.4%	10.3%
四线	58.8%	41.8%	四线	0	42.7%
融创	2016	2017	新城控股	2016	2017
一线	0.9%	0	一线	0.7%	0
二线	99.1%	69.9%	二线	68.5%	55.5%
三线	0	19.8%	三线	3.7%	9.6%
四线	0	10.3%	四线	27.1%	34.9%
中南	2016	2017	阳光城	2016	2017
一线	4.0%	0.9%	一线	3.1%	0
二线	78.9%	29.1%	二线	96.9%	59.6%
三线	0	8.9%	三线	0	4.7%
四线	17.1%	61.1%	四线	0	35.7%
泰禾	2016	2017	蓝光	2016	2017
一线	32.6%	9.0%	一线	0	0
二线	60.5%	18.7%	二线	100%	68.3%
三线	0.9%	72.3%	三线	0	3.0%
四线	0	0	四线	0	28.7%

注:占比计算基于拿地的规划建筑面积;2017年取值为2017年1~9月份数据。

数据来源:Wind,明源地产研究院。

千亿之路

市场的差异、政策的差异也决定了房企在一、二线城市和三、四线城市的不同打法。首先，核心一、二线城市对应的是中长期战略，适合深耕，做慢开发、高利润型项目，尤其在北京、上海、深圳、香港，房企做的都是全国甚至全球的需求项目；其次，三、四线城市对应的是中短期战略，对大部分房企而言，适合中短期机会性进入，适合"轮耕"策略，快速收割，不恋战；最后，核心城市的近郊区域，即核心都市圈周边的三、四线城市，基于地理区位上的显著优势，承载了一线、强二线城市的产业转移和人口外溢需求，房企在该类型城市的运作策略相对均衡，兼顾利润和周转速度。

整体上，前30强房企对城市布局的主流区域判断基本趋同，拿地基本围绕核心一、二线城市，以及都市圈周边的三、四线城市。以往重仓布局一、二线城市的房企开始试探性地布局三、四线城市，尽管仍相对保守，但已经开始尝试并跨出了关键的一步；以往侧重三、四线城市的房企则开始向一、二线城市收回，而典型的快周转型房企在三、四线城市大肆拿地，占比高企。例如，始终聚焦一、二线城市的龙湖，以及一直以来重仓一、二线城市的央企、国企，也开始择机进入大都市圈的周边城市，但其深耕一、二线城市的战略始终没有改变。再比如，长期深耕三、四线城市的某典型房企，目前在一、二线城市的价值判断已经达到较高水平，其2017年上半年在一线城市的拿地总数已与前两年的年度拿地总数持平。

对主流区域布局的趋同，也是基于房企对不同级别城市的价值判断的一致：第一，核心一、二线城市尽管当前受政策压制影响较大，但由于其经济基础雄厚、居民支付能力强、城市基建投入大、产业结构成熟、人口吸附力强，从中长期来看，一、二线城市仍是房企未来的布局重点。第二，三、四线城市固然不如一、二线城市的市场肥沃，但

"积少成多"便是大丰收。因为三、四线城市自身也分强三线、普三线、弱三线,所以精选三、四线城市非常重要,比如环都市圈的、有核心城市支撑的三、四线城市价值就十分凸显。三、四线城市深耕企业之首中梁,其销售额直冲千亿元,也证明了积少成多的传奇案例。

(三)城市深耕策略,"农耕与狩猎模式并重"

上文提到的中梁、祥生、中南等房企采取的区域深耕策略,从目前来看,已经不再是个别房企的特点,而已成为行业的普遍趋势。越来越多的房企的城市布局模式,从以往的"打一枪换一个地方"的"狩猎模式",转换为现在的"狩猎+农耕并重模式",也就是除了继续寻找新的布局机会外,还会坚守在已布局的城市辛勤耕种、持续获取收成。对于城市深耕的趋势,我们可以看一看房企新进城市数量,如图3-4所示,即便是布局迅猛的恒大、融创等企业,在2017年新进城市数量也有着明显的下降,拓展新城市的步伐明显放缓,更加注重对现有布局城市的深耕。

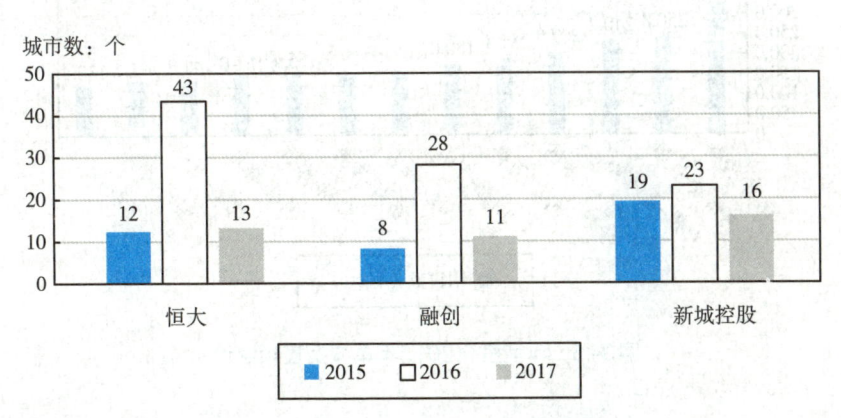

图3-4 典型房企近几年新进城市数量对比

注:2017年新进城市取自招拍挂拿地城市数据;融创含并购新进城市。
数据来源:企业年报,Wind,明源地产研究院。

千亿之路

有些房企2017年新进的城市虽然没有减少，但是通过仔细分析可以发现，这类房企新进的城市大部分为已布局城市周边的三、四线城市。例如保利，围绕之前布局的南通，在2017年新进入了南通周边的常熟、盐城、张家港；新进的台州、慈溪等，都在其已布局城市宁波的周边。所以我们可以看到，保利并不是随意去选择新的城市，而是选择已布局城市周边的三、四线城市进行区域深耕，把这个区域做深做透。

此外，我们再看一看房企单城市销售数据。据统计整理，部分城市的销售额已经创出新高，例如在昆明，俊发的单城销售额高达331.5亿元，碧桂园在惠州的单城销售额达250.8亿元。此外，不单是在一、二线城市，房企在一些三、四线城市也达到了单城销售额的新高，例如中南在南通销售额达180亿元，华鸿在温州的销售额达到141.3亿元。从这些数据我们也可看出，房企在单个城市的耕耘越来越深，单个城市的销售额也在不断突破极限，如图3-5所示。

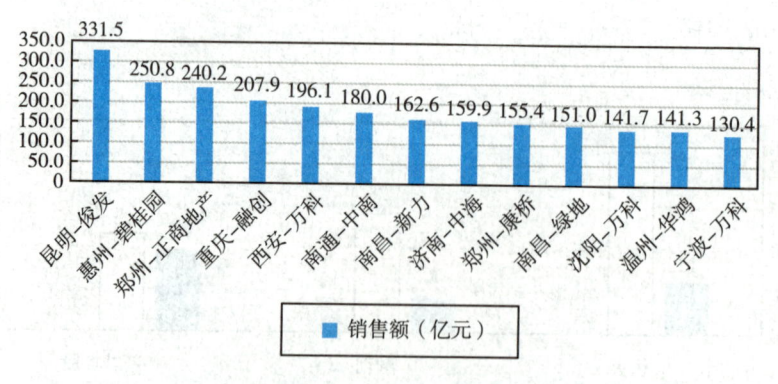

图3-5 典型房企2017年单城销售额统计

1. 区域深耕的四大优势

从上述内容不难看到，房企已经越来越注重城市深耕，并且有不少房企的城市深耕已经颇具成效。那么，城市深耕的核心优势有哪些呢？除了可以有效地规避进入新城市的风险以及市场误判的风险外，其优势主要体现在以下四点。

（1）管理成本更优。在一个城市深耕之后，可以基于此深耕城市的管理平台适度向周边城市延伸，房企的核心管理团队并不用大幅度增加，只要增加几个一线的拓展人员、项目经理、工程人员即可。在人力资源，特别是高端人力资源稀缺的情况下，这种管理上的规模经济越来越被房企领导认可。

在营销方面更能产生辐射效应，更能够基于地缘效应制定立体的营销推广策略。在内部流程方面也更为高效，更有利于形成标准化的内部运营管理机制，提升企业效率。

（2）资源复用更佳。在一个城市深耕后，对于当地的政府资源会起到积累和促进作用，必然会有越来越充足的政府资源，那么可以重复利用的资源也就会越来越多，这对于规模的快速增长能起到很好的保障作用，也能更好地规避陷入新城市的风险以及市场误判的风险。

与此同时，基于城市深耕产生的规模增长，房企可以挖掘、培育更多合格的供应商，甚至发展更优质的战略合作伙伴，帮助企业在区域中形成有效的供应链支撑，达成降低自有资金峰值、保障开发产品质量、提升开发建设速度等一系列的提质增速目标。

（3）产品适配更准。在市场方面，对于客户需求的理解和企业产品适配优化是关键。在城市深耕后，企业能够深化对当地市场、当地客户和自身产品定位的理解，在此基础上开发的产品必将更加适配本地居民的需求。

而且通过多批量的产品迭代和优化，更有利于形成区域性的标准化产品，进一步为规模快速增长提供有效支撑。在房企越来越注重城市

千亿之路

深耕的新形势下，未来房企必将在三、四线城市狭路相逢，这时候唯有打造产品优势才有机会胜出，这也是未来营销部门实现高去化目标的关键保障。

（4）市场协同更好。有不少房企认为城市深耕难度大，而选择全国机会型拿地。在全国的走访调查中，我们发现，许多房企都是基于某个城市的招商优惠条件而选择机会型进入，在全国布局了70~80个城市，每年不到200亿元的销售额。这实际上是选择了一条更艰难的路，因为散点式单项目布局易导致每个项目单兵作战，难以形成协同效应，同时管理半径和管理难度大幅增加。而城市深耕，可以多项目协同运作，特别是在拿地、产品以及品牌环节，基于对本区域信息更深入的研究判断，可以实现最大化的资源利用，能发挥更好的市场协同效应。

2. 区域深耕的典型案例

为了进一步说明区域深耕带来的好处，我们选取了2017年销售业绩的两匹黑马企业，祥生地产（以下简称"祥生"）和美的地产（以下简称"美的"）来进行案例解读。

（1）祥生：采用根据地打法，做深做透三、四线城市。2017年祥生实现567.6亿元的销售额，是2016年销售额180亿元的约3.2倍，位列房地产行业第35位。祥生惊人的销售业绩的背后，是精准的城市布局和对行业周期的前瞻把握，尤其是其对于三、四线城市的定位就是战略性深耕。

在进入一个城市后，祥生做到的是进入即深耕，不仅深耕，还要尽可能做透。正是为了更好地做透城市，祥生对每个城市公司的考核，强调的关键指标是所在城市的"市场占有率"。市场占有率达到20%叫城市做熟，市场占有率达到30%才叫城市深耕，在一个城市做到市场占有率40%甚至更高，才算城市做透。例如诸暨这个有140亿元销售容量的县级市，祥生2017年的销售额就占了80亿元，在泰兴这个县级市的市场占有率也达到了35%，如表3-7所示。

表3-7　2017年祥生在诸暨、泰兴的市场占有率

城市	城市化率	人均可支配收入	祥生销售额	祥生占有率
诸暨	65%	53 547元	80亿元	45%
泰兴	59%	36 521元	35亿元	35%

数据来源：公开资料，明源地产研究院。

祥生做深做透一个城市，采用的是根据地打法，即在选定城市后，对人口规模、市场占比目标、竞品、土地推量、资源配置以及未来销量热点进行全面分析，在一个城市多点开花、一城多盘齐发，要求一个根据地至少做到30亿元的销售规模，不计一盘得失，而求整体的城市胜利；同时，在扎根城市后，潜心研究当地市场，洞察居民需求，不断迭代优化产品。

在根据地城市，祥生采用的是"四全"打法，即全域覆盖、全类产品、全龄客户和全位服务。全类产品，即在一个城市里，业态和产品的种类是齐全的；全域覆盖，即城市不同区域都有项目，甚至"上山下乡"全都有；全龄客户，即祥生在根据地提供全年龄段、全生命周期的产品供应；当有了全域覆盖、全类产品、全龄客户的基础后，接下来就要采用全位服务的打法。祥生有自己的物业服务、酒店、超市、养老服务和各式小镇文旅服务，在根据地城市，祥生基本上打造了吃、喝、玩、乐、住等一条龙的服务体系。

祥生做到"四全"打法，在进入新的根据地后，就与对手不在一个层面上竞争。不同于项目的竞争打法，祥生是系统的根据地打法。祥生拿地拼的不是单一投资测算的能力，而是一整套战略体系的能力。

（2）美的：聚焦城市群，深耕二、三线城市及强四线城市。2017年美的实现450.1亿元的销售额，同比增长111.6%，位列房地产行业第41位。这份销售成绩单背后，其城市深耕的战略功不可没。

美的通过"1+n"的项目扩展模式深耕广东、江苏、湖南、贵州、辽宁、河北、浙江、江西、云南九大区域，进入区域内三、四线城市。其采用的策略是进入必深耕，进入城市要做到当地市场占有率的前三名。例如其2017年在佛山揽地10宗，面积达44.21万平方米，投入资金90.55亿元；在守住顺德大本营的同时，进军顺德的伦教、杏坛和龙江，以及三水的白坭和高明，成为名副其实的佛山地主。美的进入的单个城市的销售额极高，例如在河北邯郸，其销售额就高达60多亿元。

总体来看，美的的模式与祥生有一些类似，同样是聚焦城市群，深耕二线城市以及有产业、交通等资源支撑的强三线、强四线城市，在每个区域内，都采用这种从二线城市逐步往周边强三、四线城市覆盖、深耕的布局模式。

（四）典型房企的五种主要模式

通过全面梳理典型房企的布局策略，以及2017年前3强、前10强房企的布局策略，我们可以总体把典型房企城市布局的类型划分为以下五种主要模式。

1. 模式一：由中心城市向周边梯级扩散

这类房企的布局模式特点是，通常会先选择区域的中心城市为据点，然后在中心城市进行深耕，当深耕达到一定规模后，再由中心城市向周边的三、四线城市适时适度扩张，形成以中心城市为核心的城市发展圈。同时，在全国范围内多个城市群或都市圈内，均采用此种拓展模式，多个城市群均衡发力。这种布局模式的典型房企代表有保利、绿地等。房企的梯级扩散模式如图3-6所示。

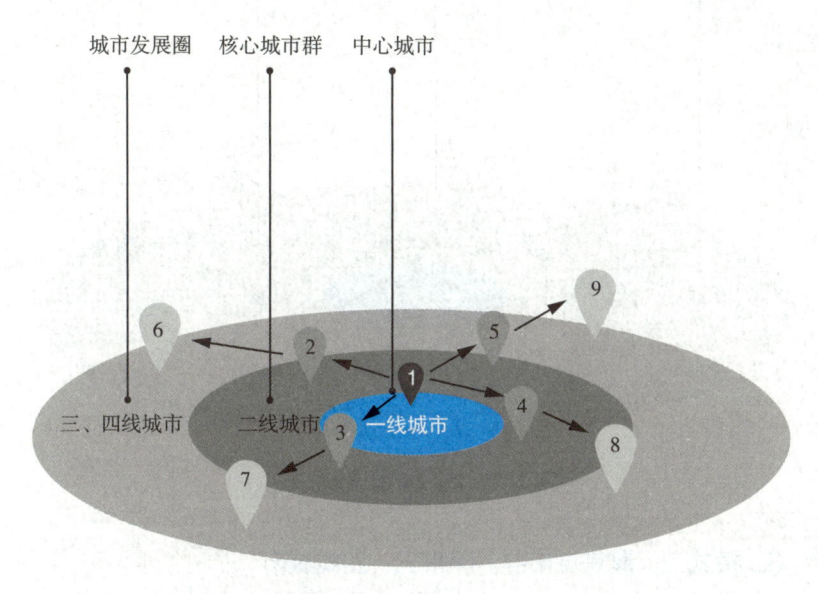

图3-6 梯级扩散模式

2. 模式二：农村包围城市

农村包围城市模式，其布局路径与模式一恰恰相反，通常是广泛布局和深耕城市群内的三、四城市，不断扩大区域的市场份额，逐步做大做强，再进入区域中心城市，并逐步向周边省市渗透，开启全国化的扩张。中梁是这种模式的典型房企，它从浙江温州起家，深耕温州周边的三、四线城市，打响企业在该片区的知名度，提升市场份额，之后再将总部搬迁至长三角中心城市上海，立足上海，广泛布局苏浙皖，同时向周边的福建、江西等省扩张，辐射全国；在新进省份，同样以"农村包围城市"的模式进行深耕、逐步拓展。房企农村包围城市的模式如图3-7所示。

千亿之路

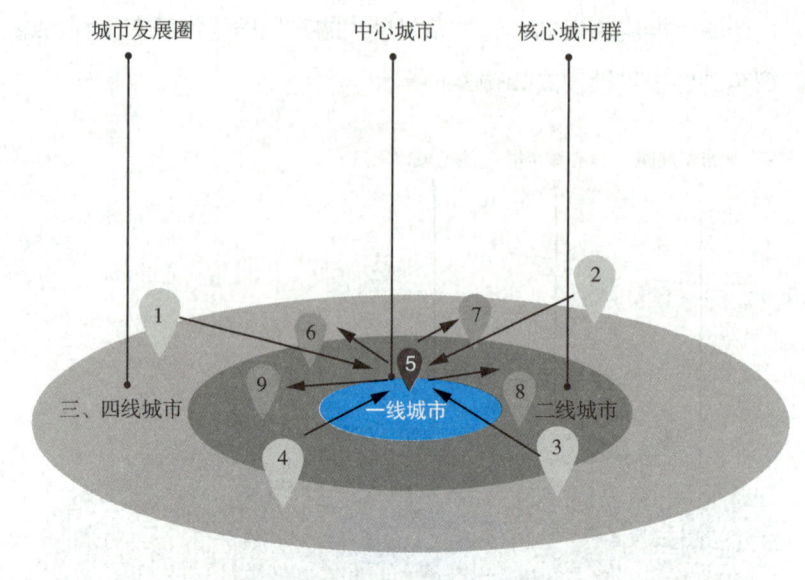

图3-7 农村包围城市模式

3. 模式三：聚焦城市群，深耕三、四线城市

这类房企采用的布局模式是聚焦城市群，依托成熟的高铁网络，围绕中心城市周边生长带，精选满足40分钟轻轨生活圈、30分钟高铁圈的三、四、五线城市全面布局。典型房企如祥生，深耕长三角地区，全面布局上海周边三、四线城市，其布局的城市基本上都是在高铁轻轨一小时生活圈范围内。但是，这种模式并不是在全国各区域都适用，只有高铁网络较成熟的片区，才适用于此种模式，例如小而美房企的典型代表康桥，依托郑州发达的高铁网络，聚焦以郑州为核心的都市圈，深耕郑州及周边城市，也获得了销售业绩的稳步增长。这类房企布局模式如图3-8所示。

4. 模式四：一、二、三、四线城市全线出击，以三、四线城市为主导

这类房企采用的是一、二、三、四线城市全面布局，火力全开的布局策略，通常是地产龙头企业采用的模式，例如恒大、碧桂园等采用

第三章　精挑细选拿土地

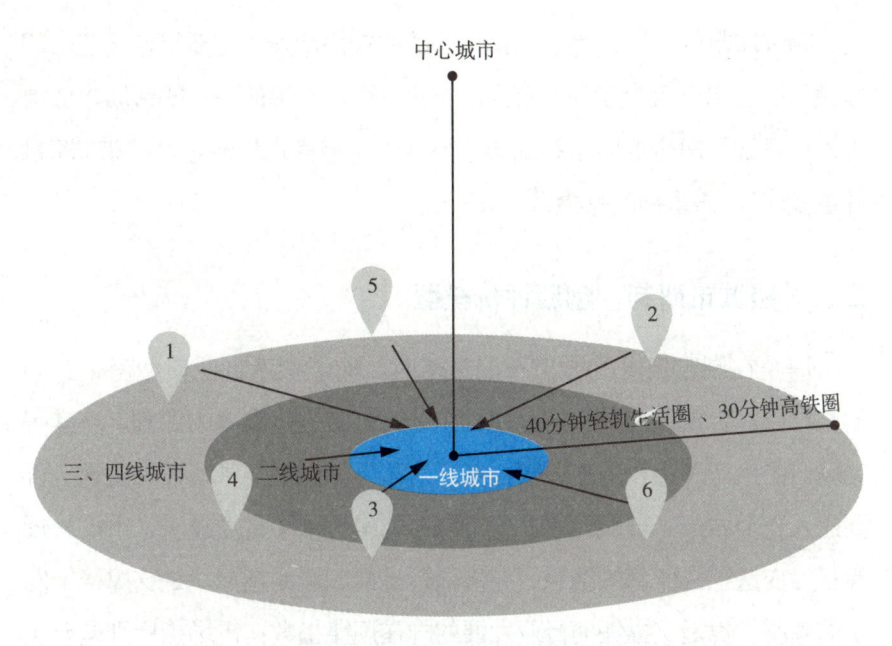

图3-8　聚集城市群模式

的都是这种模式。它们布局的城市数量已极其庞大，除了一、二线城市外，还广泛布局全国范围内的三、四线城市，四线城市占比普遍较高。

5. 模式五：坚守一、二线城市，慎重进入三、四线城市

也有一部分房企始终坚守一、二线核心城市，对于进入三、四线城市非常谨慎，国企、民企中均有选择此种布局模式的典型代表。国企中的中海，其一、二线城市的占比始终在高位，并在试探性地进入三、四线城市。民企中的龙湖，二线城市的占比始终为70%~80%，至今也未进入三线城市，四线城市进入也是比较谨慎，仅围绕核心城市周边的四线城市进行布局。

总的来看，对于行业内典型房企的布局策略，可以总结为以下几点：第一，开发风格相对稳健的国企、民企，主要围绕一、二线城市布局；第二，尽管仍以一、二线城市为主布局，但2017年普遍开始重视

三、四线城市的布局；第三，销售业绩的较快增长，主要得益于三、四线城市的去库存政策红利；第四，有核心城市支撑的三、四线城市值得进入；第五，房企的城市布局模式已从"狩猎模式"转为"狩猎+深耕并重模式"，需重视产品力。

二、升级城市研判，创新评价模型

房企在制定自身的城市布局策略时，除了参考行业典型房企布局的城市外，更重要的是根据合理的指标对城市进行准确的评判，深度研究城市的生产形态和内在逻辑，基于对城市的洞察与了解，来决定是否要进入一个城市。一般而言，一个城市的房价水平是受经济、市场、政策三大变量综合作用的结果。经济指标是最底层的指标，是支撑楼市发展的基座，也是支撑任何行业发展的内在规律指数；市场指标则是行业供需关系的衡量指标，也是我们最容易感知的方面；而政策指标更多的是体现了国家的调控意志，属于典型的外力因素。

经济、市场、政策三者的关系是：市场的自我调节存在固有的弊端，当房地产市场过热、房价飙升，或者当房地产市场过冷、库存大量积压时，国家的宏观调控之手必然会相应介入；而楼市调控政策，又将对房地产市场产生直接影响，无论是去库存等鼓励型政策，还是限购限贷等限制类政策，都会直接或间接地对房价产生重大影响；而政策、市场的根本则在于经济，经济是基石，一个城市的经济发展水平决定了其产业的发展、人口的流入等，是决定一个城市房地产市场繁荣与否的根本。

（一）城市进入研判指标

在评判一个城市是否具有投资布局潜力时，我们需要从这个城市的经济、市场及政策三大指标进行综合考量。明源地产研究院在进行深

第三章 精挑细选拿土地

入的数据挖掘及研究分析后，构建了基于经济、市场、政策三大指标的城市研判新模型，明确了各指标的核心评价因子及各因子之间的逻辑关系，如图3-9所示。

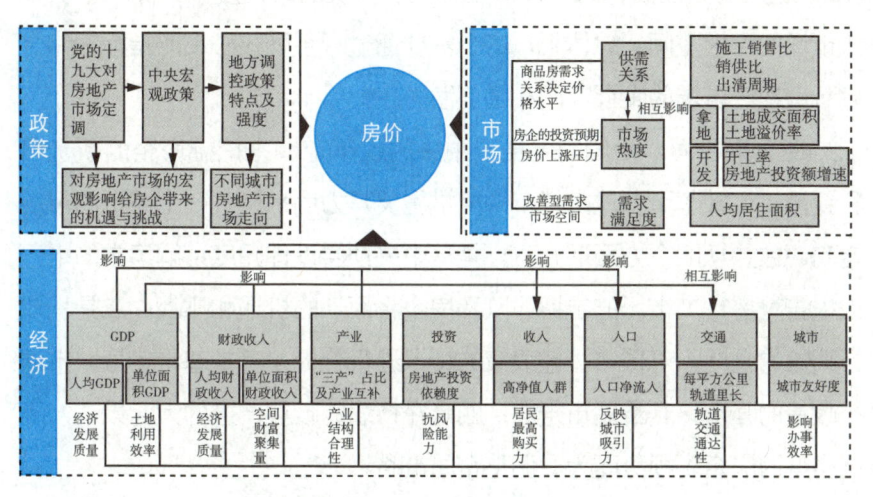

图3-9 城市研判模型

在经济层面，随着我国经济的快速发展、城镇化水平的提升、居民收入的提高，人均可支配收入、人口总量等旧有经济指标已然过时，我们提炼了八大新经济指标：人均或单位面积GDP、人均或单位面积财政收入、高净值人群数量、人口净流入、"三产"占比及产业互补、房地产投资依赖度、每平方公里轨道里长，以及城市友好度，以此作为综合评判房企能否进入一个城市的经济标尺。

在市场层面，一方面，要全面了解全国、不同能级城市以及不同城市群房地产市场的整体表现，包括销售额、销售面积、成交价格等指标；另一方面，要基于各城市在核心市场指标上的表现，来判断其房地产市场投资增值潜力。在城市研判的具体市场指标上，我们选取了三个方面八大市场指标：一是影响房价的关键因素"商品房供需关系"，包

77

括施工销售比、供销比、出清周期指标;二是反映房企投资预期的"市场热度",包括拿地层面的土地成交面积、土地溢价率,以及开发层面的开工率、房地产开发投资增速指标;三是反映居住质量的"需求满足度",从人均居住面积来看,该指标是从较长远的角度来预测未来房地产市场的需求空间。总体上,房企需要通过一系列核心市场指标来综合判断房地产市场的发展空间和增值潜力。

在政策层面,我们需要结合中央的政策定调来挖掘房企的新机遇和新挑战,并基于各地的楼市调控措施及其力度来预判一个城市的市场走向。主要从四个方面展开:一是从中央顶层设计角度,解读党的十九大报告对房地产市场的定调,以及房企将面临的机遇和挑战;二是从地方政策的角度,对楼市调控政策的特点进行分析;三是基于典型城市调控政策的强度,判断后市走向;四是在持续的政策调控的大背景下,不同类型的房企要顺势而为、调整布局策略。

接下来以我国典型城市或城市群为例,基于经济、市场、政策的核心指标表现,来看看哪些城市具有投资增值潜力,且值得房企进一步投资拿地布局。

1. 经济指标:城市经济评价八大新指标

我们首先从经济角度来剖析房企在选择城市时应关注的核心经济指标。随着我国经济的快速发展,城镇化水平和人民生活水平的提高,一些评判城市经济发展水平的传统指标已然过时。明源地产研究院在深入研究的基础上,分别从GDP、财政收入、居民收入、人口、投资、产业、交通等角度,提炼了城市研判的八大新经济指标,如图3-10所示。接下来我们就结合我国典型城市及城市群,就这八项新指标进行详细解读,阐述为什么要选择这八项新指标,它们又是如何从旧指标演化为现在的新指标的?

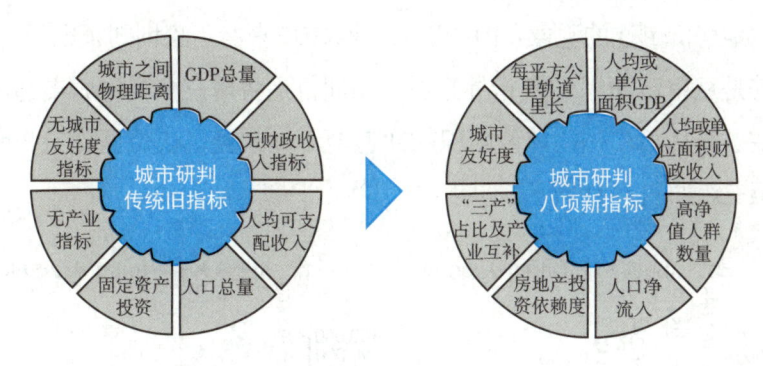

图 3-10 城市研判的八项指标

（1）人均GDP，尤其是单位面积GDP，更能体现区域经济发展差距。

以前的城市经济发展水平依据GDP总量进行判断，但是随着政府从注重经济发展速度转变为注重经济发展质量，从注重效率到更加注重公平，人均GDP及单位面积GDP成了衡量经济发展更重要的标尺。

在谈及地区发展差距时，我们需要区分两个概念，一个是总量的差距，一个是人均的差距。权威研究表明，从经济增长方面来看，我们需要的是人均意义上的增长，而不是总量意义上的增长。人均意义上的增长及差距缩小更能准确地衡量经济发展的质量及公平性。

单位面积GDP，也就是单位土地面积所产生的GDP价值，是衡量区域发展差距的一项重要的指标，它具体是指一个城市在它的建成区上平均每平方公里每年产出的GDP，反映了一个城市的土地利用效率，进而反映经济发展水平。

我们以珠三角城市群为例来进行阐释。广州作为广东省的省会城市，其历史、文化、教育、医疗等诸多资源都要优于深圳，但为什么广州的房价却远不及深圳？如果从GDP总量的角度来看，2016年广州的GDP总量达19 547.4亿元，比深圳的19 492.6亿元要更高，无法解释广

千亿之路

深两地房价倒挂的现象。但如果从人均GDP来看，深圳则领先于广州，尤其是从单位面积GDP指标来看，深圳更是将珠三角其他城市远远地甩在了其后。广州的单位面积GDP甚至不如东莞，仅位居珠三角城市群第三。如图3-11所示。

珠三角地区各城市2016年人均GDP

城市	人均GDP（元）
深圳	163 688
广州	145 254
珠海	136 244
佛山	116 141
中山	99 788
东莞	82 719
惠州	71 752
江门	53 519
肇庆	51 336

珠三角地区各城市2016年单位面积GDP

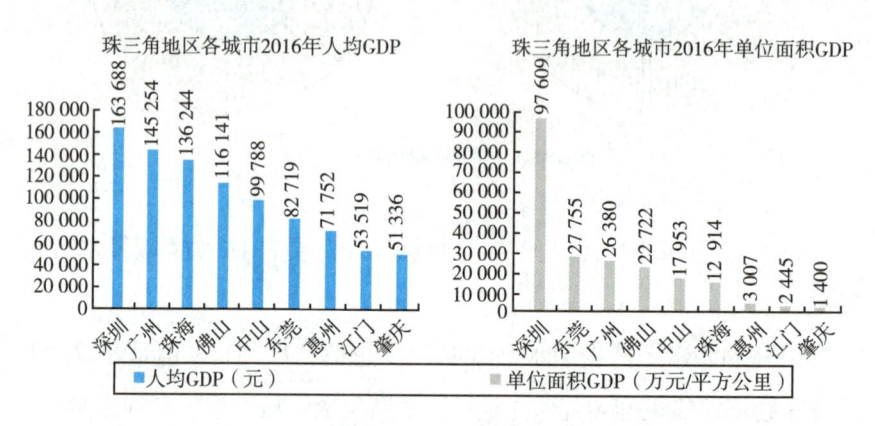

城市	单位面积GDP（万元/平方公里）
深圳	97 609
东莞	27 755
广州	26 380
佛山	22 722
中山	17 953
珠海	12 914
惠州	3 007
江门	2 445
肇庆	1 400

图3-11 珠三角地区人均GDP与单位面积GDP

数据来源：Wind，明源地产研究院。

再来看长三角城市群（如图3-12所示），该城市群内部的核心城市之间的人均GDP相对均衡，经济发展水平普遍较高，但从单位面积GDP来看，上海平均每平方公里所产生的GDP遥遥领先，是引领长三角城市群经济发展的龙头，其房价水平也是高居长三角城市群首位。

从京津冀城市群来看（如图3-13所示），北京不再一枝独秀，天津在人均GDP上甚至已经略微超过北京，而单位面积GDP也与北京几乎持平，环京的其他城市则被远远甩在京津两地之后，城市群内部的经济发展梯度更加明显。

长江中游城市群涵盖了三个子都市圈，分别是环武汉都市圈、环长沙都市圈和环南昌都市圈。首先，从各都市圈的内部经济势差可以明显看到，武汉、长沙、南昌三大省会城市，无论是GDP总量占比，还

长三角地区主要城市2016年人均GDP

城市	人均GDP（元）
苏州	145 638
无锡	141 453
南京	127 048
常州	122 721
杭州	122 538
镇江	120 603
上海	113 600
宁波	110 656
绍兴	96 204
南通	92 702
嘉兴	82 009
湖州	77 110

长三角地区主要城市2016年单位面积GDP

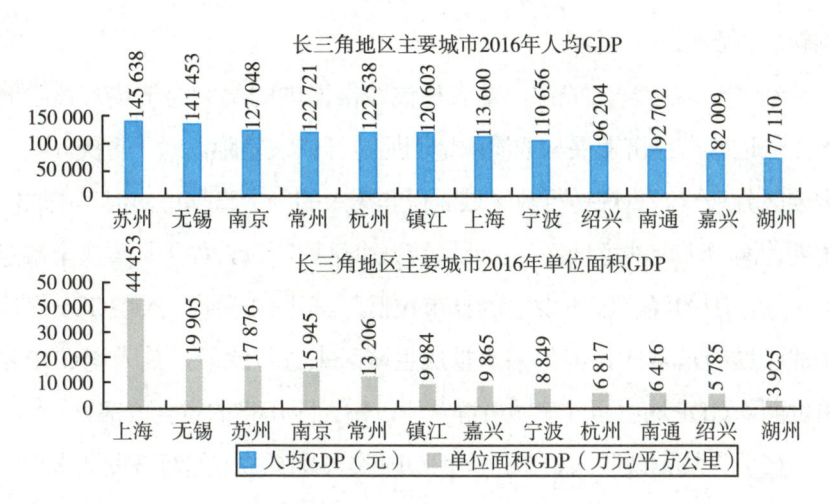

城市	单位面积GDP（万元/平方公里）
上海	44 453
无锡	19 905
苏州	17 876
南京	15 945
常州	13 206
镇江	9 984
嘉兴	9 865
宁波	8 849
杭州	6 817
南通	6 416
绍兴	5 785
湖州	3 925

图3-12 长三角地区人均GDP与单位面积GDP

数据来源：Wind，明源地产研究院。

京津冀地区主要城市2016年人均GDP

城市	人均GDP（元）
天津	115 613
北京	115 000
唐山	80 617
廊坊	61 270
石家庄	54 526
秦皇岛	42 265
承德	38 886
张家口	33 030
保定	29 945

京津冀地区主要城市2016年单位面积GDP

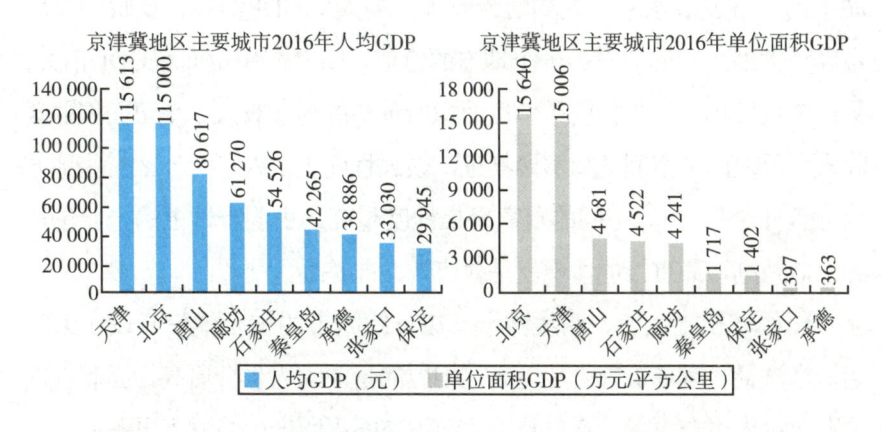

城市	单位面积GDP（万元/平方公里）
北京	15 640
天津	15 006
唐山	4 681
石家庄	4 522
廊坊	4 241
秦皇岛	1 717
保定	1 402
张家口	397
承德	363

图3-13 京津冀地区人均GDP与单位面积GDP

数据来源：Wind，明源地产研究院。

是人均GDP、单位面积GDP，都是各自都市圈的领头羊。但是，相比环武汉都市圈和环南昌都市圈，环长沙都市圈内的经济势差明显更小，发展更为均衡，长沙周边的城市发展也相对较好。其次，从三个都市圈之间的对比来看，总体上武汉经济发展水平略胜一筹，是引领中部地区崛起的重要城市。

在成渝城市群，成都、重庆是该城市群内的两大经济增长核心城市，周边城市经济发展与成渝两地明显拉开较大差距。对于重庆，我们需要区分来看。重庆是行政区域面积非常大的一个直辖市，但其主城区主要为渝中区、沙坪坝区、江北区等九个区，所以，如果从重庆全市范围来看，因为经济较不发达的县市拉低了其平均水平，人均GDP仅位居成渝城市群第四，但如果拿重庆主城区来进行比较，其人均GDP和单位面积GDP均位居成渝城市群首位，超过四川省的省会成都。

（2）人均财政收入、单位面积财政收入反映城市的经济发展水平。

以前的城市评判往往没有将财政收入指标纳入参考视野，但我们的研究发现，人均财政收入、单位面积财政收入指标也可以很好地反映城市的经济发展水平。人均财政收入，与人均GDP类似，反映的是城市经济发展水平的质量。一个地方的价值，除了与单位面积GDP相关，另一个直接相关的指标就是单位面积所创造的财政收入。单位面积财政收入，反映的是空间的财富聚集量，很大程度上反映了为什么有些地方"寸土寸金"。单位空间的财富聚集程度越高，表明土地上的企业创造的价值越高，最直接的体现就是政府效益能够最大化。

比如，相比在三、四线城市，在一线城市的核心地段开设一家门店，客流量、客单价都必然更高，相应的营业收入也会更高，因此创造的财政收入也会更多，意味着单位面积空间里所产生的财富更多。

珠三角城市群（如图3-14所示）：深圳在人均财政收入、单位面积财政收入两个指标上高居首位，与位居第二的东莞拉开了很大差距，而广州已经排到了第四、第五的位置。另据相关数据统计，全国地方预算财政收入排名前50的城市中，深圳的单位面积所创造的财政收入也位居第一，这正从另外一个角度解释了广州、深圳两地房价倒挂的重要

第三章 精挑细选拿土地

珠三角地区各城市2015年人均财政收入

城市	人均财政收入(元)
深圳	73 770
东莞	26 561
珠海	24 007
中山	18 119
广州	15 798
佛山	14 334
惠州	9 523
江门	5 084
肇庆	3 271

珠三角地区各城市2015年单位面积财政收入

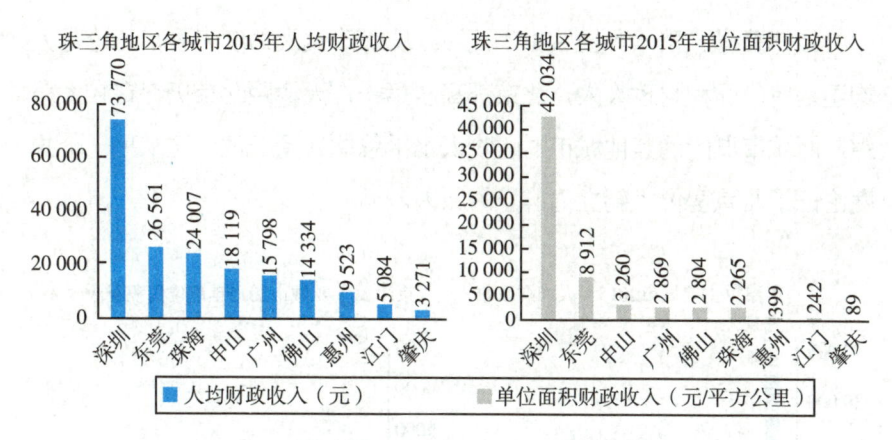

城市	单位面积财政收入(元/平方公里)
深圳	42 034
东莞	8 912
中山	3 260
广州	2 869
佛山	2 804
珠海	2 265
惠州	399
江门	242
肇庆	89

图3-14 珠三角的人均财政收入与单位面积财政收入

数据来源：Wind，明源地产研究院。

原因。

长三角城市群（如图3-15所示）：人均财政收入水平也相对均衡，体现了较均衡的经济发展水平；上海的单位面积财政收入遥遥领先。结合单位面积GDP数据来看，上海、苏州、无锡是长三角地区经济发展水平排名前3的城市。

长三角地区主要城市2015年人均财政收入

城市	人均财政收入(元)
苏州	23 399
上海	22 802
无锡	17 259
宁波	17 158
杭州	17 053
南京	15 611
常州	12 573
镇江	11 148
嘉兴	10 025
绍兴	8 190
南通	8 159
湖州	7 255

长三角地区主要城市2015年单位面积财政收入

城市	单位面积财政收入(元/平方公里)
上海	8 688
苏州	2 878
无锡	2 435
南京	1 952
宁波	1 368
常州	1 354
嘉兴	1 174
杭州	927
镇江	924
南通	565
绍兴	491
湖州	368

图3-15 长三角地区的人均财政收入与单位面积财政收入

注：1. 由于暂未公布最新数据，取值为2015年数据。
　　2. 人均财政收入是指人均公共财政预算收入。

数据来源：Wind，明源地产研究院。

千亿之路

京津冀城市群（如图3-16所示）：从财政收入角度来看，无论是人均还是单位面积财政收入，北京都高居第一，天津距北京仍存在较大差距，而城市群内的其他城市财政收入水平总体处于低位。这从另一个角度论证了北京房价"鹤立鸡群"的原因。

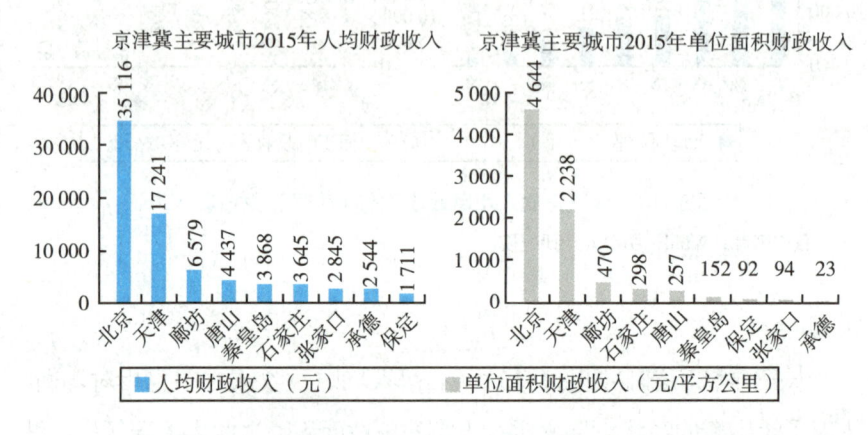

图3-16 京津冀的人均财政收入与单位面积财政收入

注：1. 由于暂未公布最新数据，取值为2015年数据。
2. 人均财政收入是指人均公共财政预算收入。
数据来源：Wind，明源地产研究院。

长江中游城市群：三大省会城市在财政收入上依然占据各自都市圈的主导地位，长沙都市圈内部相对较均衡；将三个都市圈对比来看，武汉都市圈领先于长沙都市圈、南昌都市圈，无论是人均财政收入还是单位空间的财富聚集量都明显更强。

成渝城市群：成都、重庆两市在人均及单位面积财政收入上遥遥领先，因暂无重庆九个主城区数据，因此此处为重庆全市与成都的比较。综合人均及单位面积GDP数据来看，成渝城市群经济发展明显呈现出成都、重庆两地双轮驱动特征，是带动成渝城市群乃至中国西部地区经济增长的两大核心引擎。

（3）高净值人群，决定一个区域住房的最高购买力。

从居民收入角度来看，以往衡量一个城市居民的住房购买力水平，通常是依据人均可支配收入或人均储蓄余额等指标。根据人均可支配收入来判断购买力，有两个默认的前提：一是默认一个城市的居民财富差距不大，所以可以从人均的角度来判断，二是默认这个城市住房的购买群体都为本市居民。

但是，从当前中国的经济和房地产市场形势来看，这两个默认的前提都已经不复成立：一方面，城市的社会阶层分化越来越明显，居民的财富差距越来越大，人均意义上的收入水平已经失去意义；另一方面，越来越多的城市的住房购买主力已经不再是本市居民，而是以投资为主的外地投资客，于是仅以本市居民收入来衡量购买力水平已不合时宜。因此，一个区域住房的最高购买力，取决于该区域处于金字塔顶端的那部分高净值人群（指资产净值在1 000万元人民币以上的个人）数量及其所拥有的财富水平，同时还需兼顾外来投资者的数量和经济实力。

根据胡润研究院最新发布的《2017胡润财富报告》显示，从全国范围来看，北京、上海、深圳、广州四个一线城市恰恰是高净值人群数量最多的四大城市。长三角城市群和京津冀城市群，高净值人群明显高度集中在上海、北京两市：上海以23万户高净值家庭数量遥遥领先于长三角地区的其他城市，北京以26.3万户高净值家庭高居京津冀城市群首位。珠三角地区的高净值人群集中度相对较低，深圳、广州高净值家庭数量位居前二，但相较京沪两地差距仍相当之大。可以说，高净值人群正是支撑一线城市高房价的重要因素。横向比较三大城市群，长三角城市群历来经济富庶，明显是高净值人群最多的区域，杭州、宁波、苏州、温州等地也聚集了大量的高净值人群。而从长江中游城市群、成渝城市群来看，重庆、成都的高净值人群数量明显高于武汉、长沙和南

千亿之路

昌,未来的住房购买力值得期待。

总体而言,对于房企来说,应该努力寻找和捕捉城市的高净值人群,并了解外地投资客的占比和收入水平,进而对一个城市的住房购买力进行准确的判断。

(4)人口净流入,反映城市吸引力。

人口是支撑一个城市经济发展的根本动力,有人口流入才会有住房需求,人口流入越多,意味着住房需求越大,房价上涨动力才越足。从传统来讲,人口总量往往是评判城市吸引力的依据,但是我们的研究发现,人口净流入(一个城市的常住人口数量与户籍人口数量之差)才是判断城市吸引力的准确指标。人口净流入越多,表明城市吸引力越强,如果人口净流入出现负值,则意味着这类城市处于人口净流出状态,缺少了人口的支撑,经济发展水平自然受限。但是,这并不意味着房企不能进入人口净流出城市。人口流入流出,仅作为校验指标,房企在评判是否要进驻一个城市时,还需结合该城市的多方面因素综合考量。

从珠三角城市群来看(如图3-17所示),除肇庆暂无数据外,珠三

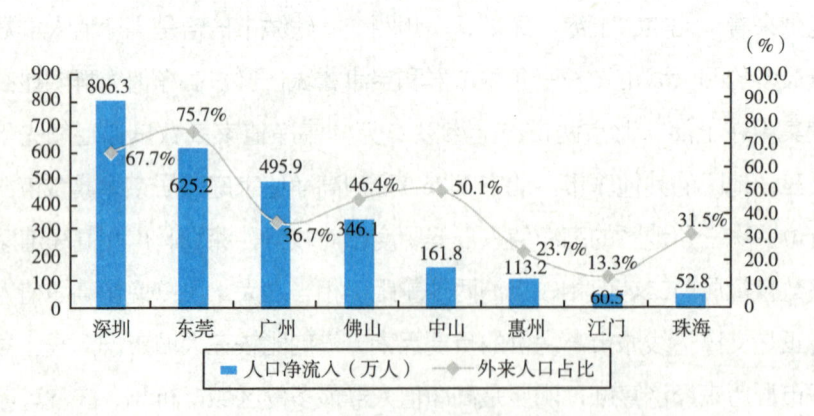

图3-17 珠三角各城市2016年净流入人口数及外来人口占比

注:1. 人口净流入=某区域常住人口数-户籍人口数。
　　2. 外来人口占比=净流入人口数/常住人口数。
数据来源:Wind,明源地产研究院。

角地区的八个城市全部为人口净流入城市,体现了珠三角城市群的巨大吸引力。再细分城市来看,深圳2016年净流入人口高居首位,达到806.3万人,东莞紧随其后,同时,这两地的外来人口均远超户籍人口,尤其是东莞,外来人口占比高达75.7%。外来人口的大量涌入势必带来庞大的住房需求,加剧住房的供不应求,推动房价的上涨。

从长三角城市群来看(如图3-18所示),上海2016年净流入人口数达到971.7万人,远高于其他城市,外来人口占比达到了40.2%;位居第二的苏州净流入人口接近400万,外来人口占比为37.1%;上海周边的无锡、镇江、杭州、南京等城市,也处于人口净流入状态。而距离上海较远的徐州、宿迁、盐城等苏北城市则处于人口净流出状态,2016年,徐州、宿迁、盐城的净流出人口均高达100万以上,充分反映了上海及周边城市对人口的巨大吸附力。

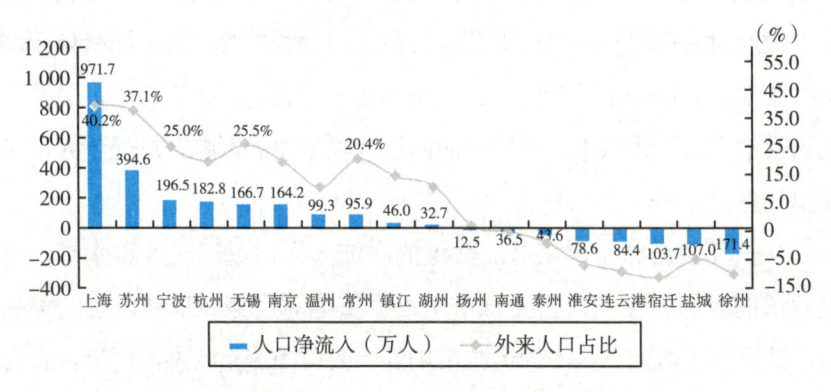

图3-18 长三角主要城市2016年净流入人口数及外来人口占比

注:1. 人口净流入=某区域常住人口数-户籍人口数。
　　2. 外来人口占比=净流入人口数/常住人口数。
　　3. 部分城市暂无2016数据。
数据来源:Wind,明源地产研究院。

从京津冀城市群来看(如图3-19所示),北京以813.5万的净流入人口高居首位,天津的净流入人口超过了500万。相关数据显示,

千亿之路

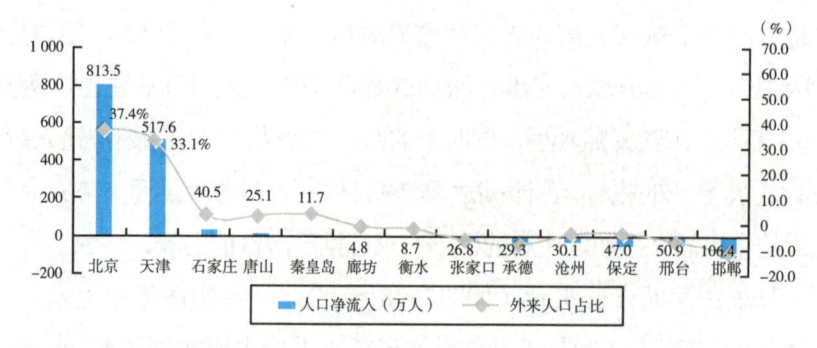

图3-19 京津冀主要城市净流入人口数及外来人口占比

注：1. 人口净流入＝某区域常住人口数－户籍人口数。
　　2. 外来人口占比＝净流入人口数/常住人口数。
　　3. 北京、天津、石家庄为2016年数据，其他均为2015年数据。
数据来源：Wind，明源地产研究院。

2010—2015年天津的人口增量已经超过北京，成为京津冀城市群内人口增长最多的城市。这一方面源于北京开始进入外溢效应主导的阶段，加上政府对人口增长的严格管控，北京人口增长放缓，而天津尚处于城市扩张期，人口仍在不断流入。北京周边城市廊坊、张家口等，以及河北省其他三、四线城市，则受京津两地虹吸效应的影响，均处于人口净流出状态。

从长江中游城市群来看，武汉的净流入人口远超长沙和南昌，足见武汉的吸引力在三大省会城市中占据着绝对优势。从都市圈内部来看，武汉周边城市、长沙周边城市均处于人口净流出状态，可见，省会城市依然处于"强核"发展阶段，不断吸收周边城市的人口资源。

成渝城市群与长江中游城市群呈现类似的特征，成都和重庆主城区为两大人口净流入地，攀枝花因工业优势，也呈人口净流入状态，而周边其他城市则全部为人口净流出状态。如果从重庆全市范围来看，人口净流出达到了344.1万人，可见重庆九个主城区之外的县市，存在大量的人口外流现象。

(5)"三产"占比及产业互补,反映产业结构合理性。

以往的城市评价往往忽略了产业方面,然而,产业是城市竞争力的根本,有产业才有就业,才会有人口流入。另外,产业结构也非常重要。由于近年来国内各类成本激增和国内外市场约束等情形,制造业开始变得不景气,服务业的景气指数及其增加值占比不断提高,同时,服务业也能创造更多的就业岗位。相比制造业单调枯燥的生产流水线,服务业的劳动环境普遍较好,能吸引更多的80后、90后的劳动者。基于此,我们以"三产"占比,即第三产业在GDP中所占的比重来衡量区域产业结构的合理性与成熟度。从三大城市群来看(如图3-20所示),北京、上海、广州、深圳、杭州五地的"三产"占比超过60%,意味着城市产业发展更加成熟合理,对劳动者的吸引力相对更强。

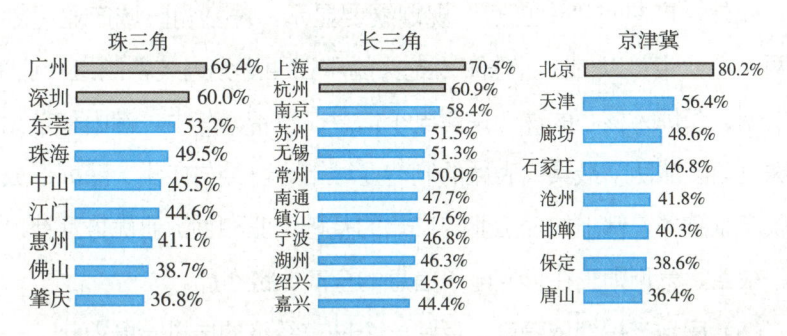

珠三角		长三角		京津冀	
广州	69.4%	上海	70.5%	北京	80.2%
深圳	60.0%	杭州	60.9%	天津	56.4%
东莞	53.2%	南京	58.4%	廊坊	48.6%
珠海	49.5%	苏州	51.5%	石家庄	46.8%
中山	45.5%	无锡	51.3%	沧州	41.8%
江门	44.6%	常州	50.9%	邯郸	40.3%
惠州	41.1%	南通	47.7%	保定	38.6%
佛山	38.7%	镇江	47.6%	唐山	36.4%
肇庆	36.8%	宁波	46.8%		
		湖州	46.3%		
		绍兴	45.6%		
		嘉兴	44.4%		

图3-20 三大城市群主要城市2016年"三产"占比

数据来源:Wind,明源地产研究院。

长江中游城市群仍以第二产业为主,仅武汉"三产"占比超过50%,另外,三个子都市圈的产业分别围绕中心城市联动发展,都市圈之间尚未形成协同效应。长期来看,因长江中游城市群具备优先承接东部沿海产业转移的区位优势和产业基础,未来中心城市有望迎来新的发展机遇,产业层级将进一步提升。

千亿之路

成渝城市群呈现与长江中游城市群类似的特点，2016年仅成都"三产"占比超过50%，重庆接近50%，其他周边城市仍以第二产业为主，尤其是攀枝花市，"二产"占比达到了69.3%。

除"三产"占比外，产业互补也是衡量区域产业结构合理性的重要指标。从城市群间的横向比较可以发现，长三角城市群内部各城市的"三产"占比更为均衡，而珠三角城市群、京津冀城市群则更多地呈现区域间的产业互补特性。以珠三角城市群为例（包括香港在内），广州、深圳与香港的产业结构呈现错位发展态势，广州优势在于贸易与制造业，且区域交通枢纽地位突出；深圳的金融与高新技术产业贡献突出，吸引了大量的高端人才；香港则作为国际金融中心，是内地与国际资本连通的重要通道。三地在产业上分工不同、互为补充，因而不存在直接竞争。

此外，广东省"十三五"规划纲要显示，珠三角区域产业将划分为两大产业带：以佛山、珠海为龙头的珠江西岸先进装备制造产业带，以广州、深圳为核心的珠江东岸电子信息产业带。其中，佛山和东莞作为珠三角区域两个最具代表性的制造业城市，已经与广州、深圳形成了关联产业链条，佛山的轻工业与广州的基础工业和重工业优势互补，深圳、东莞、惠州则正在形成电子信息的全产业链布局。

（6）房地产投资依赖度，反映一个城市经济的抗风险能力。

从投资角度来看，以往房企评判一个城市投资前景如何，往往会从固定资产投资指标来看投资走势，但是我们的研究发现，房地产投资依赖度，即房地产投资额占GDP总额的比重，可以更好地反映一个城市的经济健康度和抵御经济风险的能力。一个城市的房地产投资依赖度越低，表明该城市的转型越成功，其他产业发展水平也较均衡，从而承受经济风险的能力就越大，政策调控对该地楼市的影响就越小。反之，房地产投资依赖度越高，表明该城市的经济发展主要依靠房地产，甚至

第三章　精挑细选拿土地

是被房地产"绑架"。

从全国层面来看，自2003年以来，全国房地产投资依赖度总体呈现直线走高的态势，2013年、2014年国家先后出台了一系列楼市调控政策，才使得各大城市对房地产的依赖度得以控制。到2016年，全国的"房地产依赖度"由2014年的20.3%下降至18.1%（如图3-21所示），但相比美国的6.2%、日本的9%还是高出很多，因此全国的房地产调控依然任重而道远。

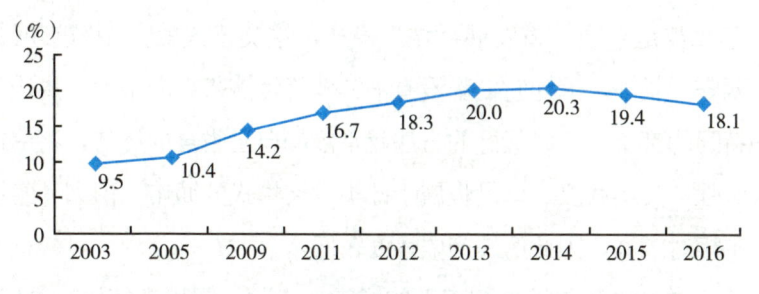

图3-21　全国房地产投资依赖度走势

注：房地产投资依赖度=房地产投资额/GDP总额。
数据来源：Wind，明源地产研究院。

细分城市来看（如图3-22所示），我们从全国42个大中城市房地产投资依赖度数据中可以看到，仍有21个城市高于全国平均水平，其中三亚、海口、昆明、郑州、西安、长沙、贵阳、银川的房地产依赖度更高，均在29%以上，三亚这一比值更是高达86.2%。

我们可以将房地产依赖度排名前8的城市划归为三类：

第一类是三亚、海口、昆明，属于典型的"旅游+房地产"发展模式的城市，也就是说，该类城市主要靠旅游资源带动当地房地产市场的发展，旅游业和房地产业已成为当地的支柱产业。这类城市一旦旅游热度降下来或面临高强度调控，楼市首当其冲。

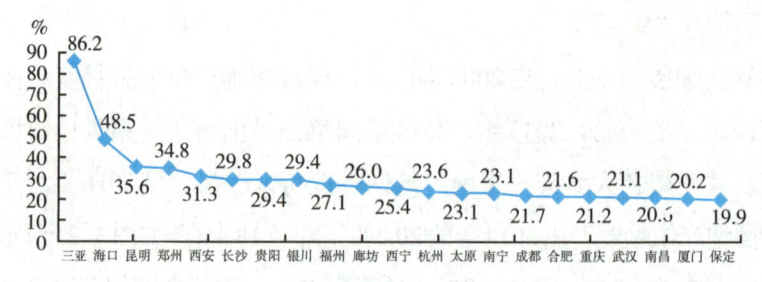

图3-22 2016年房地产依赖度高于全国平均水平的城市

数据来源：Wind，明源地产研究院。

第二类是"倾一省发展一城"模式，这类模式的典型城市就是郑州、西安、长沙，因为它们都没有被其他"经济带"所辐射，周边又无其他特强的都市，所以最好的方法就是依赖自己省会的优势，将房地产做大做强。其实武汉、南昌也属于此类发展模式的城市，但因其经济发展水平相对较高，因此房地产依赖度较低。

第三类是"暂未发展起来"的城市，贵阳、银川都属于这类城市。2016年，该类城市的固定资产投资额甚至大于GDP总额，房地产投资占GDP的比重接近30%。目前，该类城市还处于高投资的阶段，投资的回报却还没有显现，城镇化水平比例仍偏低。

总体来说，这三类城市各有各的发展模式和特点，但房地产依赖度都过高，过于被房地产行业"绑架"，因此难以承受过高的经济风险，抵御楼市调控风险的能力也较弱。

（7）每平方公里轨道里长，衡量一个城市的轨道交通通达性。

轨道交通是国民经济的大动脉，是城市发展的基本动力。一个城市的轨道交通涵盖铁路及城市轨道交通两大基本类型，其中，铁路又涵盖普速铁路及高铁，是城市与城市之间相连接的通道，尤其是高铁的发展，极大地拉近了城市与城市之间的距离，1～2小时经济圈概念被强化。城市轨道交通，则属于市内交通网络范畴，涵盖地铁、轻轨、单轨、市域快轨、现代有轨电车、磁悬浮交通、APM（无人驾驶列车）七种形式。城市轨道交通是缓解城市交通拥堵的重要方式。

每平方公里轨道里长（轨道运营里程/城市面积），也就是路网密度，是国际通用的衡量指标，用以衡量一个城市轨道交通的通达性和完善程度。以下我们分别从铁路轨道和城市轨道交通两个方面，来分析我国及各区域的轨道交通通达性，并将其作为判断区域房地产市场发展前景的一个关键变量。

从全国范围来看，我国的铁路发展仍呈现明显的区域不均衡特征，华北、东部沿海一带，铁路密度处于较高水平，而中西部铁路密度偏低。值得一提的是广东，作为经济较发达的省份，其铁路密度却处于较低水平，仅为231公里/平方公里，在全国排名靠后，远不及长三角城市群和京津冀城市群的铁路密度（具体见表3-8）。广东省政府已经意识到广东高铁发展的滞后性，未来，广东省将加快和优化高铁网络建设步伐，这将为广东省更多的城市带来发展机遇。因此从这个角度来看，珠三角城市群未来的上升空间优于长三角城市群和京津冀城市群。

铁路轨道中最重要的形式就是高铁，从高铁建设情况来看，我国高铁运营里程及路网密度逐年增长，尤其是从2014年起呈跳跃式增长，步入新的发展阶段。至2016年，我国高铁运营里程达2.2万公里，约占全球的64%，远超世界其他国家和地区高铁运营里程总和。根据规划，到2025年，我国高铁运营里程将达到3.8万公里。

高铁对城市发展的影响是巨大的，整体来看，高铁将带来资源的重新分配，加快人流、物流、资金流在城市间的流动，有利于各类资源在交通节点、交通干线、交通圈内重新分配。随着高铁影响半径的扩大，区域内的经济联动更加密切。高铁也是一把双刃剑，对不同城市带来的影响可能天差地别：首先，对于实力相当的两个城市而言，高铁的连接

千亿之路

表3-8　2016年中国各区域铁路运营里程及铁路密度

排序	地区	铁路运营里程（公里）	区域面积（万平方公里）	铁路密度（公里/平方公里）	密度分级	排序	地区	铁路运营里程（公里）	区域面积（万平方公里）	铁路密度（公里/平方公里）	密度分级
1	天津	1060.9	1.13	938.8		16	江西	4010.5	16.7	240.1	
2	北京	1264.3	1.68	752.6		17	广东	4157.9	18	231.0	
3	上海	465.1	0.63	738.3		18	陕西	4632.6	20.56	225.3	
4	辽宁	5558.9	14.59	381.0	非常高	19	湖南	4719.8	21.18	222.8	一般
5	河北	6956.0	18.77	370.6		20	湖北	4138.2	18.59	222.6	
6	山东	5452.3	15.38	354.5		21	广西	5192.1	23.6	220.0	
7	山西	5293.4	15.63	338.7		22	宁夏	1320.1	6.64	198.8	
8	河南	5570.8	16.7	333.6		23	贵州	3269.5	17.6	185.8	
9	海南	1033.4	3.4	303.9		24	黑龙江	6233.8	45.48	137.1	
10	安徽	4242.6	13.97	303.7	较高	25	内蒙古	12338.8	118.3	104.3	较低
11	江苏	2767.4	10.26	269.7		26	四川	4622.7	48.14	96.0	
12	吉林	5052.7	18.74	269.6		27	云南	3651.5	38.33	95.3	
13	福建	3201.0	12.13	263.9		28	甘肃	4102.1	45.44	90.3	
14	重庆	2102.1	8.23	255.4		29	新疆	5869.0	166	35.4	非常低
15	浙江	2576.9	10.2	252.6		30	青海	2349.2	72.23	32.5	
						31	西藏	786.3	122.8	6.4	极低
						合计		123991.9	129.17		

数据来源：Wind，明源地产研究院。

第三章 精挑细选拿土地

将使两个城市对资源的争夺更加激烈；其次，对于实力悬殊的大小城市而言，高铁的开通将使大城市变成强力的磁场，虹吸效应放大，资源通过高铁通道被大城市不断吸走，小城市生产要素面临流失，例如，高铁将促进三、四、五线城市向仍处于资源集聚期的省域中心城市输送人口，扩大省域中心城市的辐射范围，从而出现更多的人口规模更具优势的二线城市；最后，对于一线城市及其周边城市而言，一线城市因自身承载负荷过重，产业与人口需要继续疏解和迁移，高铁开通将为一线城市向邻近城市转移人口及产业提供交通条件，增强溢出效应，推进区域一体化和城市群协同发展。

从全国范围来看，高铁节点城市作为重要的交通枢纽，其房地产市场发展前景广阔。2017年年底，全国四纵四横的高铁网络建设已完美收官，形成了郑州、武汉、西安等米字形高铁枢纽，大幅提升了这些省会城市的交通枢纽地位，增强了其对周边八方县市的人口及产业的吸附力。例如，郑西高铁、京广高铁、郑徐高铁等在郑州交汇，使得2010年以来郑州人口年均增加18万；在产业方面，郑州2010年成功引入富士康，并由此带来相关产业进驻，形成产业集群，"三产"占比快速提升。同时，每一次新增的高铁线路的开通，都明显带动了郑州房价的上涨，如图3-23所示。

图3-23 高铁线路与郑州房价的相关性

千亿之路

从城市群范围来看，高铁的发展也带动了城市群内城市与城市之间的协同发展，推进了城市群核心区域及周边主要区域的1~2小时通勤圈的形成，实现了城市群真正意义上的交通一体化，使得环一线城市迎来新的发展契机。以长三角城市群为例，目前，连通长三角城市群内部城市的高铁线路在国内城市群中最为密集，无锡、苏州、嘉兴、南通融入了上海的半小时高铁圈，南京、常州、杭州、绍兴等进入了上海的1小时高铁圈辐射范围。高铁增强了核心城市上海的人口溢出效应和产业溢出效应，明显带动了周边城市房地产市场的热度。

总体而言，伴随高铁网络的逐步完善，中国城市发展必将迈上新的台阶，这对房企而言，显然是巨大的红利。房企若能深刻洞察高铁带来的城市格局变化，将有助于快速发掘潜力城市，抢占市场先机。

（8）城市友好度，直接影响房企的实施成本和办事效率。

诸如报批报建所需要到达的政府部门层级、所需要的工作时日等因素，我们都统称为"城市友好度"。以往房企在评判城市时容易忽略这个因素，但事实上，城市友好度直接关系到房企在一个城市开展项目的实施成本。例如有些城市所有的规划审批都要到市委书记层级，有些城市各类手续的报批报建需要更长的时间等，导致城市友好度偏低，这对于房企，尤其是中小型房企而言，在很大程度上影响了其办事效率，无形中提高了城市的准入门槛。珠三角地区部分城市各环节报批所需工作日对比情况如表3-9所示。

综上所述，经济指标是评判一个城市房地产市场潜力的关键因素，我们需要从GDP、财政收入、人口、居民收入、产业、轨道交通等指标进行综合考量。不同指标之间相互影响，例如产业发展结构及水平将直接影响GDP和地方财政收入水平，并对居民就业和收入水平产生影响，同时，又将带来人口的流入和流出；而轨道交通与产业发展又相互

表3-9 珠三角部分城市各环节报批所需工作日对比

城市群	城市	用地规划	道路交通	设计方案	管线工程	河道水利	环境影响	人防工程
珠三角	深圳	20	15	10	20	10	12	10
	广州	11	11	10	8	11	10	10
	东莞	10	15	20	10	10	10	10
	惠州	9	5	9	8	5	5	8
	珠海	8	10	8	10	8	12	14

注：仅以部分城市举例，因数据不全，个别为估值。
数据来源：Wind，明源地产研究院。

影响，产业快速发展将带来轨道交通的完善，而轨道交通经过的城市又将迎来产业发展的契机。

基于这些研判指标，在新的经济形势下，传统的城市研判思维需要升级，指标需要转变，例如，GDP和财政收入指标要从总量向人均和地均（每平方公里土地创造的GDP）转变，人口指标要从总量转向人口净流入，居民收入要从人均可支配收入转向高净值人群，轨道交通从原来的物理空间距离转向1~2小时经济圈。同时，还需要分析"三产"占比、房地产投资依赖度、城市友好度等指标以进行全面考量，进而综合研判一个城市的经济表现及其是否值得布局。

2. 市场指标：三个方面八大指标

我们可以将市场指标分为两大类。第一类是从宏观角度来看全国、各能级城市以及典型城市群2017年房地产市场表现，并基于行业规律，对房地产市场短期内的走向进行判断。第二类是从微观的市场指标来看一个城市房地产市场的增值潜力。接下来我们针对第二类微观的市场指标体系展开分析，如图3-24所示。我们选取了三个方面八大指标，包括反映供需关系的施工销售比、销供比、出清周期等，反映房企投资热度的土地成交面积、土地溢价率、开工率、房地产开发投资增速等，以

千亿之路

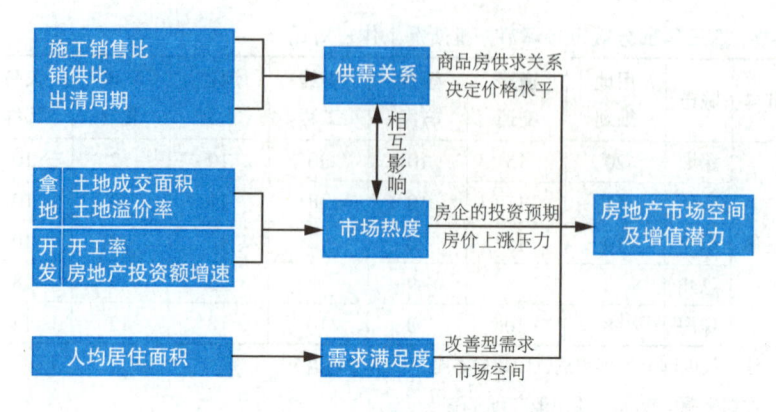

图3-24 城市研判市场指标体系

及反映需求满足度的人均居住面积。基于城市在这几大指标上的表现，来综合预判一个城市的房地产市场的投资潜力和增值空间。

根据经济学原理，在自由市场中，供求关系决定价格水平，所以在房地产市场中，商品房的供求状况是影响城市房价水平的关键变量。我们选取施工销售比、销供比、出清周期这三个核心指标，来判断一个城市房地产市场商品房的供给和需求状况。

（1）施工销售比：反映供求是否平衡发展。

施工销售比，即施工面积/销售面积。施工面积反映了未来1~2年的期房和现房供应量，施工面积/销售面积比值的变化反映商品房供求是否平衡，该指标的异常变化能对下一年度的价格走势起到一定的预示作用。

从典型城市近年来的施工销售比来看，京津冀城市群的核心城市北京，2017年受严厉调控的影响，购房门槛大幅提高，商品房销售受到较大限制，导致了施工销售比陡然走高，达到22.8，意味着供给明显大于购买需求，这对于一线城市房价将起到抑制作用。珠三角城市群的深圳也表现出与北京类似的特征，例如，东莞近年来的施工销售比始终处于较高水平，意味着商品房供大于求，房价上涨动力不足。在长三角城市群中，合肥受调控影响十分明显，2017年的销售面积大幅低于施工面积，商品房供大于求现象显著；苏州的施工销售比也比前几年高出许多；南通除了2016年外，施工销售比始终处于高位。

再从三大城市群之外的一些重点城市来看，福州施工销售比近五年来总体处于30左右的高位水平，2017年更是达到了46.2，商品房供需不平衡现象显著；厦门2017年受调控影响，商品房销售受限，施工销售比陡增；另外值得关注的是，重庆的施工销售比2017年达到了近五年来的最低值（在一线热点城市调控受限后，购买力流入其他区域，重庆则是明显受益的城市）。

（2）销供比：反映供需状况的另一个指标。

销供比，指一定时间内市场房屋销售量与新增供应量的比值，具体计算公式为商品房销售面积/预售面积，这是反映一个城市商品房销售供需状况的另一个指标。当销供比数值为1时，表示市场的销供比例平衡，市场价格表现平稳；当销供比数值大于1时，表示市场销量大于供给，库存相应减少，房价有上涨的趋势；当销供比数值小于1时，则表示市场供大于求，库存会随之增加，房价上涨动力不足，甚至有下跌的可能。

从三大城市群及中西部省会城市销供比来看，2013—2016年销供比总体持续走高，销售持续向好，到2017年受调控影响，销供比总体下降。从2017年的具体数据来看，长三角区域的典型城市销供比均大于1，表明市场销量较好，房价仍有上涨动力；京津冀区域的核心城市北京、天津在调控政策下需求量不足，周边城市廊坊、固安仍供不应求；珠三角区域的热门城市深圳近年来基本处于供需平衡状态，东莞2017年明显出现供大于求的局面，而广州、惠州则供不应求；在中西部省会城市中，成都、重庆、长沙销供比大于1，市场潜力更足，而郑州则明显供应量超过销售量，库存将随之增加。各区域的典型城市的销供比如表3-10所示。

表3-10 各区域的典型城市销供比

长三角典型城市的销供比

城市	2013年	2014年	2015年	2016年	2017年
舟山	0.81	0.68	0.96	1.65	1.7
温州	0.75	0.7	1.24	1.13	1.3
上海	0.96	0.75	1.13	1.3	1.26
苏州	0.89	0.87	1.54	1.01	1.24
常州	0.73	0.95	1.51	1.6	1.09
无锡	0.93	0.83	1.7	2.46	1.08
南京	1.13	0.81	1.15	1.4	1.03

中西部核心城市的销供比

城市	2013年	2014年	2015年	2016年	2017年
成都	0.87	0.8	1.05	1.31	1.48
重庆	0.98	1.07	1.23	1.29	1.43
长沙	0.96	1.03	1.32	1.97	1.37
西安	1	0.9	1.14	1.77	0.96
武汉	0.97	0.88	1.04	1.4	0.95
南昌	0.77	0.92	1.06	1.1	0.93
南宁	0.92	0.78	0.93	1.24	0.91
郑州	0.95	0.79	0.94	1.21	0.73

京津冀典型城市的销供比

城市	2013年	2014年	2015年	2016年	2017年
廊坊	1.14	1.31	2.04	3.19	2.37
固安	1.51	1.32	1.9	2.16	1.39
天津	0.89	0.67	1.25	1.75	0.92
北京	1.4	0.72	1.11	1.22	0.9

珠三角核心城市的销供比

城市	2013年	2014年	2015年	2016年	2017年
广州	0.95	0.7	1.04	1.42	1.2
惠州	0.85	0.48	0.8	1.44	1.35
深圳	0.75	0.69	0.93	0.96	0.93
东莞	0.85	0.73	1.12	1.04	0.79

数据来源：中国指数研究院，明源地产研究院。

（3）出清周期：反映去化速度。

出清周期反映一个城市的商品房库存出清所需的时间，出清周期越短，表明商品房去化速度越快，房地产市场交易活跃，意味着后续的住房供应需及时跟进，反之出清周期越长，意味着库存压力越大。按国家政策要求，去化周期小于12个月，尤其是小于6个月的城市，要大幅增加土地供应，因此，商品房出清周期越短的城市，未来土地供应将加速，这些城市必将成为未来土地竞争的热点区域。

从我们统计的全国典型城市2017年各月的库存出清周期数据可以看到（如表3-11所示），商品房出清周期总体在12个月以下的城市包括广州、成都、苏州、西安等一、二线城市，也包括九江、莆田、焦作等三、四线城市；其中，出清周期在6个月以下的典型城市包括重庆、南京、武汉、岳阳、徐州、宁波、湖州、芜湖、滁州，集中在长江沿线的几个热点城市以及长三角城市群的热点城市。未来，按照国家政策要求，这些城市将加快土地供应量，因而也将成为房企争夺的焦点。

房企对一个城市的看好与否，将直接影响该城市房地产市场的热度，并对房价走势产生影响。房企的投资热度具体可以从两个方面来看：一是从拿地情况来看，土地成交面积及其增速，以及成交地块的溢价率，可以直接反映房企在一个城市的拿地热情；二是从开发角度来看，开工率的高低，以及房地产开发投资额的增速，可以直接体现房企的投资热度和市场预期。以下我们结合典型城市群分别从这四个指标来进行分析。

（1）土地成交面积：预判未来2~3年新建商品房供应量。

土地成交面积，反映一个区域一定时期内的土地供应状况，如土地成交面积增加，将缓解供不应求的局面，有利于稳定地价、房价，同时也反映了房企对一个城市市场前景的信心；此外，因房企从拿地到开工建设再到建成，尚需2~3年的时间，因此可据此预判未来2~3年该城市的新建商品住宅的供应量。

我们以珠三角区域的典型城市为例（如图3-25所示），2017年，除了深圳、东莞的土地成交面积明显下滑外，其他七个城市土地成交面积

千亿之路

表3-11 2017年典型城市的出清周期

城市	2017年1月	2017年2月	2017年3月	2017年4月	2017年5月	2017年6月	2017年7月	2017年8月	2017年9月	2017年10月	2017年11月	2017年12月
重庆	5.7	5.3	4.5	3.9	3.8	3.8	4.1	3.8	3.9	4.0	4.5	4.4
广州	5.5	5.5	5.2	5.7	5.8	6.8	7.3	7.4	9.2	10.6	12.6	10.9
南京	3.5	3.6	5.1	5.4	4.9	5.1	4.5	4.6	4.0	4.5	5.1	4.7
武汉	4.7	4.9	3.8	4.0	4.1	4.8	4.0	3.7	4.6	4.6	5.3	6.0
成都	6.9	7.1	7.2	1.8	8.3	8.8	9.0	8.3	8.1	8.8	8.6	7.9
苏州	8.8	9.4	11.8	12.0	11.2	9.6	8.6	8.1	8.9	8.8	8.6	8.7
西安	6.2	6.3	6.2	5.6	5.5	4.5	5.6	5.6	5.9	7.5	7.7	7.2
长沙	5.2	5.8	7.3	9.3	10.5	11.6	10.2	10.2	9.9	10.0	9.1	8.5
宁波	5.4	5.4	4.5	5.1	4.5	5.4	4.7	3.8	4.3	4.0	5.3	5.6
青岛	7.5	7.5	6.8	7.3	7.1	8.1	8.5	8.4	8.7	9.0	9.0	8.7
南昌	5.0	4.8	4.3	4.9	4.6	5.4	6.0	6.4	6.2	6.7	7.0	7.1
郑州	3.6	4.2	5.2	6.4	7.9	8.7	8.6	8.8	7.6	8.1	8.4	8.8
长春	10.9	11.2	11.1	11.3	12.5	12.9	11.1	9.9	9.7	9.4	9.2	9.6
南宁	5.3	5.6	5.3	5.6	6.9	8.0	7.8	7.2	8.3	7.6	6.8	6.6
温州	10.0	8.7	8.4	7.7	7.2	7.2	6.5	6.4	6.5	6.5	6.9	7.3
徐州	5.7	5.1	4.0	5.0	3.7	3.3	3.9	4.0	4.1	4.4	4.7	6.6
九江	5.7	4.5	4.1	3.2	3.0	2.9	3.0	3.7	5.1	5.5	7.8	7.7
岳阳	—	—	5.5	5.1	5.4	4.0	4.2	3.9	3.7	3.6	3.3	4.8
莆田	10.1	10.0	9.1	10.1	9.3	10.1	8.0	—	—	7.3	8.1	9.2
舟山	10.1	9.6	8.4	7.4	5.5	5.0	5.5	5.1	5.7	6.3	8.9	8.5
湖州	4.9	5.1	5.4	5.9	5.0	5.0	4.4	3.8	5.3	4.7	4.6	6.4
芜湖	4.3	4.0	4.6	5.7	5.4	6.7	6.3	7.0	7.6	6.3	3.0	2.9
焦作	9.6	9.8	10.4	—	9.3	11.7	10.3	9.7	11.5	12.1	11.5	11.0
三明	8.1	7.2	7.4	6.4	6.0	7.1	7.0	6.0	6.1	6.2	7.3	7.8
滁州	4.4	4.0	3.0	2.9	2.8	2.9	3.0	3.7	3.6	3.8	3.8	—
黄冈	—	—	8.0	8.1	7.0	6.7	5.8	5.6	5.4	5.5	5.6	6.6

102

图3-25 珠三角城市近两年土地成交面积及成交楼面价

数据来源：中国指数研究，明源地产研究院。

均大幅上升，尤其是省会城市广州，显示了房企对这些城市楼市前景的看好。深圳2017年商品房出清周期始终在12个月以上，去化速度较慢，加上其土地资源稀缺、地价居高不下，是导致其2017年土地成交面积下降的重要原因。对于深圳这类城市，房企可以更多地关注城市更新、"旧改"机会。

（2）土地溢价率：反映房企拿地热情及未来价格的上涨空间。

地价与房价有明显的相关性，一般而言，如果已知拍卖地价，我们可以大致估算房屋售价。同时，地价的上涨势必带来房价的上涨，如果多家房企看好同一块土地并进行积极竞价，那么地价（在控制范围内）很可能会飙升，也就是土地溢价率将大幅走高，而房企为了保障自己的利润空间，往往会提高房价。反过来，地价也会受到房价的反作用，房价越高的地区，地价也容易攀升。

土地溢价率高，说明房企对该城市地块的竞争热度高，并意味着未来价格上涨的空间可能会更大、上涨行情会更好。根据国土部制定的红线，土地溢价率超过50%被界定为异常现象，土地溢价率大于75%为过热区间，介于50%和75%之间的为偏热区间，介于25%和50%之间的为合理区间，介于0和25%之间的为偏冷区间（如表3-12所示）。

千亿之路

表3-12 土地溢价率热度区间划分

偏冷区间	合理区间	偏热区间	过热区间
0%~25%	25%~50%	50%~75%	75%以上

从我国三大城市群典型城市的2017年土地溢价率数据来看（如表3-13所示），2017年受楼市调控影响，各城市群内土地溢价率整体热度比2016年有所下降，但仍有一些城市土地溢价率处于偏热或过热区间，如长三角城市群中的衢州、丽水、宁波等；珠三角城市群中的东莞、佛山是2016年房企抢夺地块的热门城市，2017年热度明显下降，而周边的江门、惠州、中山的土地溢价率明显上升；京津冀城市群内房企拿地热情明显不如长三角城市群和珠三角城市群，土地溢价率总体处于合理或偏冷区间。从土地溢价率指标来看，长三角、珠三角城市群一线城市周边的一些二、三、四线城市，是房企投资拿地决心很大的热门区域，未来的增长潜力较大。

（3）开工率：反映市场运行状况及房企对市场的预期。

开工率，即新开工面积/施工面积，是重要的前瞻性指标。新开工面积反映1~2年后的预售供应量和2~3年后的现房供应量。新开工面积占施工面积比例的高低，反映了当前市场运行状况和房企对市场的预期。开工率高，表明房地产市场活跃、兴旺，房企对市场前景看好。开工率的异常变化，结合近年来新开工面积的增幅情况，可以预示下一年度施工面积/销售面积比值的变化趋势。

从典型城市的开工率数据来看，在京津冀城市群中，石家庄近五年来的开工率波动较大，2017年受核心城市外溢影响，开工率上升至最高点35.9%；天津近年的开工率较高，走势较为平稳。在长三角城市群中，上海、南京、苏州等热点城市也呈现开工率走势平稳的特征，宁

表3-13 我国三大城市群核心城市土地溢价率

长三角核心城市土地溢价率

单位：%

城市	2016	2017
衢州	97.7	108.03
无锡	97.31	25.11
嘉兴	88.86	53.67
苏州	84.44	25.69
丽水	71.8	70.81
南京	71.75	39.06
上海	69.54	7.39
杭州	52.35	50.34
南通	49.28	26.47
温州	40.57	20.91
宁波	38.48	70.11
宿迁	36.63	9.58
湖州	35.52	28.87
绍兴	32.74	41.37
台州	30.07	43.66
扬州	17.13	51.67
淮安	15.36	16.74
金华	14.63	64.02
泰州	14.46	28.62
盐城	13.81	57.03
徐州	12.97	28.06
舟山	7.32	20.27
连云港	4.28	59.68
常州	0.99	15.76
镇江	0.5	48.63

珠三角核心城市土地溢价率

单位：%

城市	2016	2017
广州	33.53	8.49
肇庆	1.52	35.47
佛山	86.98	63.25
深圳	7.69	0.84
惠州	19.38	73.57
东莞	186.23	36.04
珠海	25.96	17.54
江门	49.16	78.08
中山	47.91	60

京津冀核心城市土地溢价率

单位：%

城市	2016	2017
天津	65.25	17.08
北京	31.22	24.02
廊坊	12.88	34.7
保定	11.08	0.1
石家庄	10.2	25.31
秦皇岛	3.14	2.95
张家口	0	55.52

数据来源：中国指数研究院，明源地产研究院。

波、温州等周边城市受核心城市的外溢影响，2017年开工率大幅上升。珠三角城市群中的核心城市广州、深圳近五年来开工率总体走低，2017年受调控影响降至最低点。中西部省会城市中，郑州、武汉、南昌、成都近五年的开工率总体处于较高水平，反映了房企对这几个热点城市的看好；重庆、昆明、贵阳等西部城市2017年开工率有所提升，房地产市场有所回暖。

（4）房地产开发投资额：反映房企的投资热度及市场预期。

房地产开发投资额的增减情况，可以直接反映房企对一个城市市场前景的看好与否以及房企在一个城市的投资热度，进而对一个城市的商品房供应以及房价走势产生影响。房地产开发投资额越高，表明房企对这个城市未来的市场前景预期越好、投资热度越高，意味着未来一段时间内商品房供应将明显增长，伴随着人口的增长或住房需求的增长，有可能创造销量纪录，房价也因而有上升的动力。

从典型城市群的房地产开发投资额增速来看，珠三角城市群的房企在粤港澳大湾区的战略规划利好下，对大湾区城市的价值预期普遍看好，尤其是在广州、深圳需求外溢的影响下，一线城市周边的二、三线城市投资热度明显上升，2017年共有14家企业通过招拍挂及其他方式布局大湾区城市，房地产开发投资额总体呈增长态势；深圳在强调控的背景下开发投资额依然不减，江门、佛山、惠州的投资额明显增高。长三角城市群核心城市的房地产开发投资额总体保持增长态势，其中舟山、南京、无锡等城市的同比增幅较高，可见尽管在较严格的城市群调控的背景下，房企对长三角城市群的投资热度仍然高涨，对市场前景仍看好。相较而言，京津冀城市群的开发投资热度明显不及珠三角城市群和长三角城市群，2017年开发投资额普遍下降；受益于雄安新区规划利好，距离雄安新区较近的石家庄开发投资额同比上涨。从长江中游城市群及成渝城市群来看,房企对长沙、南昌的投资热度明显上扬,体现了对这两个城市未来市场前景的看好。

我们再从当前城市居民的居住质量角度,也就是当前居民住房需求的满足情况,来评判一个城市房地产市场的增值潜力。我们以人均居住面积指标来评判,这一指标可以直接反映未来面积改善型住房需求的空间。

党的十九大报告指出,我国社会主要矛盾已经转化为人民日益增长的美好生活需要和不平衡不充分的发展之间的矛盾。而在住房方面,不平衡一方面体现在人均居住面积的不平衡,这既是矛盾,也是居住面积改善型需求的市场机会,另一方面也体现在居住质量的不平衡,这意味着质量改善型需求的市场机会。而无论是面积改善还是质量改善,都是人民日益增长的美好生活的需要。我们以人均居住面积这个更可衡量的指标来进行评判,如果一个城市的人均居住面积偏低,说明该地居民仍存在较大的面积改善型需求,较大户型的商品房去化会相对更快。

从全国层面来看,2016年全国人均居住建筑面积已经达到35平方米,但对比欧美人均居住面积还有差距,二者的居住面积相差30%左右,所以改善型需求依然存在。

从一、二线热点城市来看,越发达地区的人均居住面积往往越低,原因是房价高、承载的人口较多、城市空间有限。例如深圳、北京人均居住面积分别只有20.6平方米和31.69平方米,而山东人均居住面积最低的城市也超过了36平方米。江苏也有同样的特征,经济较发达的南京人均居住面积最低,仅有36.5平方米,而泰兴的人均居住面积达到了60平方米。尽管经济较发达城市人均居住面积因高房价而很难提升,但是,这些城市仍存在很多平房、多层老旧楼房或者大量的城中村,质量改善型需求仍然很大。

对于三、四线城市而言，一方面，仍有很多三、四线城市居民的居住质量较差，例如小区少有电梯房，老人上下楼梯极为不便，停车位严重不足，存在私家车乱停乱放现象，地下管网不畅，屋顶渗水漏水严重等，对此，如果能推出好的住房产品，必然走俏。另一方面，三、四线城市仍存在人均居住面积不足的情况。一般而言，农村自建房的面积更大，随着越来越多的农村人口往城市迁移，他们舍弃了在农村老家的大房子，转而进城租房或买二手房，成为城市居民以旧换新的"接盘侠"，这导致了这些新市民不仅住房面积更小，居住品质也未必得到提升，同时还拉低了城镇人均居住面积。

由此可见，三、四线城市仍有着大量的质量改善型、面积改善型需求，尤其是在国家强调美好生活需求及推出"三年棚改计划"的背景下，三、四线城市迎来了改善型增量市场的空前利好，因此房价也将逐步升高。房企可抓住机遇，快速进入有潜力的三、四线城市，提供更多的改善型住宅产品，带动三、四线城市居民居住质量的升级。

总体而言，一个城市房地产市场未来的增值潜力和发展前景，是由多重因素共同决定的，其中，商品房供需关系对房价起到决定性作用，此外，地价因素、房企的开发投资热度等因素也对房价走势产生了一定的影响。

综上所述，房企在进行城市投资、布局价值的研判时，从市场角度来看，可以从两个方面进行综合考量。

一是从市场表现的角度，了解宏观的房地产市场走势，主要包括销售额、销售面积、销售价格等指标。2017年，在持续的调控背景下，房地产市场表现出明显的城市分化，一、二线城市在调控下普遍量跌价稳，三、四线城市受棚户区改造、去库存等政策利好量增价涨，城市群普遍呈现核心城市受抑制、外围城市成交普遍上升的迹象。

二是从研判指标的角度，即依据哪些具体的市场指标来对城市增值潜力进行研判。我们从供需关系、市场热度、需求满足度三大指标进行分析。第一，商品房供需关系，是影响房价的关键因素，而影响供需关系的主要指标有施工销售比、销供比、出清周期等。第二，市场热度，主要是指房企对一个城市的开发投资热情，主要通过拿地层面的土地成交面积、土地溢价率指标，以及开发层面的开工率、房地产开发投资额等指标来体现。市场热度将对一个城市未来的房价走势产生直接影响。第三，需求满足度，主要衡量居民的居住质量，其中，人均居住面积指标较好地反映需求的满足情况，进而能够预判未来面积型改善需求的市场空间。总体而言，一个城市的房价走势是由多重因素综合作用的结果，房企应综合予以考量和判断。

3. 政策指标：宏观政策影响及城市调控强度

在经济、市场、政策这三个应变量中，经济指标应该是最底层的指标，也是支撑任何行业发展的内在规律指标；市场指标则是行业供需外在的衡量指标，也是我们最容易感知的指标；而政策指标更多地体现了国家的调控意志，属于典型的外力因素。我们经常会发现，外力因素的方向和行业内在发展的方向往往并不是一致的，甚至某些时候还有可能大相径庭。但不管怎样，正确理解政策精神，深入研究政策指标，对于房企而言都是非常有必要的，因为只有这样，才能与国家、与行业同频率，才能看清后市的大方向，顺势而为，提前布局，踩准战略节奏点，占据先发优势。

（1）宏观政策影响：十九大定调，地方因城施策，分类调控成为主旋律。

纵观近20年的中国房地产行业的发展，大多能从其间召开的党的全国代表大会的报告中，找到所有相关政策的指导方略，如表3-14所示：

表3-14　1997—2017年党的全国代表大会的报告中涉及的房地产内容

会议名称	时间	涉及的房地产内容
中共十五大	1997	建立城镇住房公积金，加快改革住房制度
中共十六大	2002	无
中共十七大	2007	健全廉租房制度，加快解决城市低收入家庭住房困难
中共十八大	2012	■ 保障性住房加快推进——过去五年的工作和历史性变革 ■ 住房保障体系基本形成，社会和谐稳定——全面建设小康社会和全面深化改革开放的目标 ■ 建立市场配置和政府保障相结合的住房制度，加强保障性住房建设和管理，满足困难家庭的基本需求
中共十九大	2017	■ 保障性住房建设稳步推进——过去五年的工作和历史性变革 ■ 坚持房子是用来住的，不是用来炒的定位，加快建立多主体供给、多渠道保障、租购并举的住房制度，让全体人民住有所居

正是基于报告中的这些行业指导方略，政府决策部门才陆续出台了各种政策，包括刺激性政策和调控性手段。因此众多房企都组织了对2017年"十九大"报告的专题学习与研究，甚至纷纷设立研究院或在战略投资发展部设专人来研究宏观经济背景及政策规律，以洞察行业前瞻趋势，实现战略领先。

党的"十九大"报告，共计十三个章节，3万多字，真正提到房地产或房子的只有49个字："坚持房子是用来住的、不是用来炒的定位，加快建立多主体供给、多渠道保障、租购并举的住房制度，让全体人民住有所居。"但实际上，涉及新时代的顶层设计、宏观经济背景及具体针对行业的指导方略3个方面，共有11个要点，26段文字，如图3-26所示。

第三章 精挑细选拿土地

> 与地产行业相关要点解读（3大方面、11个要点、26段文字）

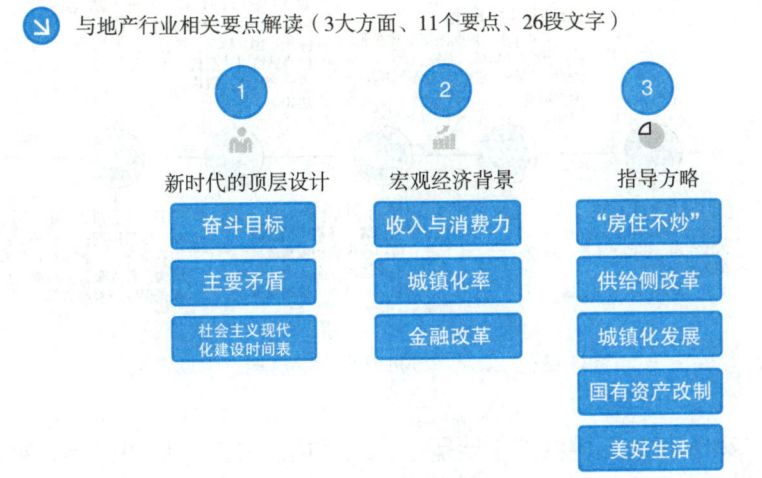

1 新时代的顶层设计	2 宏观经济背景	3 指导方略
奋斗目标	收入与消费力	"房住不炒"
主要矛盾	城镇化率	供给侧改革
社会主义现代化建设时间表	金融改革	城镇化发展
		国有资产改制
		美好生活

图3-26 党的"十九大"报告中涉及房地产的相关要点

鉴于篇幅限制，在此书中不一一展开。总体概括而言，中央对房地产的政策将坚持"房子是用来住的、不是用来炒的"基调，后续出台的政策将会以城市群为调控场，从传统的需求端抑制转向供给侧改革，限购限贷限售叠加"土拍收紧"，实现供应结构优化。同时，大力发展住房租赁市场、深化发展共有产权住房试点，在控制房价水平的同时，完善多层次住房供应体系，构建租购并举的住房制度，推动长效机制的建立健全。

在这个基调下，2017年各地政府积极响应中央的号召，深化房地产市场分类调控。截至2017年12月，90个地级以上城市和35个县市出台调控措施，海南、河北从省级层面全面调控；2018年年初，部分城市进行新一轮的调控"打补丁"，此轮调控总体上表现为持续时间更长、涉及城市更多、政策强度更大。自2016年3月以来，房地产市场经历了五次地方强调控期，如图3-27所示。

千亿之路

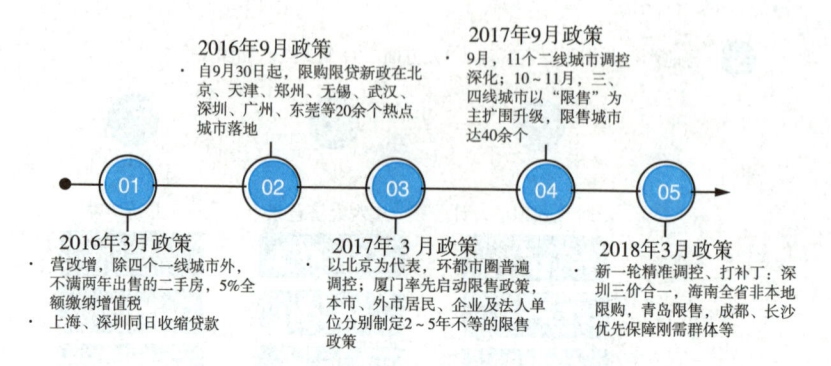

2016年3月政策
- 营改增，除四个一线城市外，不满两年出售的二手房，5%全额缴纳增值税
- 上海、深圳同日收缩贷款

2016年9月政策
- 自9月30日起，限购限贷新政在北京、天津、郑州、无锡、武汉、深圳、广州、东莞等20余个热点城市落地

2017年3月政策
- 以北京为代表，环都市圈普遍调控；厦门率先启动限售政策，本市、外市居民、企业及法人单位分别制定2～5年不等的限售政策

2017年9月政策
- 9月，11个二线城市调控深化；10－11月，三、四线城市以"限售"为主扩围升级，限售城市达40余个

2018年3月政策
- 新一轮精准调控、打补丁；深圳三价合一，海南全省非本地限购，青岛限售，成都、长沙优先保障刚需群体等

图3-27　2016年3月以来五次房地产强调控期

2016年的调控城市主要是一、二线热点城市，而2017年以来，调控政策则是从单个城市调控向城市群协同、片区联动收紧转变。2017年上半年，长三角、珠三角、京津冀三大城市群内部三、四线城市联合中心城市出台收紧政策；2017年下半年，三、四线城市调控进一步扩围，集中在山东半岛城市群、海西城市群、安徽中部，以及中西部地区重点城市周边的三、四线城市。

（2）城市调控强度：关注板块轮动，房企长短期布局相结合。

综合中央的行业定调，各部委颁布的规章，以及地方的分类调控政策陆续落地，我们可以发现，从限购、限贷、限价到限售，各地的调控手段在不断升级。

- 限购：根据户籍、纳税或社保缴纳情况、拥有房产数、是否单身等标准限制购房者的购房资格和购房数量，极大地抬高了非本地和非刚需居民的购房门槛，通过抑制需求改善供需关系。
- 限贷：根据是否有住房、是否有贷款记录、是否是普通住宅等标准对贷款购房者实施差别化信贷政策（包括首付款比例和房贷利率水平），从资金来源抑制炒房投机者，防止房地产泡沫的产生。
- 限价：按照"以房价定地价"的思路，在土地挂牌出让时就限定房屋价格、建设标准和销售对象，设定土地出让的价格范围，从源头上对房价进行调控。
- 限售：要求购房者获得不动产证满一定年限后，方可上市交易或办理转让公证手续，通过提高房产交易的时间成本，降低了房产的流动性，大幅提升了持有成本，抑制了房价的暴涨暴跌。

在极为严厉的多重调控手段叠加之下，房地产市场受到的影响有多大？后市机会到底在哪里？房企可以对三大城市群及其他区域典型城市的调控政策力度进行计算和打分，以直观地判断各城市的调控强度。

在调控政策强度的计算方法上，可以围绕限购、限贷、限价、限售四项政策指标，将各城市在这几项指标上的强度赋予分值，如对某个指标，未出台政策则赋值为0，如出台，则赋值最低的为0.5，最高值为5，按照政策力度进行梯度打分；同时，给每项指标按重要性程度赋予权重，其中限购政策40%，限贷政策40%，限价政策10%，限售政策10%，最终计算出城市调控政策强度的综合得分。各区域城市的调控强度得分具体如表3-15所示。

根据调控力度得分表，我们可以看到全国各区域内城市的调控总体呈现以下特征。
- 珠三角区域：一线城市调控最为严厉，限购、限贷、限售、限价四管齐下，其中最关键的举措是通过严格的限购限贷大幅提高购房门槛；与此同时，购房需求梯级外溢，一线购房需求外溢至东莞、珠海等热点二线城市，带动房价明显上扬，随后热点二线城市进一步升级调控政策；热点二线城市继续外溢至普通二线或三、四线城市，如惠州、中山、江门，随后这些城市也陆续出台调控政策，如较低力度的限购、限贷或限售。

113

千亿之路

表3-15 各区域典型城市调控强度得分表

城市群	城市	限购本市	限购外市	限贷首套	限贷二套	限售住宅	限价限地价	限价限房价	强度得分
珠三角	深圳	5	5	3	5	5	5	5	8.7
	广州	5	5	3	5	3	4	5	8.4
	东莞	2	3	3	2.5	3	5	4	5.4
	珠海	1	5	3	3	0	4	0	5.2
	佛山	2	3	3	2.5	0	0	4	4.6
	中山	1	2	3	2.5	0	4	0	3.8
	江门	1	1	3	2.5	0	4	0	3.4
	惠州	0	0	0	2.5	3.5	0	5	1.9
长三角	上海	5	5	5	4	0	5	5	8.6
	杭州	5	4	3	5	3	5	0	7.6
	南京	5	4	3	4	3.5	4	4	7.6
	苏州	3	3	3	4	2	4	4	6.2
	宁波	3	3	3	3	2	0	0	5.0
	嘉兴	0	3	4	4	2	3	0	4.9
	无锡	0	4	3	3	3.5	0	4	4.8
	南通	0	0	2	3.5	0	1	3	2.6
	淮安	3	3	0	0	0	0	0	2.4
京津冀	北京	5	5	5	5	5	4	4	9.3
	天津	4	4	4	5	0	3	3	7.4
	保定	3	4.5	4	4	5	0	5	7.2
	廊坊	3	4.5	3	3	0	0	4	5.8
	承德	3	3	3	3.5	3	0	0	5.3
	张家口	2	3	3	3.5	3.5	0	2	5.2
	石家庄	0	3	3	3.5	5	0	0	4.7
	唐山	2	3	3	3	0	0	2	4.6
	秦皇岛	2	3	3	3	0	0	2	4.6
	沧州	1	2	3	3	0	0	3	3.9

第三章　精挑细选拿土地

续表

城市群	城市	限购 本市	限购 外市	限贷 首套	限贷 二套	限售 住宅	限价 限地价	限价 限房价	强度得分
其他区域	成都	5	3	3	4.5	4	0	3	6.9
	福州	3	3	3	4	3	4	3.5	6.3
	西安	3	4	3	3.5	5	0	3	6.2
	厦门	3	3.5	3	5	3	0	0	6.1
	郑州	4	4	3	2	3	0	3	5.9
	南昌	3	4	3	3	3	3	0	5.8
	长沙	3.5	4	3	2	4	0	3.5	5.8
	合肥	3	3	3	3	0	0	3	5.1
	武汉	2	2.5	3	3.5	0	3.5	2	5.0
	赣州	3	4	0	3.5	0	3	2	4.7
	重庆	2	2	0	3	3	3	0	3.4
	南宁	0	0	2	3	3	3	0	2.9
	海南	0	5	0	0	5	0	0	2.8
	昆明	0	0	0	0	2	3	3	0.8
	贵阳	0	0	0	0	2	0	0	0.2

数据来源：明源地产研究院。

- 长三角区域：房价暴涨的多个核心热点城市普遍受到严厉调控，其中一线城市上海最为严厉，其次为杭州、南京、苏州等热点二线城市，同样，在需求外溢的情形下，长三角城市群内其他较边缘的城市也陆续出台调控举措，但力度较弱，已形成整体的城市群调控场。
- 京津冀区域：房价居高不下的北京成为重点调控对象，调控力度高居全国之首，与周边城市调控强度拉开了较大梯度。调控的核心举措也是通过严厉的限购、限贷大幅抬高购房门槛。与此同时，北京周边的天津、保定等城市调控力度也较强，河北其他城市也陆续被纳入调控范围，城市群调控场也已形成。

115

- 其他区域：从海峡西岸经济区来看，重点调控福州、厦门；泉州、漳州的调整力度较弱，主要通过限价、限售、加大土地供应等措施规范房地产市场。从中西部地区来看，重点调控房价过热的核心省会城市，如成都、西安、郑州等，限购、限贷仍是主要举措；房价上涨幅度相对较小的城市调控力度较弱。与此同时，受需求外溢的影响，热点省会城市周边的个别三、四线城市也被纳入调控范围，如武汉周边的鄂州，南昌周边的九江，郑州周边的开封等。

总体来看，三大城市群已形成了全面的城市群调控场，从一线、强二线，到普通二、三、四线城市，调控强度依次减弱；全国其他区域，重点调控房价过热的核心省会城市，甚至热点城市周边的个别三、四线城市也被纳入调控范围。

在房企布局策略方面，一线城市及热点二线城市呈现明显的市场低位特征，价稳量跌，是房企长期的布局地盘；而三、四线城市则得益于溢出效应，市场火爆，轮动板块价涨量增，短期颇具投资价值，但房企需要精选城市，理性分析并科学决策，从而进行城市布局。

（3）房企应对策略：洞察政策导向，顺势而为，及时应变。

在洞察了以上政策背景和城市调控强度指标之后，房企相当于多了一把"标尺"，可以用这把标尺对后续的企业战略进行衡量，看是否符合相关的政策。无论是当前的政策还是后续出台的政策，房企都能从中洞察机遇或提前防范风险。

具体落到经营战略上，房企可以从四个维度进行考量，如图3-28所示。

对于追求资产增值的房企，可以选择一线城市进行长期布局，发力存量地产领域，把握未来核心城市发展的红利。尤其是关注有客户需求的销售型商业办公楼，以及社区商业等弱竞争、有发展潜力的抗周期

第三章 精挑细选拿土地

- 瞄准经济发达城市、城市核心地区及配套设施较齐全的区域拿地
- 重点关注核心城市周边较成熟的片区，拉开城市战线，抓住窗口期，拿高性价比的地块
- 重点关注轨道交通节点城市，深化与轨道投资建设企业的合作，广泛参与上盖物业等产业协同项目

- 租购并举：发展租赁业务，如长租公寓等，拓展存量资产运营
- 美好生活：打造高端精品，提升物业服务，推进住房智能化、绿色化、健康化，拓展医疗、健康养老、旅游地产业务
- 房住不炒：打造适配刚需、改善型住房需求的产品

- 限购、限贷、限价、限售：房企在销售定价、推盘节奏、目标客群的定位要更加谨慎考量

- 稳健的货币政策、去杠杆、信贷收紧，中小型规模的房企融资难度更大，需探索创新多元化融资渠道，如资产证券化、REITS（房地产信托投资基金）等；发挥库存资金的作用，强化现金流管控

图3-28　政策对企业经营战略的影响

项目，长期持有，再配合自身的资产运营能力的提升，与城市发展同频，享受其发展红利。

对于追求销售规模跳涨的企业，建议以三、四线城市为主。因为以目前的政策环境，一、二线城市确实很难在短期内给房企带来销售规模的增长，而三、四线城市由于国家强调的区域协同发展以及城镇化进程的加速，会给房企带来更多新的机遇，甚至实现弯道超车。

而对于以产业地产为主打方向的房企，则需要考虑选择合适的产业资源带或政策匹配的城市，并基于城市群的产业协同效应，找到适合的城市来布局。

对于房企来说，最核心的就是要拉开城市战线，下沉至城市群内的三、四线城市，对冲一、二线热点城市的全面调控风险。另外，瞄准经济发达城市，在城市核心地区及配套设施较齐全的区域拿地；并重点关注核心城市周边较成熟的片区，拉开城市战线，抓住窗口期，拿高性价比的地块；与此同时，重点关注轨道交通节点城市，深化与轨道投资建设企业的合作，广泛参与上盖物业等产业协同项目。

（二）城市群虹吸效应分析

前面我们分析了研判城市投资价值的经济、市场和政策指标，但

千亿之路

是，随着城市群的发展特征愈来愈凸显，我们对于一个城市的研判，除了依据这个城市本身的各项指标外，还应该从城市群的视角出发，基于城市群内核心城市的虹吸效应和区域经济势差，结合城市群内不同城市的表现，以及对不同城市群之间相同定位的城市进行对比，来综合判断城市的投资布局潜力。

1. 城市群内不同城市定位的划分

一般而言，城市群内不同的城市，依据地理区位置及产业布局的不同，可总体划分为四类：一是以金融、高科技为主导产业的区域中心城市，二是以高端制造业为主的区域副中心城市，三是卫星城，一般具备旅游产业、特色小镇等产业优势，四是受城市群辐射效应较小的散点城市（如图3-29所示）。在判断哪个城市更值得进入时，我们应该拿相同定位的城市来进行其虹吸效应的对比。

长三角：徐州、连云港、盐城、淮安、宿迁等
京津冀：沧州、邯郸、衡水、邢台等

图3-29 产业布局对城市在城市群中的定位

以长三角城市群为例，以金融产业为主导的上海是区域中心城市；苏州、无锡、南京、杭州是长三角区域的副中心城市，以高端装备制造业、电子商务等产业为主导；常州、嘉兴、绍兴等城市则属于卫星城市，以旅游业、纺织业等特色产业为主；而距离中心城市较远的连云港、徐州、丽水、衢州等地，受上海的辐射效应较弱，属于城市群边缘

的一些散点城市。

2. 虹吸效应的特征与影响

虹吸效应是指经济发展水平较高、具有优势地位的中心城市，会不断吸附周边中小城市和小城镇的各类资源或生产要素，这是城市发展进程中的一种自然规律。城市之间之所以存在虹吸效应，是因为中心城市往往拥有更好的基础设施、更健全的公共服务、更多的就业机会，所以对发展要素有更大的吸引力。除此之外，城市自身的历史禀赋、地理区位、行政等级、投资额度、重大事件影响、产业转移等因素，都将对城市的虹吸效应产生影响。

虹吸效应带来的影响具有双重性：一方面，大城市基于自身的经济优势，不断吸附和获取周边乃至全国的资源，并逐渐发展成为区域中心城市、国家中心城市，甚至国际中心城市；另一方面，中小城市、小城镇的资金与人口等资源不断流失，加上优势产业的转移，致使小城市的发展面临巨大挑战，甚至衰败。

面对虹吸效应带来的城市发展差距，中国政府长期实施"控制大城市人口、积极发展中小城市和小城镇、区域均衡发展"的战略，对于大城市不断发挥的人口吸附力，政府往往通过政策来抑制其人口的增长，例如北京、上海都颁布了严控人口规模的措施，根据《上海市城市总体规划（2017—2035年）》的要求，至2035年上海常住人口要控制在2 500万人左右，并作为长期的调控目标。但是从实际情况来看，北京、上海等地政府制定或预测的人口控制目标总是不断被突破，其本质原因在于，大城市依托高速发展的经济水平、更多的就业机会、完善的公共资源等，导致了不断的人口流入。数据证明，一、二线热点城市吸纳的外来人口与其家乡的距离越来越远，意味着这些城市的虹吸效应越来越强。

千亿之路

3. 虹吸效应的测算指标：虹吸指数

虹吸指数，是衡量一个城市虹吸效应的数值指标，反映一个城市对周边城市资源的吸附力，其计算方法是将一个城市的经济发展水平与周边城市的平均发展水平进行比较，如图3-30所示。

图3-30　长三角城市群的虹吸指数比较

我们基于前述城市研判的八大市场指标并赋予其相应权重，来进行城市间经济发展水平的对比，进而计算出各城市对周边城市的虹吸指数。

一般而言，一个城市的经济发展水平越高，虹吸指数也就越高，表明一个城市的虹吸效应越强，对周边城市资源的吸附力越强。但是，虹吸指数并非越高越好，当城市群内的中心城市虹吸效应过强时，意味着周边中小城市发展受限，此时有必要对中心城市的功能进行疏解，辐射带动周边中小城市的发展。

4. 城市群虹吸效应对比分析

我国五大城市群是经济增长最具活力的区域，也是虹吸效应最为明显的区域。接下来我们分别以我国五大城市群为例，对城市群内各城市的虹吸效应进行具体分析，并基于各城市的虹吸指数的高低，来判断城市群内的经济势差，由此来进一步判断，城市群之间相同定位的城市，哪些更具投资潜力。

第三章　精挑细选拿土地

综合来看，我国五大城市群的发展阶段和成熟度有所不同，珠三角城市群、长三角城市群和京津冀城市群经济发展水平总体较高，城市群发展相对较成熟，是引领全国经济发展的排头兵。这三个城市群的区域中心城市不仅吸引城市群内的周边城市资源，还会对全国各地的人口等资源构成强大的吸引力。而长江中游城市群、成渝城市群，尚处于各自省会城市的"强核"发展阶段，城市群培育尚未成熟。

一般而言，如果城市群内核心城市的虹吸指数特别高，而周边城市的虹吸指数与其相比差距极大，意味着这类城市群内的城市间发展梯度明显，核心城市虹吸效应过度，周边城市资源被强力吸走，发展明显受限和滞后；而如果城市群内核心城市虹吸指数较高，周边副中心城市、卫星城的虹吸指数与其差距不大、落差依次拉开，则意味着这类城市群经济发展较为均衡，也就是说，除中心城市外，周边也分布着不少经济发展水平较好的副中心城市，对于房企而言，这类城市群内的城市布局机会也会相应更多。

（1）长三角城市群：一核多中心发展格局，区域内经济发展较均衡，城市布局机会多。

长三角地区历来是鱼米之乡，地域富庶，是我国较发达的城市群，相关统计数据显示，长三角地区11%的人口贡献了全国20%的GDP。从城市群总体格局来看，长三角城市群由几个核心都市圈组成，苏锡常都市圈、环南京都市圈、环杭州都市圈，各都市圈由点串联成面，城市群发展已具规模。从虹吸效应角度来看，长三角地区的中心城市上海虹吸指数最高，为3.24，虹吸效应极强，但与此同时，周边的副中心城市无锡、苏州、南京、杭州虹吸指数也均在1以上，与上海的差距并不大，而嘉兴、宁波、常州、镇江等卫星城虹吸指数也普遍在0.7以上，

千亿之路

由此可见,长三角城市群内部经济发展相对均衡,除中心城市外,多个副中心城市均实力突出。整体而言,长三角地区已形成完善的多层次城市体系和一核多中心的城市发展格局,如图3-31所示。

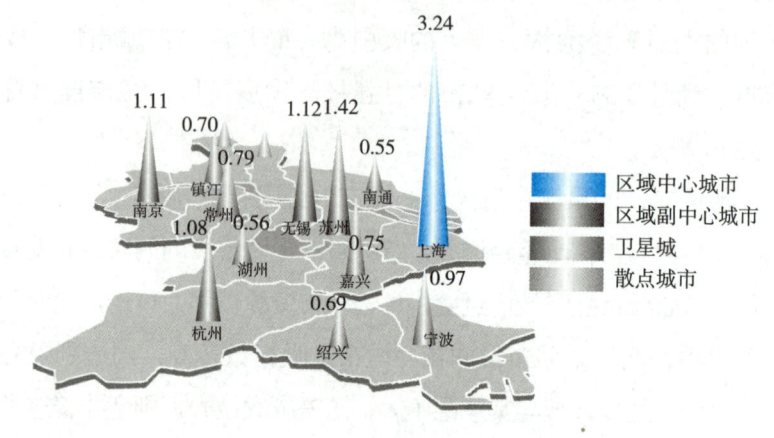

图3-31 长三角城市群虹吸指数

长三角城市群经济发展均衡主要有三个方面的原因。一是产业集群优势。长三角地区作为国内产业发展高地,产业门类齐全,包括纺织业、电子商务、装备制造业、旅游业等多元化产业体系;多个城市产业实力大多不俗,形成各具特色的产业体系,集群优势明显,生产力强;同时,城市间的产业竞争也十分激烈。二是依托高度发达的产业。长三角地区吸引着全国各地人口的涌入,从人口净流入指标来看,上海,江苏境内的南京、苏州、无锡、常州、镇江,浙江境内的杭州、嘉兴、绍兴、宁波、温州、金华、湖州等多个城市均有较大的人口净流入量;人口的大量涌入必然带来经济的活力和住房的需求。三是中心城市上海经济发展水平极高,已从虹吸效应开始转向外溢效应;上海人口、产业等资源的外溢与转移,带动了周边城市人口的增长和产业的发展,周边城市房价也随之水涨船高。

第三章　精挑细选拿土地

　　总体而言，全国范围内人口的大量涌入，加上中心城市上海人口的外溢，长三角地区城市开发水平快速提升，房地产市场活跃度极高，市场量价齐升。以上海为领头羊、多个城市均衡发展的城市群发展格局，对于房企而言，意味着大量的城市布局机会，2016年众多知名房企抢滩布局长三角城市群。"深耕长三角"已成为众多房企城市布局的重要战略。

　　（2）珠三角城市群：深圳为区域领头羊，粤港澳大湾区发展规划带来更多布局机会。

　　珠三角城市群，是我国经济发展较为成熟的另一个大城市群，城市群覆盖面相比长三角地区稍小，仅涵盖广东省九个市。相关统计数据显示，珠三角地区4.3%的人口贡献了全国9.2%的GDP。

　　我们从虹吸指数来看珠三角城市群总体格局，从图3-32可以看到，深圳虹吸指数最为突出，高达4.07，而省会城市广州的虹吸指数仅为1.38，由此可见，深圳已明显超越广州，成为珠三角地区的中心城市，作为区域领头羊引领城市群发展；东莞、佛山作为区域副中心城市，虹吸效应也较为明显，虹吸指数分别为1.31和0.97，周边的卫星城珠海、

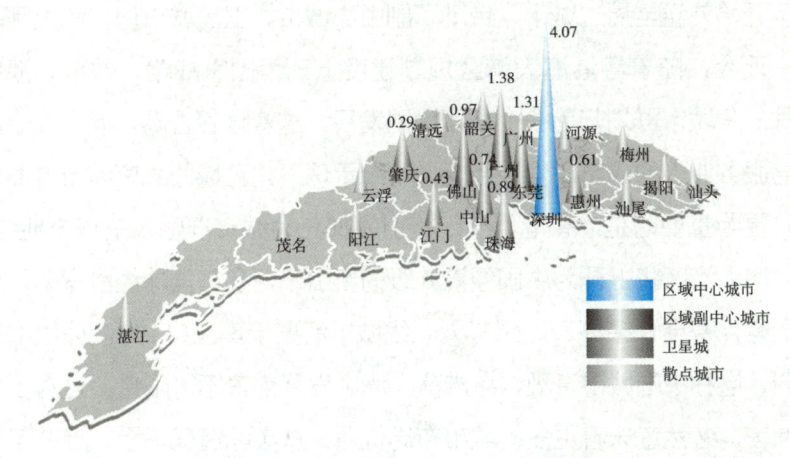

图3-32　珠三角城市群虹吸指数

千亿之路

中山、惠州虹吸指数分别为0.89、0.74和0.61，江门、肇庆虹吸效应相对较弱，广东省其他城市则为虹吸效应更低的一些散点城市。从广东全省范围来看，基本形成以地处珠江口的深圳为中心，虹吸指数依次向周边递减的格局。总体来看，珠三角城市群发展也相对较均衡，但相较长三角城市群，其均衡度相对低一些，中心城市的虹吸效应更为突出。

珠三角城市群的快速发展，也离不开产业的发展和人口的涌入。相较长三角城市群的产业集群优势，珠三角城市群在产业互补性方面更具优势：中心城市深圳以高新科技产业为主导，近年来在科技领域发展迅猛，拥有的国内发明专利仅次于北京，超过上海，拥有的国际发明专利，则占全国的50%，远超北京，几乎是广州的10倍；广州的优势在于贸易与制造业，且区域交通枢纽地位突出；佛山和东莞是珠三角城市群制造业最具代表性的两个城市，已经与广州、深圳形成了关联产业链条，佛山的轻工业与广州的重工业优势互补，深圳、东莞、惠州则正在形成电子信息的全产业链布局。而在人口指标上，珠三角区域的九座城市全部为人口净流入城市，较成熟的产业链条吸引着全国各地人口的涌入，带来了房地产市场的高度活跃，同时，中心城市人口在高房价的推力下开始外溢至周边城市，带动了副中心城市、卫星城市房价的上涨。

而今，随着粤港澳大湾区规划建设上升为国家战略，香港、澳门与珠三角城市群划归为一个整体协同发展，这意味着香港、澳门在金融业与服务业上的成熟的发展经验，可给予珠三角区域的九座城市有益借鉴，更为重要的是，香港、澳门将引领珠三角城市群融入全球产业链，粤港澳大湾区将上升为中国经济升级的新引擎，参与全球经济竞争。总体而言，香港、深圳、广州三大一线城市汇聚于珠江口100多公里的距离内，堪称中国城市奇观，粤港澳大湾区发展前景不可限量。这对于房企而言，必然意味着更多的城市布局机遇，从实际情况来看，近两年来已有众多的知名房企重兵布局大湾区,抢占大湾区发展先机。

(3)京津冀城市群:经济发展梯度明显,京津冀一体化有待提升。

在京津冀城市群中,中心城市北京"鹤立鸡群",虹吸指数达9.01,比长三角城市群的中心城市上海、珠三角城市群的中心城市深圳的虹吸指数还要高出一两倍。区域副中心城市天津,虹吸指数仅为3.7,其他卫星城或散点城市,虹吸指数都在1以下。由此可见,京津冀城市群仍处于北京"一枝独秀"、周边城市发展偏弱的格局。如图3-33所示。

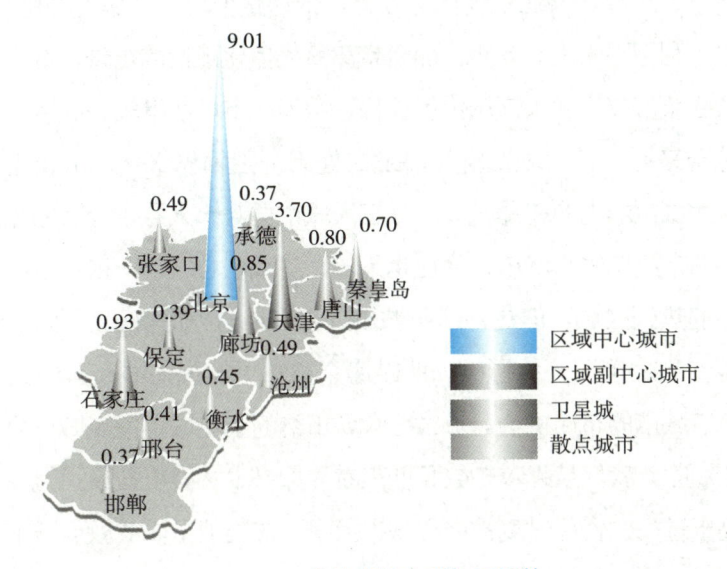

图3-33 京津冀城市群虹吸指数

在人口净流入指标方面,我们可以明显看到虹吸效应对其发挥的强大威力,除了北京、天津、唐山、秦皇岛、石家庄之外,其他城市全部处于人口持续净流出状态,且净流出人数在持续增长,例如保定,尽管在地理位置上紧挨北京,与京津呈三角状,但也正是这个原因,保定人口被北京大量吸走,2015年人口净流出近50万。

千亿之路

从虹吸指数的差距可以看到，京津冀城市群内城市间经济发展的巨大鸿沟。作为全国的政治中心、北方的经济中心，北京的虹吸效应极强，但已经明显过度，北京对周边城市资源的吸附和抽离，极大地限制了周边中小城市的发展，周边城市产业发展相对薄弱。相关数据显示，北京吸走了城市群内接近70%的资源。对此，应适当疏解中心城市功能，辐射带动周边城市发展。

国家对于"雄安新区"的规划建设，以及"京津冀协同发展"的战略导向，正是基于这个角度出发，以缓解北京"一枝独秀"的局面，促进北京、天津、河北三地优势互补，带动整个北方区域的经济发展，同时也有利于平衡南北差距。随着京津冀一体化建设的推进，城市群内的非核心城市或将迎来市场价值重构，房地产市场前景较好。

综合来看，三大城市群经济发展处于全国领先水平，房企应高度关注三大城市群内的布局机会。从三大城市群对比来看，经济领先的区域中心城市或副中心城市，往往也是一、二线核心城市，自然是房企争先抢夺的热门区域。但是，这些城市近年来地价、房价已经居高不下，同时也受到政策调控的影响，所以房企必然更加关注城市群内的卫星城、散点城市的布局机会。那么三大城市群的卫星城、散点城市哪个更值得布局呢？我们从虹吸指数角度来看，如果中心城市虹吸指数比周边城市高出过多，资源过度被中心城市吸附，这类卫星城或散点城市的发展容易受限；如果周边城市虹吸指数与中心城市差距相对较小，区域发展较为均衡，这类卫星城或散点城市自身也具备一定的资源吸附力，未来发展前景会更好。因此，从中短期来看，长三角城市群、珠三角城市群内的卫星城、散点城，布局机会优于京津冀城市群。

（4）长江中游城市群：虹吸效应相对较低的省会城市，其周边城市反而更具布局价值。

第三章　精挑细选拿土地

　　长江中游城市群由环武汉、环长沙和环南昌三个都市圈组成，三个都市圈之间尚未实现联动协同发展，而是处于各自区域中心城市的"强核"发展阶段。三大省会城市各自发挥较强的虹吸效应，不断吸附着周边乃至全省的人口、资金、教育等资源。从三个中心城市对周边城市的虹吸指数来看，经济水平较高的武汉高居第一，虹吸指数达4.24，长沙、南昌二者相当，分别为2.61和2.55。但是，从长江中游城市群整体来看，武汉的经济发展水平还不足够高、虹吸效应还不足够强，还不足以形成对湖南、江西两省资源的高度吸附作用，因此，长江中游城市群尚没有像前述三大城市群一样形成一个经济实力超强的区域中心城市，而是呈现多核心发展的特征。

　　对于房企布局而言，如果要选择长江中游的核心城市布局，虹吸指数更高的武汉显然更值得投资布局，但如果考虑布局虹吸指数较低的长沙、南昌的周边城市，因它们的资源没有过多地被吸附，反而更具布局价值。

　　（5）成渝城市群：核心城市虹吸效应极强，周边城市投资潜力不足。

　　成渝城市群也属于跨区域城市群，横跨四川省和直辖市重庆，中心城市成都、重庆是两大经济增长核心区域，二者尚未形成联动协同的发展态势，反而存在一定程度的竞争。成都主要对周边及四川省其他城市形成很强的虹吸效应，而重庆因为本身行政区划面积很大，其虹吸效应更多地体现为市内九个主城区对周边区县资源的吸附。从核心城市成都来看，虹吸指数高达4.88，而周边城市虹吸指数与成都差距极大，经济发展水平总体较弱，因此，成都是值得投资布局的区域核心城市，而其周边城市投资潜力仍明显不足。

　　再综合对比环武汉、环长沙、环南昌和环成都四个都市圈虹吸指数，在区域中心城市层面，虹吸指数越高意味着对周边资源的吸附力越强，房地产市场发展也更具潜力。成都、武汉分别以4.88和4.24的虹吸指数领先于长沙和南昌，是更值得布局的区域中心城市。而在周边散点城市层面，虹吸效应偏弱的长沙、南昌的周边城市，因资源被吸附程度更低，自身的虹吸效应与中心城市差距不大，因此反而更具投资潜力。例如长沙周边的湘潭、株洲，虹吸指数都在0.8以上，与长沙差距1.8左右，南昌周边的九江，虹吸指数与南昌差距为1.9左右，而武汉周边虹吸指数最高的鄂州，与武汉差距达3.3，成都周边虹吸指数最高的德阳，与成都差距更是高达4.1，因此，长沙、南昌的周边城市反而比武汉、成都的周边城市更值得进入。

（6）其他西部重点城市：值得投资布局。

对于我国西部的一些二线省会城市，如西安、昆明、贵阳、南宁等，很多房企都拿不准该不该进这些城市，不进怕错失增长红利，进又怕投资失误。拿不准的原因在于：第一，这些西部城市的经济发展水平还不高，在经济指标上与强二线城市差距明显，投资可能存在风险；第二，这些城市的房价水平较低，相应的地价水平也较低，如果市场前景好，可抢占先机；第三，已进驻这些城市并深耕的房企取得的业绩远超想象，例如俊发2017年在昆明的销售额超过了300亿元，万科在西安2017年也获得了近200亿元的销售额。

如何准确判断这些城市的投资布局价值？我们需要结合其虹吸效应的强弱来看，经计算，昆明、西安、贵阳三个省会城市对周边资源的虹吸效应很强，因此，尽管它们的经济发展水平与强二线城市存在一定差距，但也是值得投资布局的城市。

以上是从虹吸效应的角度，对我国五大城市群以及西部重点城市虹吸指数进行的分析。总体而言，城市群发展是分阶段渐次推进的，核心城市产生辐射和外溢效应是城市群形成过程中的重要特征,只有核心城市经济体量达到一定程度,才能由虹吸效应继续扩展为外溢效应。五大城市群和西部重点城市处于不同的发展阶段之中,而随着国家出台的促进市域(郊)铁路发展的规划,各大城市群将打造核心区域及周边主要区域的一小时通勤圈,形成真正意义上的交通一体化,届时,中国城市群的发展必将迈上新的台阶。这对房企而言,显然也是巨大的红利,而精准的战略布局则是享受这轮政策红利的前提。房企应充分了解和判断城市群所属的发展阶段及其特征,从而发现城市规律、把握城市机会。

综上所述,房企要走上千亿之路,必然要具备相应的城市布局研判能力,知晓并深谙如何选择城市,从而规避风险,助推规模增长。对于一个城市的评价和研判,房企必须运用这个城市自身的经济、市场及政策三大指标,同时,还应基于城市群的虹吸效应,将单个城市放在城市群中以进行整体审视和价值考量。

三、强化内部管理,推动管理创新

前面谈到,房企要实现规模扩张,走上千亿之路,除了必须具备城市布局的研判能力之外,拿地的管理能力也非常关键,包括对一个城市拿地机会的精准把控、拿地标准的界定和拿地权限的划分等。

尤其是在传统的职能模式下,投资拓展部只关注拿地数量,其绩效机制和激励导向并没有更多地考虑公司的整体战略目标,导致下了很大功夫拿到的地块,却不符合公司的战略导向或开发模式,严重减缓企业规模的扩展速度。例如区域团队认为目标地块非常值得入手,但集团考虑到资金或其他种种风险,不敢及时决策,导致丧失机会;又例如区域拿地测算的指标都非常漂亮,但到具体操盘的时候却发现困难重重,

千亿之路

经常出现"鳄鱼变壁虎"的情况。以上种种问题,都值得房企在拿地环节进一步提升内部管理能力和相关体系机制。

拿地的激励机制也是重点,如何有效激励团队,大幅提高拿地的效率及有效规避拿地风险,都是当下房企需要重点考虑的问题。以下我们就针对房企如何提升拿地的综合管理能力,从五个角度(如图3-34所示)展开介绍。

01 尽可能获取土地信息
02 结合开发模式去拿地
03 拿地权限下放,开展内部竞争
04 项目跟投,规避拿地风险
05 拿地即承诺,承诺即目标

图3-34 拿地管理五大综合能力

(一)尽可能获取土地信息

在选定城市之后,对于这些城市潜在的土地市场机会,房企又应该如何把握呢?传统的依靠中介提供土地信息的方法是重要的途径,但显然难以满足企业快速发展的需要。房企必须对土地市场机会进行系统性的管理,搭建自身的土地情报系统,确保获取足够多的土地信息。这往往涉及三个方面的管理内容。

第一点:不放过任何机会,全面管理目标区域的土地信息。对于房企而言,最缺的是土地资源,因此需要尽可能多地获得土地信息。例如HX房企采用网格式划分及管理的方式捕捉城市土地机会,不放过任何一块地，这是土地情报系统的表现形式之一。当前主流的房企均已开始建立土地信息管理系统，将企业接触过的所有信息进行沉淀。在实践中，也经常有企业提到"扫地行动"，例如XH房企就是针对目标城市，相应的区域（城市）公司要把过去五年出让的地块进行全面踏勘，过滤掉已经开发的项目，在内部建立土地情报系统；同时积极展开谈判，寻求未开发地块的合作机会，以便增加企业的土地储备，为未来的规模发展储备货值。

第二点：建立跨区域的土地拓展团队，针对土地信息做深入分析。要搭建其总部强控的土地情报系统，前提是需要搭建起总部主导的、全国层面的强有力的土地拓展团队。目前行业内许多典型房企的投资拓展团队的规模都在不断扩大，像ZL房企在2017年年底的投资拓展团队已超过700人，2018年预计达1 000人。FS房企则是在总部建立了将近300人的并购团队，为全国各区域的土地收并购提供强有力的支撑。与此同时，房企也要充分发挥内部竞争机制，鼓励不同区域公司去拿地，从而最大化地捕获合适的土地机会。但是大量的土地信息对应的是海量的数据收集工作，现阶段这种信息采集工作是重复、低效、没有沉淀的，企业需要推动信息收集标准化和数据化（最近行业中最火热的是土地大数据系统的建立）。

第三点：建立标准化的土地评估模型和决策机制，确保拿到正确的地。在搜集土地信息并获取土地市场机会之后，就需要对每一块地进行快速评估与决策，从而快速明确意向地块，防止贻误拿地时机。在实践中，通常是对土地进行分层级决策，首先设定拿地底线，列明拿地清单，然后设定一个测算模型，只要将地块条件录入测算系统，就可以快速得出结论，只有收益率达到一定比例的地才可以拿。

（二）结合开发模式去拿地

房企不仅要拿到地，更关键的是要拿对地，获取一块优质的土地，项目就成功了一大半。行业内有这么一句话："营销时流的泪，就是投资拓展时脑子进的水。"虽然在某种程度上投资拓展部成了"背锅侠"，但也反映出房企前期拿对地的重要性。

传统的拿地指标，一般是单纯地按财务指标对地块进行评估。例如B企以往在选择地块时，除了对地块的区位、场地条件、规划条件等基本信息进行明确外，会重点对项目进行成本测算（如土地成本、契税等）、收入测算、现金流量分析和盈利分析，基于这些指标来评判一块地是否该拿。在新时代背景下，拿地不应只单纯地参考地块基础条件及相关财务指标，还应结合企业的战略、开发模式及产品定位进行综合判断。

从开发模式的角度来看，在拿地时就要考虑这块地是否匹配企业的开发模式，比如，快周转的企业在三、四线城市会倾向于拿小规模的地块，也会对所拿地块的开发模式提出限定要求，比如ZL房企就明确规定，在选择地块时，就要看这块地能不能做到"456"，如果拿了这块地没有实现"456"，就要接受相应的处罚。这事实上是一种拿地的对赌机制。

尤其对于快周转企业而言，由于滚动开发模式对货值储备的要求更高，因此更为关注"货地比"指标，例如土地的成交价格是10亿元，那么就需要测算项目首期开盘货值能否达到10亿元，如果达不到，首期开盘就无法实现现金流回正，"货地比"不理想，也就是说这块地对该企业而言就是不合适的地。

从产品定位来看，龙湖、泰禾这类做高端产品的房企，则更适合在一、二线核心城市拿地，选择做再改、终改等高端系列的高利润型项目。恒大、中南为匹配其刚需产品定位，在项目选择时倾向于避开相对发达、地价高企的成熟市场，而选择二、三线城市的非主城区及城镇化水平相对较低的四线城市主城区，并同步培养企业快速开发、快速去化的能力。

（三）拿地权限下放，开展内部竞争

传统的拿地模式通常是集团看地、领导决策，也就是说，区域将地块信息搜集并上报给总部，总部前往看地后，统一进行讨论分析与决策，拿地权限掌握在集团董事长手中。这种模式的优势在于，评估和决策的总部人员经验相对丰富，利于集中优势力量，评估较为全面准确，从而风险相对可控。然而，这种决策模式的劣势也非常明显，例如周期长、决策链条长，存在信息不充分、信息不对称的情况，区域为了拿到地故意报高投资收益的现象普遍，此外，决策风险也大多集中在董事长一人身上。

传统的、按部就班的拿地决策模式显然已经难以满足房企快速扩张的诉求，随着房企规模的增长、布局的拓展，必然要求总部将经营权下放，相应地，必然要下放拿地权限，从而提升拿地效率。当前，拿地权限下放已经成为典型房企的主流趋势，并为房企规模的扩张带来了显著的正面效应。

以某千亿房企为例，2012年年底，其一改以往集团"广撒网"的全国统一拿地模式，将拿地权限下放至区域公司，以促进地区深耕与规模扩张。自此，企业进入了高速扩张与增长的通道，仅半年时间就开拓了一些全新市场，如福建、贵州、河南、甘肃、四川等地。据年报数据显示，2012年，企业布局的城市数量仅49个，项目数量仅118个，从2013年起快速增长，至2016年年末，已在全国布局了223个城市，项目数量多达728个（如图3-35所示）。与此同时，其销售规模也呈快速

千亿之路

图3-35 某房企近五年布局城市数量、项目数量和合同销售额
数据来源：企业年报，明源地产研究院。

攀升的态势，2016年跨越3 000亿元的销售规模，2017年前三季度已经接近5 000亿元的销售规模。很显然，企业的规模扩张、业绩跳涨与其拿地权限的下放是密不可分的。

如前所述，为最大限度地获取土地机会、防止机会的遗漏，房企需要建立土地情报系统，但是土地拓展团队的搭建尚需时间，权宜之计则是建立内部竞争机制，发动区域公司之间相互竞争。例如2013年，在拿地权限下放后，某千亿房企允许各区域公司投资团队在全国范围内拓展拿地，形成内部竞争机制，其内部口号是"百花齐放"，提倡区域之间良性竞争；再例如中南，近几年来，也是通过拿地权限的下放及拿地的内部竞争机制，促成了布局的快速拓展和业绩的快速增长。

与此同时，拿地的跨区域竞争机制有利有弊，好处在于有利于企业不遗漏任何土地机会，从而助力企业快速冲规模；弊端在于内部竞争导致投资效益差，如对地块的争夺导致土地价格的竞争，同地段的两个项目销售节奏没错开，致使销售价格的竞争。对此，房企在实践过程中也要有相应的应对机制。值得一提的是，拿地的跨区域竞争并不适用于所有企业，这种模式适合短期内规模诉求较强的房企，只在快周转、高增长的房企中比较典型。

（四）项目跟投，规避拿地风险

除了把握土地机会，参照哪些指标拿地及明确哪些人有权限拿地之外，拿地的激励措施更是重中之重。

在拿地权限下放后，集团如何规避区域公司拿地的盲目冲动？如何杜绝乱拿地？如何确保区域公司拿对地、拿好地？这时拿地的激励机制就非常重要。典型的做法是建立拿地的奖励机制，激励各区域公司员工积极在全国拿地。具体要求是所拿地块首年现金回笼，能快速开工，市场支持快销，实现开盘"清销"，去化率达70%~80%。激励方式包含两种，一是"成就共享"制度，区域公司可分享净利润的20%，从而激励区域公司去拿能实现成就共享的地；二是对区域公司拿的地按照1万元/亩来进行奖励，在项目实施跟投机制后，其中一半的拿地奖金要进行项目跟投。

除了拿地奖金这种传统的激励方式之外，项目跟投机制成为房企广为推崇的激励机制。项目跟投除了能有效地激励区域公司提升后端的开发运营效率外，对于前端的拿地也能起到良好的激励作用。从房企普遍推行的项目跟投机制中，项目分红的多少与项目收益的高低直接挂钩，因此该机制能够有效地激励区域公司只去拿能获取预期收益的地块，从而避免了拿效益低的地块，规避了拿地风险。

从房企激励机制变革的实践来看，项目跟投机制已成为推动房企销售规模增长的撒手锏。从2016年销售业绩同比增速前10名的房企可以看到，销售规模增长最快、排名显著提升的几家房企都已经推行了项目跟投机制，包括首开股份、中南、新城控股、旭辉、阳光城、金地。表3-16是根据年报等公开数据整理的2016年销售规模增速前10名的房企概况。

千亿之路

表3-16 2016年销售规模增速前10名的房企概况

房企	2014年排名	2015年排名	2016年排名	2014年排名	2015年排名	2016年销售额（亿元）	2016同比增长
鲁能	30	30	20	79.0	220.7	646.7	193%
首开股份	27	28	17	205.0	295.1	654.1	122%
碧桂园	6	7	3	1 250.1	1 401.8	3 090.3	120%
中南	26	29	23	207.0	229.0	502.3	119%
新城控股	21	21	15	251.0	323.8	685.2	112%
旭辉	24	23	18	223.0	312.5	653.2	109%
融创	10	9	7	658.0	731.2	1 500.3	105%
恒大	4	2	1	1 376.3	2 050.4	3 731.5	82%
华夏幸福	13	10	8	520.0	725.1	1 200.1	66%
阳光城	23	26	26	230.7	300.1	487.2	62%
金地	16	13	12	486.7	621.2	1 006.3	62%

数据来源：企业年报，明源地产研究院。

而项目跟投机制之所以有如此大的威力，是因为其能有效地规避拿地风险，在拿地环节能有效地激励区域公司获取预期收益高的地块（拿对地就意味着项目成功了一半），同时在后续的开发、销售等环节也能够激励区域公司提升运作效率。总体而言，有效的拿地激励模式，也是推动房企提速增效、走上千亿之路的关键环节。

此外，对于不同的项目类型，项目跟投机制的设计也要有所差异，不同类型的项目匹配不同的跟投机制，例如快周转型的项目、高利润型项目、持有商业型项目、"旧改"型项目、特色小镇型项目等，相应的拿地激励措施会各有侧重。具体可参考明源地产研究院编著、中信出版社出版的《跟投之潮：房地产行业跟投趋势与典型房企实践》。

（五）拿地即承诺，承诺即目标

在传统的拿地模式下，企业往往会出现"拿地晒太阳""鳄鱼变壁虎"等乱象。前期承诺的投资收益往往不能兑现，拿地前是"鳄鱼"，拿地后成"壁虎"，前后严重脱节。对于这类现象，就要强调拿地的责任分担，通过相应的奖惩机制，实现拿地即承诺、承诺即目标，建立前后不脱节的拿地机制。

这就要求房企在拿地前就做好项目计划，制定开发节点目标，并进行投资收益分析，明确开发运营目标，同时，要求拿地者签订目标责任书，在开发过程中如果某个开发节点未达标则对其进行罚款，以类似的惩罚机制推动目标计划的有效达成。前期测算的收益方案应成为未来承诺的目标责任，切忌出现"投前投后两张皮"的现象。

对于冲击千亿元销售规模的房企而言，一事一议的拿地方式已经很难满足它们的要求。比如某千亿房企的一个领导表示：今年拿了100多块地，但是积极参拍的地超过了1 000块，至于探勘过的地更是超过5 000块，如果还是采用传统的方式进行决策的话，难度和挑战都比较大，所以只有在企业内部建立成熟的土地信息评估平台，才能快速进行项目筛选。

四、积极探索并购，助推规模跳涨

在拿地的管理能力中，拿地方式的把握也是其中重要的一环。如何通过更少的资源投入获取更多的回报，如何通过拿地杠杆获取更多的土地，也体现了拿地能力的大小。并购正是当前房企普遍推崇的重要的拿地方式。实践表明，并购是推动房企规模跳涨、完善区域布局、低成本扩张的重要方式，与此同时，并购的风险也值得房企关注。以下，我们从行业并购的现状、典型房企并购案例与成效以及并购前、并购中、并购后应注意的事项进行分析阐述。

千亿之路

（一）并购成为房地产行业新常态

在地产白银时代，行业增速放缓，净利润下滑，土地市场竞争日益激烈，行业并购重组加速，"大鱼吃小鱼"的并购现象与合纵连横的"强强联合"成为行业新常态，房企要么做大，要么变小或退出，已是不争的事实。据Wind统计，2012—2016年，中国房地产行业并购涉资呈现快速增长态势，2016年并购涉及金额高达4 015亿元，同比上升43%。而2017年，在房地产行业进入调整期的新周期下，"大鱼吃小鱼"的现象更是频繁发生，并购风潮更趋汹涌。2012—2016年房地产行业并购宗数及涉及金额如图3-36所示。

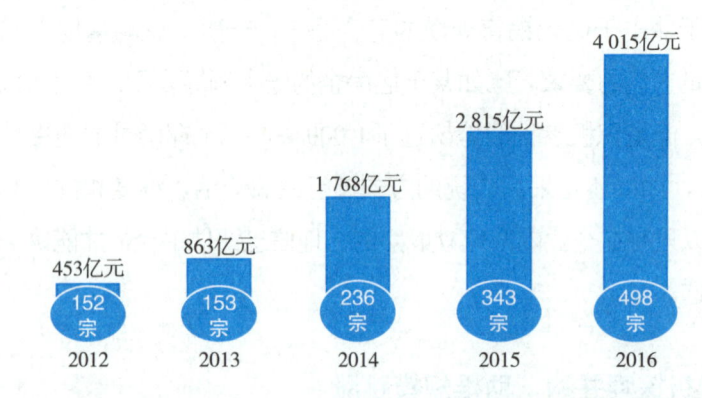

图3-36　2012—2016年房地产行业并购宗数及涉及金额

数据来源：Wind，明源地产研究院。

房地产行业并购现象越来越普遍，原因在于房企的增长模式已发生了根本性的变化。

- 在房地产行业的初创阶段，其特征是房价涨幅超过地价，表现为企业毛利率上涨，企业的商业模式可以称之为"房东模式"，"坐"着就能赚钱。在这个阶段，企业追求快速扩张，对运营能力的要求为快周转，龙湖、万科以其卓著的管理能力成为行业的优秀企业。

- 在房地产行业的规模化阶段，其特征是房价涨幅落后于地价，表现为企业毛利率下降，土地投资回报率大幅下降，企业的商业模式可以称之为"爬楼梯模式"，此时的运营能力核心为囤地能力和融资能力。在这个阶段，行业逐步分化，逐步诞生领头羊，代表房企为万科、恒大等。
- 当前房地产行业已从规模化阶段发展到了聚集阶段，其特征是房价涨幅同步于地价，行业毛利率处于平稳状态，但品牌房企能够获取超额溢价，企业的商业模式可以称之为"外生长模式"，此时的行业遵从丛林法则，优胜劣汰。在这个阶段，房企数量大幅度减少，行业中的整合并购现象频发，房企对上下游的议价能力均有所恢复，行业集中度不断提升。

当土地市场"面粉贵过面包"，买地不如买公司的投资逻辑开始发酵时，产业资本便涉足地产并购，上市房企便会加快并购整合的速度。很多房企已经走在了前面，从内生长发展模式切换到了外生长发展模式。这其中，龙头房企一直是并购大潮的主力，恒大、万科很早就在并购市场动作频频，利用并购开疆拓土；而一些新兴房企，如融创、阳光城、泰禾、蓝光等，近两年来也开始在并购市场不断攻城略地、逆势扩张，2017年更是屡下并购大单，并购之凶猛态势相比龙头房企有过之而无不及。

（二）并购助推房企规模跳涨、完善布局

对于业界来说，融创被普遍认为是通过并购获取房地产项目最知名的房企，因而被冠以"并购王"的称号；阳光城则略为低调，但其2016年在并购市场的手笔却更加令人吃惊，堪称"隐形的并购狂人"。2016年，融创获取的4 773万平方米土地储备，68%来自并购，并购范围遍布全国重点区域。通过疯狂并购，融创快速实现了全国化布局，布局城市从2015年的16个迅猛增长到44个。阳光城则从2015年到2016

千亿之路

年悄然实现了从招拍挂到并购导向的转型，2016年并购拿地与招拍挂拿地的比例更是超过8∶2，并购占比较2015年增长了50%，其并购拿地均价仅为1 494.9元/平方米，远低于招拍挂的11 012.7元/平方米，并购区域横跨长三角区域、珠三角区域和中西部重点城市，也基本形成全国化布局，区域分布也更为均衡。融创、阳光城2014—2016年拿地方式占比如图3-37所示。

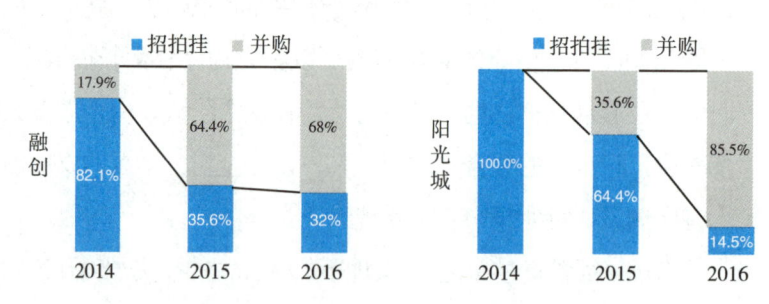

图3-37 融创、阳光城2014—2016年拿地方式占比

数据来源：企业年报，明源地产研究院。

B企在2016年的并购力度同样不容小觑，根据公开数据显示，B企全年并购宗数达20余起，在珠三角、长三角、环渤海等区域均有所斩获。此外，作为深耕三、四线城市的房企，B企运用其成熟的合作开发模式，近年来快速进入一线城市。一方面选择与地方政府合作，通过参与"旧改"等方式低价拿地，另一方面与当地房企合作获取项目，例如与广州当地房企力迅地产等合作开发广州天河星作、番禺星海汇、增城狮尾路等项目。此外，在深耕区域，B企同样运用合作模式，例如结盟保利深耕佛山区域市场，合作开发顺德区大良、禅城奇槎片区项目。

从2016年的销售规模来看，千亿房企的销售额均值达到2 108亿元，其中部分房企的增长更是高达100%以上（如图3-38所示），成为名副其实的增长领头羊。这些企业都是以并购作为核心的扩张手段，实

140

第三章　精挑细选拿土地

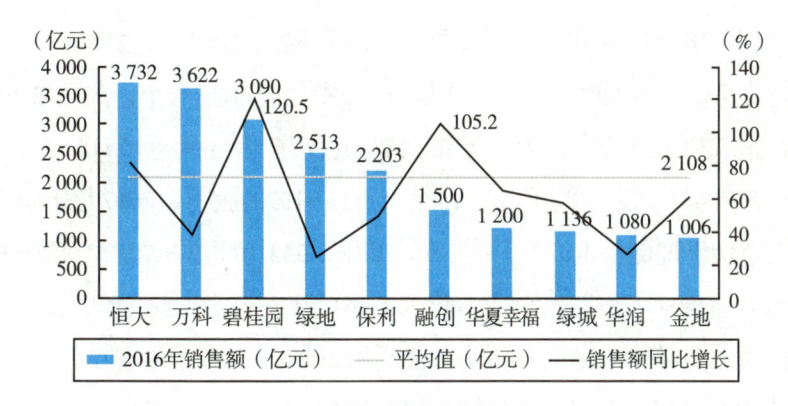

图3-38　2016年千亿房企销售额与同比增速

数据来源：Wind，明源地产研究院，上市房企2016年年报。

现了外延式规模扩张。而同样以并购作为拿地主旋律的阳光城则以62%的增幅位居规模增长前10名。

2017年，在调控日趋深入的新周期下，"大鱼吃小鱼"的现象更是频繁发生，房企通过收并购、合作拿地的频率提升，拿地方式愈加多元化。

在收并购拿地方面，1~7月，房企通过收并购方式取得的土地建筑面积占到了房企新增土地建筑面积的25%，较2016年全年收并购占比水平提升了近15个百分点。

龙头房企在2017年愈加关注并购机会，以较低成本获取充足、优质的土地储备。重点的收并购事件有：万科551亿元接盘广信房产所有投资权益及债权，获广州1 500亩的优质地块；另一家房企则以9.3亿元入股中集产城，获土地储备近千万平方米；恒大2017年在收并购市场更是动作频频，收购光耀地产惠州百万花城后期未开发的13万平方米的土地，至此在惠州的土地储备达到240万平方米，此外还收购了山东即墨温泉板块麦尔文艺墅项目，可开发体量47万平方米，同时还完成了对青岛海文置业的股权收购，获得即墨龙瑞岛约685亩土地的开发权。

千亿之路

新锐房企在收并购市场上同样不甘示弱，并购扩张力度丝毫不亚于龙头房企。例如融创，2017年以来在并购市场频出大单，先后拿下天津、重庆和大连等多个重点城市大型项目，总价合计超155亿元，7月份更是以438亿元收购了万达13个文旅城91%的股份；2017年上半年，融创新增土地储备3 023万平方米，其中2 553万平方米为收并购所得，占比高达84%，平均收购成本仅为1 061元/平方米。除融创以外，其他新锐房企并购力度同样不小，阳光城2017年上半年通过收并购共获得了27个项目，获得土地建筑面积约552.4万平方米，占比高达76.6%；龙湖2017年上半年也有近40%的新增土地建筑面积是通过收并购获取；泰禾2017年前三季度更是有85.7%的新增土地储备为收并购获得。

在合作拿地方面，为控制成本，房企也表现得非常积极。据统计，在2017年1～7月的土地单价榜中，有近一半的土地为房企合作拿下，如表3-17所示。

表3-17 2017年1～7月全国城市经营性土地成交单价前10名的合作地块（节选）

排名	城市	地块名称	土地用途	成交楼板价（元/平方米）	溢价率	受让人
1	北京	京土整储佳（朝）[2017]029号	综合	51 251	31%	中梁、天恒、旭辉
3	北京	京土整储挂（顺）[2017]038号	综合	44 995	50%	首开股份、万科、龙湖、东方华美
7	北京	京土整储挂（丰）[2017]041号	综合	40 499	50%	世茂、中国金茂、国瑞
9	北京	京土整储挂（兴）[2017]011号	综合	39 306	50%	首开股份、中海、保利、龙湖

数据来源：中国房产信息集团（CRIC）。

从2017年前三季度销售规模及同比增速来看，销售额增速靠前的房企大多是在并购市场迅猛发力的房企，除了2016年已并购频频的融创、恒大、阳光城外，也有不少房企2017年开始在收并购市场发力，势头凶猛，如泰禾、蓝光等，而中梁、中南、龙湖等房企也同样非常关注和重视收并购机会。收并购已成为这些高增长房企在发展模式上的共识，且成为这些房企获取销售规模超速增长的杀招利器。如图3-39所示。

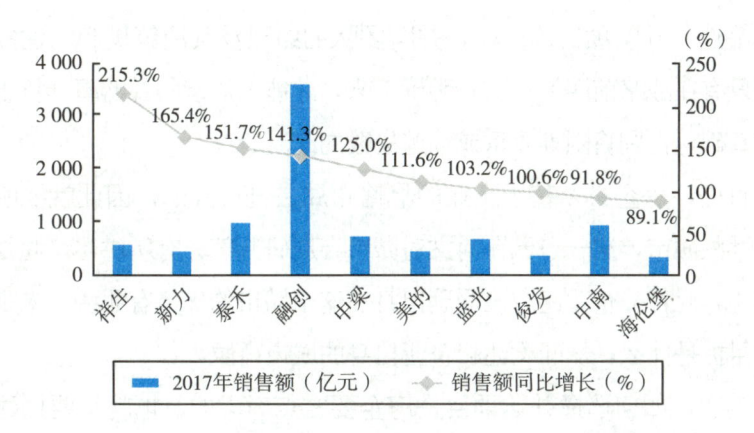

图3-39 2017年前三季度销售额增速前10名的房企

注：增速统计范围为2017年前100强的房企；剔除2016年业绩基数较低的中庚、华宇、联发集团。

数据来源：Wind，明源地产研究院。

并购实际上是一种拿地的杠杆，能够助力房企以较少的资源投入快速获取更多的土地储备。在2017年楼市调控加码，房企需求端、资金端双向受抑的背景下，行业并购整合已然加速，并购已经成为房企实现低成本扩张、完善区域布局、扩充土地储备的必然路径，为房企提速增效、走上千亿之路保驾护航。

（三）关注并购风险

并购已成为房企拿地的重要方式，这已是房企的共识，那么，在并购前、并购中、并购后的整体链条中，房企应该注意哪些事项，有哪些可能存在的风险呢？对于大中型房企而言，如何选择合适的并购对象？而对于小型房企而言，如何寻找合适的并购方？以下我们针对这些问题进行分析。

1. 并购前：城市选择、项目选择、团队组建

房企在计划实施并购前，有诸多需要关注的步骤和因素，包括城市的筛选、并购项目的选择、并购团队的组建及其决策机制的建立等等，只有在战略前端就将这些明确下来，才能为后续的并购事项打下良好的基础，否则将困难重重或难逃失败的结局。

首先，房企必须基于企业的战略布局去进行并购，因此就要明确进入哪些城市，这一点已在前文对城市布局研判部分有所讲述，此处不再赘述。此外，企业还应该明确自身在这个城市的优势有哪些，未来数年的目标是什么，从而构建起企业自身的城市肖像。

其次，如何选择并购项目是房企要重点考虑的，也就是要构建企业的项目肖像。一般而言，并购需要综合考虑项目的城市区位、产品定位、开发阶段、性价比、预期收益和发展前景等，因此企业需要明确自身擅长打造什么样的产品，能接受并购多大的项目，项目收益指标和评判标准是什么，等等，从而选择匹配的并购项目。对于这些指标，企业不能通盘照搬，而应基于已经做成的项目反向去复盘、评估、提炼和优化自己的评价指标。例如融创、阳光城都倾向于选择成熟度高、快周转的项目，青睐地段较好但地价较低的性价比高的项目，同时，倾向于契合企业自身产品定位的项目。此外，如果是企业层面的并购，那就可能面临企业规模的挑战、产品及战略定位的挑战以及涉及客户、政府、员工等方面的挑战，存在文化难以融合、机制对冲等一系列潜在的问题，复杂度极高，因此现在房企一般都倾向于单项目并购或组建平台公司进行并购。

第三章　精挑细选拿土地

　　基于城市战略的布局进行并购项目的选择，实现区域布局的完善和优化，最新的典型例证莫过于融信对海亮地产的收购。2017年7月27日，融信以28.97亿元并购宁波海亮及安徽海亮过半股权，新增土地储备500万平方米，并购的平均土地成本不到1 000元/平方米，更为融信带来了17个城市的35个项目，使得这个2016年还刚刚移师上海、深耕长三角的区域型房企，一次性完成了对中西部省会及周边城市的布局，并进一步巩固了融信在安徽、江苏的布局，融信自东向西的全国化布局棋盘已清晰可见。两家同量级的中型房企之所以能够一拍即合，与它们在区域布局上的互补直接相关：2016年年末，融信80%以上的土地储备分布于核心一、二线城市，与以中西部重点城市为主阵地的海亮地产完全相反。对于融信，正是看中了海亮地产的区域布局与自身的区域布局短板相契合；对于海亮地产，基于区域互补的视角，它找到了合适的并购方，这些都是在并购实践中值得房企借鉴的。总而言之，布局区域的互补是选择并购与被并购方的重要条件，也是并购能否顺利推进的重要前提之一。

　　再次，与获取拿地机会类似，对市场上并购机会的敏锐捕捉也非常关键，因此组建一支行动迅速、快速决策的并购团队是重中之重，有了专业的并购团队，才能快速抓住市场上转瞬即逝的并购机会，才能抢占市场先机。例如融创就组建了一支精干的并购团队，有着精细的组织架构、明确的职责分工，且有一套完善的风险检视机制，能够化繁为简、快速决策。另外，并购团队对于并购法规的认知和掌握也非常重要。

　　最后，并购的资金从何而来、融资风险如何把控，都是并购前房企需要考虑的问题。企业要走并购这条路，必须弄懂资本市场的逻辑，掌握资本市场的运作手法。

2. 并购中：风险识别与税务筹划

并购中需要注意的问题，一是在尽职调查时对项目风险的识别，二是并购中的税务筹划。

首先，在确定并购项目后，并购团队就要介入并进行尽职调查。尽职调查的每一个点的背后都可能存在巨大的风险，因此尽职调查团队需要对项目可能存在的风险进行充分的了解、斟酌和考量。常见的风险有规划变更风险、合作方风险等，如因转让价格过低，合作方要求退还项目，或土地方存在未披露的或有负债，等等。如果在尽职调查时没有发现类似的风险，那将给项目埋下巨大的隐患。若尽职调查发现项目存在根本性且无法克服的缺陷，如项目公司不拥有对应的土地使用权，或土地使用权系违法取得，或项目规划严重违反国家与地方的整体规划，或严重资不抵债，等等，则宜放弃并购行为。

因此，在并购过程中，房企应构建自身的并购风险清单，明确项目可能存在的风险有哪些，对于不同的风险是否已经形成应对策略，相关合同模板中是否已体现风险的应对条款，由此才能充分认识并规避并购过程中的风险。

其次，并购过程中的税务问题经常是并购方和被并购方讨价还价的一个重要方面。就资产收购而言，会涉及大多数税种，比如增值税与附加、企业所得税、印花税、土地增值税和契税。尤其在营改增之后，增值税也有比较大的变化，更加需要对并购中的税务筹划进行明确，包括对于土地溢价，双方在签约前是否已沟通好应对策略和具体措施？如何管理领导对于税收筹划的过高期望？等等。总体而言，并购的税务筹划需要从产品定位、客户群定位出发，以投资收益的视角进行整体筹划。

3. 并购后：管理边界划分、运营实力保障、组织潜能激发

并购之后，会面临三个主要问题：第一，合作开发及管理边界划

第三章 精挑细选拿土地

分,也就是说,并购后双方派代表各自管哪一块,怎么管,即团队如何有效整合?第二,大量的收并购后需要运营的支撑与保障,如何提升运营能力?第三,随着并购的项目越来越多,传统的管理模式已经很难跟上形势,如何激发组织潜能?以下我们就这三个问题分别予以简要阐述。

首先,关于并购后合作双方如何划分管理边界,有两种模式:一是绿城的代建模式,二是万科的项目合作模式。代建模式强调的是收代建费、做事情,负责前期设计、过程施工、营销等,而资金都是由委托方来控制。项目合作模式是基于权责进行管理边界的划分,划分原则分为四个方面:第一,约定原则,在合作开发协议中约定主导操盘方、大的管控原则以及退出机制;第二,职权划分,约定股东会和董事会的职权;第三,业务协同,在关键环节(业务款项支付)请合作方参加审核或结果抄送;第四,风险管控,通过印章的严格管控,防范产生未知的风险。总体上,这种模式要明确两点核心:一是在协议过程中先把原则说清楚,谁操盘,谁协作;二是明确核心机构的权责,怎么去管,怎么去干预。

其次,并购的好坏与运营的保障密不可分,并购后需要精细化运营体系的有效支撑才能有效推进。阳光城在这个方面是行业标杆,其依托强大的运营实力,有效地推动了并购的快速落地。阳光城的运营层面分为三层:底层是项目层级,以全年主项计划作为主线,保障内部各部门的交叉协同,强调的是业务的协同;中间层是公司层级,以经济指标作为核心,驱动各项目终极目标的实现(属于结果型驱动),强调投资收益视角;最顶层是战略运营层级,承接阳光城3+1+X精准投资的战略,如图3-40所示。此外,阳光城强调用数据驱动运营,其内部构建了大数据、大运营体系。大运营强调的是把成本、采购、计划集中在一

千亿之路

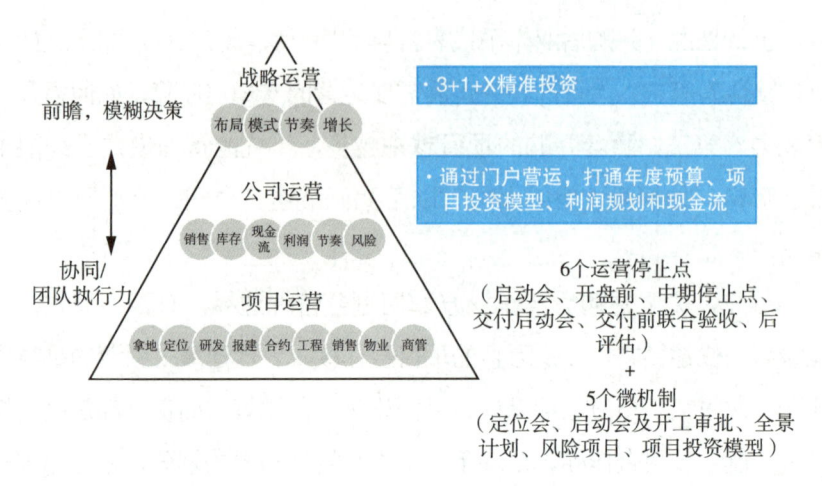

图3-40 运营分层集管理要点图

起成立运营中心，大数据强调的是基于整体运营去看投资收益指标数字的变化，如现金流、利润的情况，结合数据反向去约束、指导运营动作。

最后，随着并购的项目越来越多，传统的组织管理模式已然失效，如何保障并购项目的收益，激发一线团队的活力，有效的激励机制就很有必要。项目跟投机制是当下房企普遍实施的激励机制，包括万科、新城控股、中梁等，通过项目跟投均有效地实现了项目收益的大幅提升，并推动了销售规模的快速增长。除了跟投机制之外，经营数据的透明化、可视化也是有效的激励方式，这种方式类似于在企业内部构建一个赛马场，让团队可以清晰地看到自身项目每天的收益情况和排名情况，这将有效地激发团队的斗志，促进团队能力的提升。

总体而言，并购前、并购中、并购后的风险和注意事项，都需要房企仔细斟酌考量和谨慎行之，一旦哪个关键环节稍有失误，就可能造成并购失败、功亏一篑。融创早年对绿城和佳兆业并购失败的案例就是典型的教训。两起失败案例总体上都是因为对并购涉及的法规解读不到位，收购价格过于便宜且债务重组不利，对原有团队及伙伴的整合操之过急、不够稳健等，导致双方矛盾激化、并购周期拉长，而在此期间楼市开始回暖。而融信顺利并购海亮地产的案例，则能够给我们一些正面的启示：并购方与被并购方如能形成区域互补、产品互补、管理互补、效率互补，将成为推进并购顺利进行的重要利器，并能实现1+1>2的效果，为房企提速增效、冲刺千亿元销售规模提供动力。

（二）多线城市之间的"波纹效应"逐步显现

2017年强控政策偏向于一线城市，很多购买力往核心城市周边的三、四线城市蔓延，表现出非常明显的波纹效应，但是随着市场规模逐步接近"天花板"，外溢需求开始减弱，房企需做好下一轮的投资城市的研判和选择。

1. 关注风险

在过去几年，典型房企基于三、四线城市的全面开花策略，确实实现了企业规模的快速增长，体现了企业布局的战略远见，碧桂园和恒大是其中的典型代表。同时围绕热点三、四线城市的开发策略也让中型房企获得了极大的成长，中南、中梁、祥生等企业表现显眼。当前，房企普遍热衷于投资三、四线城市，但是在局部，三、四线城市已经出现投资风险，部分城市已经开始放松限购。此时房企更需要深入分析，做好新一轮的布局识别，特别是对于已无购买力的城市和人口净流出仍然严重的城市。

2. 挖掘价值洼地

随着近几年的市场发展，一线城市及其周边的三、四线城市整体需求已经得到满足，较难再出现全面的量价普涨的机会，房企的市场竞争将进入深水区。不少房企将布局视野转向二线城市，如昆明、西安、贵阳等，试图发现二线城市的价值洼地，这可能会是房企下一轮的"主战场"，需重点关注。

3. 布局城市更新

在一线城市，新地的供应是极其有限的，土地招拍挂市场的竞争也极为激烈。大部分房企采取围绕一个城市配置多个团队的方式，一方面争取未来布局一线城市的机会，另一方面提前学习城市更新政策，储备城市更新人才，为未来做准备。

土地和房企的关系，正如面粉和面包师的关系，没有了面粉再优秀的面包师也做不出面包来。追随传统房企的脚步（发现企业没有产品可售了才去获取土地），沿用老的城市、土地研判模型和管理方式来评价土地价值，这些简单传统的方式显然很难在未来激烈的竞争中获得优势。房企需要树立长远的发展目标，强化土地投资的体系重构，结合企业的产品策略、市场情况、政策形势深度分析，并应用新的评价模型和机制，在发展中关注结构性风险。在土地获取方面，房企要采用多种多样的创新手段，不但要获得土地，而且要关注获得土地信息和土地合作的机会。房企要广泛开展合作，抱团取暖，与相应的土地资源供应者建立联系，形成土地供应生态圈，以获取持续的、最重要的土地资源。

第四章

资金来源策略与财务风险控制

目前，诸多房企都已经制定了千亿元的销售目标，力图在行业发展的下半程进行冲刺。在冲刺过程中，资金来源和财务风险控制，无疑是最为重要的。

我们重点以千亿房企为样本，进行深入剖析。这些千亿房企作为行业的第一梯队，它们的总资产2015年增长52%，2016年增长31.3%，远远领先于行业的平均水平。

以史为鉴，可以知兴替。

在这些千亿房企的成长之路上，其资金渠道的构成、资金的长短期结构以及风险的控制是值得玩味的，这些对于欲瞄准千亿元销售目标进行冲刺的房企，极具启发意义。以下从四个方面进行分析，如图4-1所示。

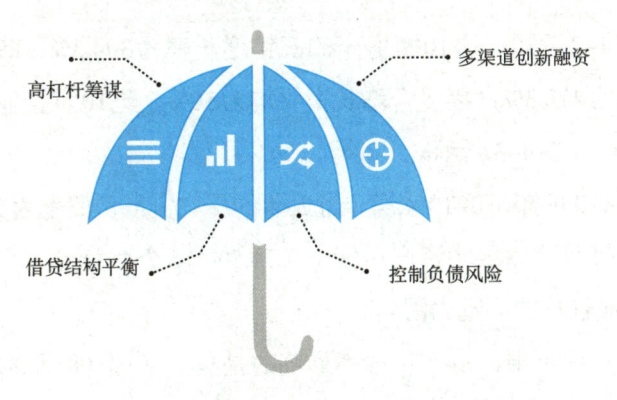

图4-1　资金来源策略与财务风险控制图

千亿之路

一、冲刺千亿元销售目标需要过心理关

高增长的背后,一定是伴随着高杠杆。因此,这些冲刺千亿元销售目标的房企需要做好能够接受高杠杆的心理准备。

销售规模增长最快的房企,它们的资产负债率到底如何,它们的销售规模到底是用高负债催肥的还是因为内生能力的增长而增长的?

近5年(2012—2016年)销售额增长率排名前10的房企,如图4-2所示。

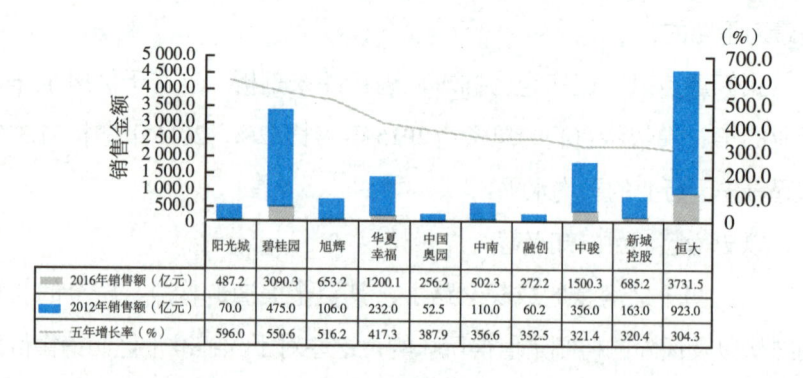

	阳光城	碧桂园	旭辉	华夏幸福	中国奥园	中南	融创	中骏	新城控股	恒大
2016年销售额(亿元)	487.2	3090.3	653.2	1200.1	256.2	502.3	272.2	1500.3	685.2	3731.5
2012年销售额(亿元)	70.0	475.0	106.0	232.0	52.5	110.0	60.2	356.0	163.0	923.0
五年增长率(%)	596.0	550.6	516.2	417.3	387.9	356.6	352.5	321.4	320.4	304.3

图4-2 近五年销售额增长排名前10的房企

数据来源:Wind,明源地产研究院,上市房企2016年年报。

从图4-2可知,这10家房企的五年增长率为304.3%~596.0%,平均增长率为412.3%,年复合增长率平均为50%。这10家企业对应的资产负债率,如图4-3所示。

从图4-3可知,这10家房企近五年的平均资产负债率为79.5%,高于近五年行业整体平均资产负债率(74.5%)5个百分点,可见高增长确实有着高杠杆的驱动力因素。

在这些房企中,资产负债率最高的是华夏幸福(85.9%),是典型的高杠杆高增长的获益者。

第四章 资金来源策略与财务风险控制

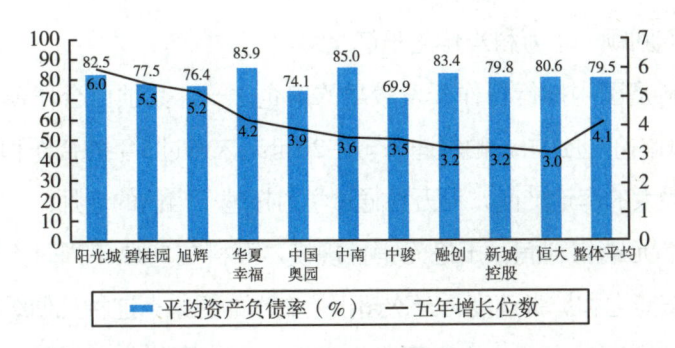

房企	平均资产负债率（%）	五年增长位数
阳光城	82.5	6.0
碧桂园	77.5	5.5
旭辉	76.4	5.2
华夏幸福	85.9	4.2
中国奥园	74.1	3.9
中南	85.0	3.6
中骏	69.9	3.5
融创	83.4	3.2
新城控股	79.8	3.2
恒大	80.6	3.0
整体平均	79.5	4.1

图4-3 近五年销售额增长率排名前10的房企平均资产负债率

数据来源：Wind，明源地产研究院，上市房企2016年年报。

因此，我们可以看到，房企想通过快速增长实现千亿元的销售目标，背后必然伴随着高杠杆，而这将成为房企冲刺过程中的一道心理关，需要提前做好筹划和准备。

二、资金来源四大策略

房地产行业作为一个资金密集型行业，资金来源始终是其命门，2017年房地产调控继续深化，房地产融资也成为被重点关注的领域。资金来源的常规渠道包括股东自有资金、销售回款、银行贷款等，另外还有保险、信托、第三方理财机构、房地产基金、交易所发债等资金渠道。

当前的房地产行业，只靠自我的内生长，必定会遭遇"天花板"。而通过并购或合作开发，冲破资源的瓶颈和束缚，是千亿房企实现"电梯式增长"的不二法门，因为通过合作开发，可以利用外围合作伙伴的土地资源及资金资源，给企业带来快速增长。

（一）策略一：扩大合作开发规模，获取更多资源

以前，房企联合开发项目还是新鲜事，而随着房地产行业进入"新常态"，房企抱团取暖、联合扩张已经势不可当。

千亿之路

我们回顾一下万科当年的千亿之路。

万科是国内推行合作开发较早的房企之一,其项目合作模式灵感源于美国帕尔迪公司。帕尔迪公司在20世纪末通过5年的合作和合并成为美国最大的房地产商,而万科通过学习超越了自己的老师。

百亿元销售利润、千亿元销售规模,万科在2012年同时实现。万科的繁殖能力和扩张速度再一次超出所有人的想象。这种几何级的扩张速度,在中国的企业史上,再也没有第二家公司能与之匹敌。2010—2012年,万科斥资325.4亿元,新设公司217家,收购公司73家;对子公司和其他公司增资114.84亿元;新设或收购公司带来了巨大的开发量,3年间新增项目217个,新增权益建筑面积4 726万平方米。万科认为,合作开发至少有三大好处。

- 扩大集中采购的规模,增强公司在采购环节的议价能力,体现规模效应。
- 使公司经营范围拓展到更多的细分市场,防范个别市场的不确定性,有效分散风险。
- 许多项目完全由万科操盘并使用万科品牌,相当于输出品牌和管理经验,可以提升万科股东的资产回报率,在财务报表上体现为净资产收益率的提升,在收益分配上也可以得到相应的补偿。

在合作开发方面,万科是行业内的代表。除了与国内的房企合作,2013年,万科还进军海外市场,与铁狮门及吉宝置业合作,开发旧金山和新加坡的项目。

万科将适合自身的合作模式分为两类:与土地方的合作(土地方出地,万科出资,合作方享有土地使用权)、与资金方的合作(合作方有一定的资金实力,与万科合作开发项目)。

万科在与资金方的合作上,通常采用联合竞买或信托模式等,增

第四章　资金来源策略与财务风险控制

加了市场份额，加强了发展优势，推动了公司融资多样化及国际化战略的实施。

万科以最具想象力的合作开发，同时收获了真金白银：营业收入从507亿元到718亿元再到1 031亿元，2012年首次迈入千亿房企行列，而伴随营业收入的跳跃式增长，万科归属上市公司的股东净利润也首次突破百亿元大关——126亿元。如今，我们可以看到，后来者如恒大、融创、新城控股和阳光城等诸多房企也在践行着万科的这种模式。

房企进行项目并购或合作开发，其动机大抵包括持续经营的需要，占有资源、遏制竞争对手的需要，战略扩张的需要，未来增值的期望，稳定的利润回报的需要。

目前，房企之间的联合也变得越来越频繁。很多房企发现，卖出了很多房子，仍然没有钱买地。没钱买地，等于没米下锅。因此对于大型房企来说，与大型房企合作可以实现强强联合，与中小房企合作，可以打破土地瓶颈，进军低级别城市。对于中小型房企来说，与比自己规模大、实力强、有品牌影响力的大型房企合作，能够借助后者在土地市场上的议价能力、资金和品牌优势，为自己在日益狭窄的市场中谋得一定的发展空间。

无论是哪种合作开发模式，对于房企来说都可以分担风险，减少资金压力。对于缺地的房企来说，可以通过合作方式，获得操盘权提高市场份额。而对于背负高昂的土地成本的房企来说，邀请其他房企合作，可以缓解资金上的压力。合作开发已经成为房地产行业的"新常态"，也是助力房企冲刺千亿元销售目标的重要经营模式。

（二）策略二：以快周转为根基增强自身造血功能

如果只靠并购或合作开发，没有快速的"消化能力"，则容易造成资源的堆积和重压，导致"消化不良"。因此，快周转所需的"消化能

千亿之路

力"是冲刺千亿元销售目标的必备根基。

我们以快速实现千亿元销售规模的融创为例进行剖析,通过年报数据,对其资金构成和来源进行解读,以寻找千亿房企的资金支撑秘诀。

融创近几年来大量并购的背后,是巨大的资金吞吐。2016年年末,融创的土地储备达7 912万平方米,排在全国房企第六名。通过年报可以发现,2016年融创的并购资金需求总额近400亿元。融创的负债结构如图4-4所示。

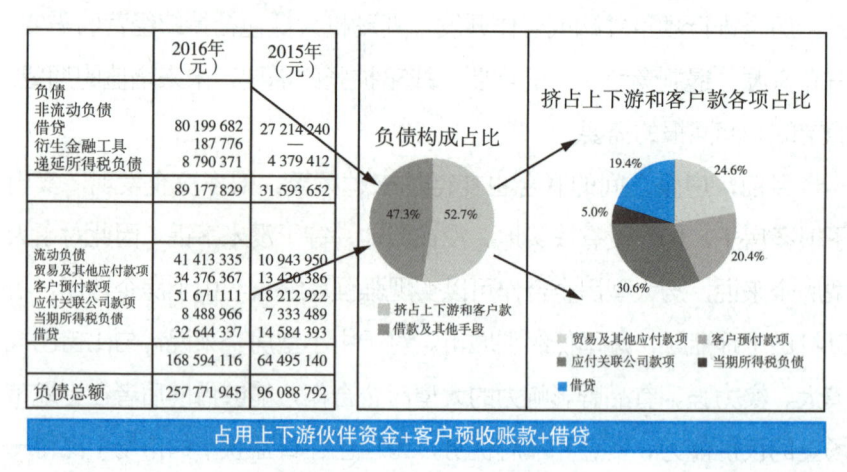

图4-4 融创的负债结构

通过图4-4,我们可以看到在整体的负债结构里,借款及其他手段占比47.3%,挤占上下游和客户款占比52.7%,这个比例远远高出一般的企业。另外,对挤占上下游和客户款的构成进行深入分析可以发现,占最高比例的是应付关联公司款项,其占比高达30.6%;排名第二的是贸易及其他应付款项,其占比为24.6%;排名第三的是客户预付款项,即我们通常所说的销售回款,占比达20.4%;排名第四的是借贷,占比达19.4%;最后是当期所得税负债,占比为5.0%。

从资金来源来看,融创构建了比较良好的生态环境,通过并购或

158

合作开发模式可以大量占用合作伙伴的资金，通过快周转运营模式可以尽量挤占上下游合作伙伴的资金而不会带来过大的风险。

纵观融创运营体系，我们发现快周转已经烙入其基因中。以积极销售为例，在众多房企面对调控而捂盘惜售之时，融创却积极销售，追求资金的回笼。融创在2017年9月的销售额达到430.4亿元，同比增长218%，创造了最好的单月销售纪录。这一成绩与万科、恒大旗鼓相当。在此之前，融创的单月销售额基本都徘徊在200亿~300亿元。

这些年融创一直坚持做好几件事情，第一件事是拿地，第二件事是做好产品，第三件事是做好周转，实现了快速发展建立优势并能很好地控制风险。融创在其快周转模式下占用上下游伙伴的资金并通过快速销售获取客户预收账款，最终为自身提供了52.7%的资金支持。

需要注意的是，垫资或挤占上下游伙伴的资金是当前行业发展存在的一种普遍现象。为打造健康的上下游供应链环境，对于房企来说，打造供应链金融体系是一种有效的支撑手段。

房企开展互联网金融业务最常见的模式便是供应链金融，这得益于地产系平台独特的优势。供应商与房企之间签订采购合同或服务合同，由于结算具有一定期限，在账期内，供应商的运营生产容易出现资金短缺，便产生了应收账款和商票质押融资的需求。

其中，应收账款类融资是目前房地产供应链金融的主流模式。应收账款融资是指在供应链核心企业承诺支付的前提下，供应链上下游的中小型企业可用未到期的应收账款向金融机构进行贷款的一种融资模式。应收账款类融资可分为应收账款直接融资和保理公司应收账款收益权转让两类。

例如，万科投资入股的鹏金所、绿地旗下的绿地广财以及金地旗下的家家盈等，均力图围绕房企打造一个良好的供应链金融体系，为房企的快速发展提供良好的供应链生态平台。

（三）策略三：以借款为主，辅之以多渠道融资

除了通过并购或合作开发模式带来的资源补充，快周转带来较强的消化和造血能力之外，快速获取外界的借款和多渠道融资也是重要的资金筹集手段。

我们依然以融创为例，数据显示，从2010年到2016年中期，融创10亿元以上的融资活动的现金流入主要来自借款（含银行），其次是公司债及优先票据等。

先来看借款。融创近几年都向谁借钱了呢？

（1）银行。如上海银行、交通银行、中国光大银行、中国农业银行，均给融创及其下属企业借过款。融创2016年年报也显示，截至2016年年底，融创共取得银行授信820亿元，尚有530亿元授信额度未使用。在非即期借贷中，融创有抵押的银行借款为311.78亿元。

（2）信托。在融创房地产的还款计划中，大业信托、华润深国投信托、平安信托在列，涉及借款11.8亿元。2017以来，先后有荣享22号（融创团泊湖）信托、融创深圳债权投资信托、安泉109号融创申城信托、融创盈润股权投资信托先后成立发行，合计规模为30亿元左右。这些信托资金使用方均为融创系公司。

除了借钱，发公司债也是主要的资金来源。

融创的数据显示，截至2017年6月，仅其与控股子公司便对外发行了合计250亿元的债券，包括225亿元低成本境内公司债及资产证券化。

(四)策略四：企业债和信托资金作为重要补充

在当前去杠杆的大背景下，银行贷款、债券融资、股权融资，甚至一些地产基金和资管计划等房企的"输血"渠道均受到限制，房企融资规模大幅缩水，融资成本则全面上涨，但是这些手段依然值得每个房企去尝试和突破。

1. 企业债融资寒潮退去，近期逐渐解冻

企业债作为近几年来行业融资的新手段，经历了发展、高潮、寒冬的多个阶段，近期又有逐渐解冻的迹象。

2015年1月，证监会推出了《公司债发行与交易管理办法》，正式实施公司债新政，房企发行公司债的准入门槛被大幅度降低。

在其后的两年时间内，房地产行业公司债的发行规模迎来大爆发。2016年房地产行业共有390家企业发行债券1 116只，总规模为11 303.61亿元，比2015年债券发行数量及规模分别增长84.8%与69.9%，其中公司债作为房企最主要的发债类别，占据了总发行规模的72%，如图4-5所示。

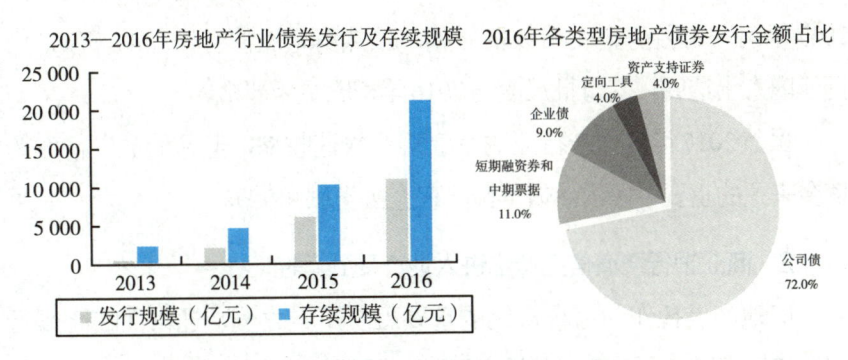

图4-5 房地产行业债券发行情况

数据来源：Wind，明源地产研究院，上市房企2016年年报。

千亿之路

发行企业债成本不高，是房企趋之若鹜的重要原因。据统计，房企发债成本仅为2.9%~8.2%，平均成本为4.6%。据统计，2016年房企发债利率在3.6%（含3.6%）以下的债券数量达到53只，占总债券数量的1/10。一些大型房企的发债利率甚至堪比国债，如金融街2016年10月发布的债券低至2.9%的年化利率，不仅创下了2016年房地产行业发债利率新低，甚至逼近国债的收益水平。

然而在几年的"加杠杆"周期之后，房企的融资大潮正在退去。2016年9~10月，在中央对房地产行业的调控政策下，央行、银监会、发改委、上交所、深交所纷纷出台调控措施，对房企的融资进行了限制。全行业发债量出现断崖式下跌，成本升高，难度加大，不少房企不得不"出海"举债。据统计，仅2016年12月，房企海外融资总额折合人民币162.51亿元，其中债权融资占比57.61%。这个趋势在2017年仍有扩大迹象。

不过，2016年年底全面收紧的房企发债，在2017年下半年有了解冻的迹象。据不完全统计，2017年7月和8月房企共发行公司债和企业债19只，其中包括万科、金地等耳熟能详的房企。这个数目已超过2017年前六个月房企发债数量之和。虽然房企发债有松动的迹象，但据业内人士透露，其审批尺度与2016年相比更为严格。

虽然2017年房地产行业的发债规模快速收缩，但是债券发行作为资金来源的重要手段依然值得诸多房企去尝试和突破。

2. 商业银行绕道信托资金进入地产受到严控

房地产信托作为房企传统的重要融资工具之一，通常面临比银行信贷和债券融资更为宽松的监管环境。因而部分房地产信托成为政策收紧时期房企绕道监管的融资工具之一，使得房地产信托在地产调控中逆势壮大。

第四章　资金来源策略与财务风险控制

从2016年一季度开始,房地产信托新增融资规模呈现上升态势,2016年四季度和2017年一季度,新增的房地产信托均超过2 300亿元。

银监会在2017年第二季度密集下发八份文件,要求严格做好银行业风险防控。例如2017年3月28日下发的《中国银监会办公厅关于开展银行业"违法、违规、违章"行为专项治理工作的通知》(银监办发〔2017〕45号),要求整治信贷资金参与房地产炒作现象,对于违规进入拿地环节、违规发放开发贷、贷后管理不严、绕道借道变相融资、违规发放首付贷等行为进行了限制。4月7日下发的《中国银监会关于银行业风险防控工作的指导意见》(银监办发〔2017〕6号)更是明确表示各级监管机构要重点关注房地产信托业务增量较大、占比较高的信托公司。

2017年二季度,新增房地产信托规模达到2 700亿元,达到历史最高水平,进入三季度以后,房地产信托募集资金规模连续下降。其中,8月份的房地产信托规模为229亿元,相比2017年5月份最高峰的417亿元,跌幅近50%。

虽然2017年第三季度房地产信托募集规模下降,但房地产信托平均收益率仍高居榜首,不过,相比2011年平均收益率接近18%的峰值,却是相去甚远。业内认为这一"赚钱"的传统业务面临转型升级的压力。

此外,需要关注的是,在2017年上半年发行持续"遇冷"的信托型ABN(非金融企业资产支持票据)在2017年第三季度迎来转机。据Wind统计数据显示,2017年三季度以来,市场上共发行13个信托型ABN产品,发行规模合计达210.19亿元,环比增长282%,融资租赁企业所占比例最大,共有7个产品。其合作对象也倾向于评级较高的企

163

业，普遍评级在AAA级、AA+级（信用评级相对较高，以增强资金安全性）。

在过去的几年里，通过银行理财、券商资管、基金子公司、私募基金等通道流入房地产的资金绝大多数为债权或"明股实债"，这类融资目前受到严厉的监管。一些房企和房地产项目开始接受真正的股权融资，而包括万科、保利等在内的大型房企，在项目层面纷纷开展股权合作。

由此，我们可以看到，千亿房企首先应该通过并购或合作开发的模式充分使用合作伙伴的资金，利用上下游合作伙伴的资金，实现快周转，达到快速销售回款的目的。然后通过以借款为主要渠道，辅之以信托、企业债及资产证券化等各种手段，从而保障企业在冲刺千亿元销售规模时有足够的资金。

三、快速调整借贷结构

党的"十九大"报告强调，"依法治国"侧重使用立法手段推进房地产长效机制的建立，而"保障内需"既保障不同群体住房需求，又通过内需带动经济稳定增长；坚持"房子是用来住的、不是用来炒的"定位，加快建立多主体供给、多渠道保障、租购并举的住房制度，让全体人民住有所居。这就意味着房子的居住和投资的双重属性转变为居住和准公共物品的新属性特征。

在房地产长效机制逐步建立的背景下，诸多房企已经意识到调控将成为一种常态，在借贷结构上已经提前做了应对。

以融创为例，2016年其借贷加权平均实际利率由7.6%下降至5.98%。在整体借贷结构中（如图4-6所示），中长期的借贷占比接近90%，这就为融创应对政策调控周期提供了充足的"弹药"支持。

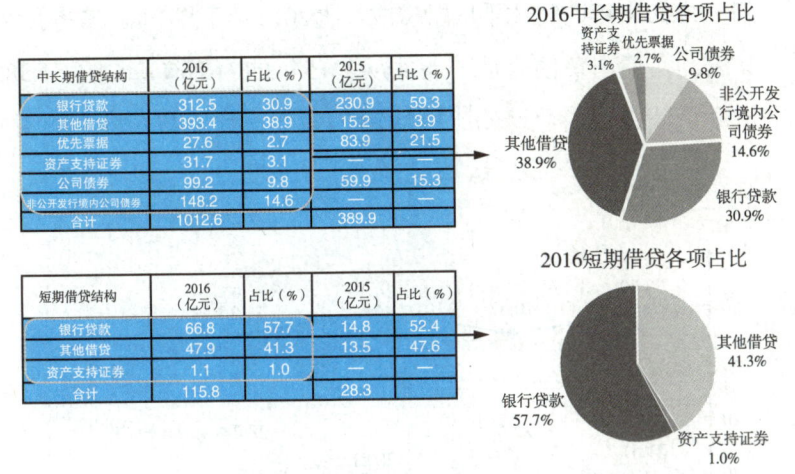

第四章 资金来源策略与财务风险控制

中长期借贷结构	2016（亿元）	占比（%）	2015（亿元）	占比（%）
银行贷款	312.5	30.9	230.9	59.3
其他借贷	393.4	38.9	15.2	3.9
优先票据	27.6	2.7	83.9	21.5
资产支持证券	31.7	3.1	—	—
公司债券	99.2	9.8	59.9	15.3
非公开发行境内公司债券	148.2	14.6	—	—
合计	1012.6		389.9	

2016中长期借贷各项占比
- 资产支持证券 3.1%
- 优先票据 2.7%
- 公司债券 9.8%
- 非公开发行境内公司债券 14.6%
- 银行贷款 30.9%
- 其他借贷 38.9%

短期借贷结构	2016（亿元）	占比（%）	2015（亿元）	占比（%）
银行贷款	66.8	57.7	14.8	52.4
其他借贷	47.9	41.3	13.5	47.6
资产支持证券	1.1	1.0	—	—
合计	115.8		28.3	

2016短期借贷各项占比
- 其他借贷 41.3%
- 银行贷款 57.7%
- 资产支持证券 1.0%

图4-6 融创借贷情况分析

"你要买对地方，买对时间，多借点钱，借可以穿越周期的钱，现在如果有钱的话放到账上别着急花，后面还有机会。"作为融创的掌舵人，孙宏斌在某次公开演讲中这样总结自己的投资逻辑。从其借贷结构上，我们确实可以看到，融创侧重于中长期的借贷，以图穿越周期，从而保障企业的快速发展不受周期波动的干扰和影响。

另一家房企阳光城也是一个很好的参考样本。在土地价格不断走高的形势下，很多公司都将获取土地的目光放到了并购市场，阳光城也不例外。通过在一手土地市场的拍卖和在二手市场的并购，阳光城在2016年共新增近千万平方米的土地储备，而其中超80%的土地储备是通过并购获得的。

2016年，阳光城融资合计高达694亿元（银行贷款295亿元，债券154亿元，非银行类贷款245亿元）。据了解，一直以来阳光城通过银行类开发贷款、发行债券、信托贷款、基金合作等多种融资渠道进行资金筹集。

千亿之路

阳光城2016年的整体平均融资成本比2015年下降1%。值得关注的是，其流动负债占负债合计的比例从2015年的71.26%降到了51.38%，而非流动负债占负债合计的比例从28.74%增长到了48.62%，如图4-7所示。

图4-7 阳光城流动负债和非流动负债的结构变化

目前阳光城的负债结构整体合理，已经按照千亿规模打造组织构架和流程机制，并建立了快周转的商业模式，未来力争将净负债率降至70%。

由此，我们可以看到，房企冲刺千亿元销售目标，在保障充足的资金来源的同时，要注意逐步调整和优化借贷结构，以保障企业在穿越周期的快速发展形势下能够获得充足的资金支撑。

四、有效控制负债风险

房地产行业作为资金密集型的行业，在追求规模高增长的同时，必然伴随着高杠杆，会带来较高的负债经营风险和现金流风险。适度的负债能够使企业获得更多的利润，但在经济变动的环境中，如果企业的

第四章　资金来源策略与财务风险控制

经营状况不佳，资金实力不能保证偿债的安全，过度的负债将会导致财务状况愈加恶化，最终导致现金流的断流。

所以为了企业的不断发展，企业必须保持一个合理的资产负债率和健康的现金流，这也是房企在冲刺千亿元销售目标时需要控制的一个底线。

毫无疑问，快周转能力是避免过高负债风险和保障健康的现金流的核心基础。因此，我们可以理解，为什么在当前调控周期内，诸多房企犹疑不决，而万科、恒大和融创等房企依然在快速销售。

另外，前文谈到的合作开发也是有效降低资产负债率和保障现金流平衡的重要经营模式。以合作项目开发为例，万科早期在内部严格界定了几条红线。

- 资金投入至少降到独立开发的60%以下，在降低资金投入的同时不增加负债，不降低投资收益率。
- 通过控制付款节奏控制合作风险，一定要控制项目的经营管理权。
- 万科参与合作项目的内部收益率原则上应不低于18%，万科的投资收益率应不低于20%。
- 合并报表的时机可控。合作项目资产负债率不高于万科平均资产负债率，合并报表通过万科与关联公司之间、万科与合作方之间转让持有的合作公司的股份来实现。从项目立项起2年内产生利润的合作项目，可合并报表；收购合作方在项目公司中的股权，股权转让价款原则上为原合作方注册资本出资金额。

我们可以看到，无论是哪一种合作项目，万科都要使收购付出的现金仍然掌握在自己手里，为此万科与合作方成立合资公司，并由万科控股。在各种财务数据达标后，万科将合资公司收购，并将其纳入合并财务报表。万科热衷于收购拥有优质充沛土地的企业，以弥补现金流不足；通过真金白银的激励来推动经营现金流的实现。多渠道筹资，为合作开发提供了金融服务。

除此之外，在整体借贷增长之后，资产负债率也不可避免地提升，届时可以采用一些创新的手段来进行调整。融创在进行大规模并购之后，不可避免地带来了资产负债率的急剧提升。那么融创是如何控制资产负债率的呢？

第一，采用永续资本证券进行调整。永续资本证券是在香港发行的一种特殊债券，可以视之为股权或权益，在采用此模式后，融创的资产负债率下降了3.4%（如图4-8所示）。

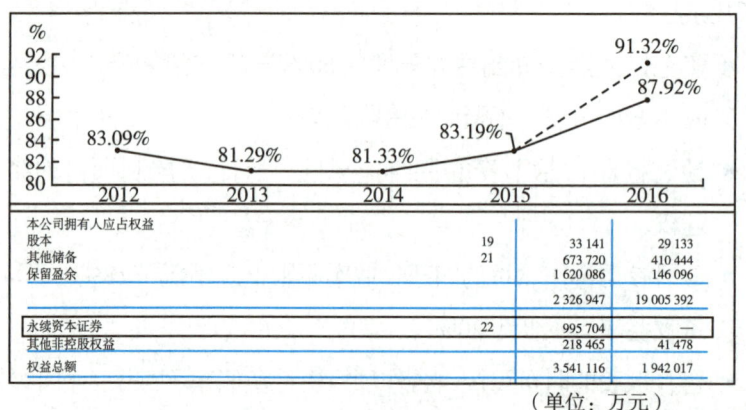

本公司拥有人应占权益			
股本	19	33 141	29 133
其他储备	21	673 720	410 444
保留盈余		1 620 086	146 096
		2 326 947	19 005 392
永续资本证券	22	995 704	—
其他非控股权益		218 465	41 478
权益总额		3 541 116	1 942 017

（单位：万元）

图4-8 融创资产负债率

第二，通过信托模式筹集发展资金。具体运作方式是信托公司设计信托产品，完成募资后，以股东身份与融创进行合作，共同持有项目股份，待时机成熟时，再由融创以收购股权的方式变现退出。

上述经营秘诀就是融创并购的底气。年报显示，2016年年底，融创持有现金520.86亿元，短期借贷326.44亿元，可见融创的现金足以支撑短期负债，借贷风险可控。

第四章 资金来源策略与财务风险控制

永续资本或永续债有以下几个特征：一是没有明确的到期时间或者期限非常长；二是利息水平较高或可调整，时间越长利率越高；三是可以无担保；四是清偿顺序很靠后，仅优先于普通股与优先股。

永续债的发行方只需要支付利息，没有还本义务。由于在核算时算作权益而非债务，同时，永续债的债券性质并不会稀释公司股权，它在很大程度上可以修饰房企的资产负债表，所以很多房企均在阶段性地采用。

善用永续债这种利息前低后高的特点，可以帮助企业快速扩张规模，调节负债率指标，也可以帮助企业在未来调节利润指标。我们以恒大为例进行剖析。

恒大在2016年采用了超过1 000亿元的永续债，对其资产负债率进行了调节，对其规模的扩张给予了支撑，在需要资金加快发展的时候充分利用了债务杠杆，但又享受了相对较低的利率（永续债的第一年）。如果没有高额永续债提供的杠杆资本，恒大近些年快马加鞭的发展就会少了很大的动力。

那么，永续债的风险、市场的担心，该如何化解呢？一靠速度快，二靠规模大。这从2015—2016年恒大的发展速度可以看出来。因为恒大的销售额基数已然很大，一旦销售加速，5 000亿元的销售规模并不难实现，便能轻松地化解永续债的风险。

而当永续债将要进入高利息阶段时，恒大毅然提前偿还。截至2017年6月30日，恒大已按公告完成了全部永续债的赎回工作，共计人民币1 129.4亿元，实现了对资本市场的承诺。

2017年11月，恒大旗下的凯隆置业、恒大地产及其控股股东许家印与6家战略投资机构签订增资协议，共引入第三轮战略投资600亿元，6家机构获得约14.11%的股份。

千亿之路

按照这个比例来测算,恒大投前估值高达3 651.9亿元,而截至2017年11月6日收盘,恒大的市值为3 711亿港元,折合人民币约3 153.24亿元。

恒大这种超高的财务运作模式,在优化债股结构与减少利息支出的同时,也释放了超百亿元的股东利润。

恒大2017年的年报显示,在偿还了永续债之后,其销售利润直线上升。2017年上半年,恒大净利润为231.3亿元,同比增长224%;核心业务利润为273亿元,同比增长249.6%。按照这个发展势头,恒大2018—2020年的净利润目标分别为500亿元、550亿元、600亿元,确实就不难实现了。

由此我们可以看到,为了冲刺千亿元销售目标,房企必须保持一个合理的资产负债率和健康的现金流,除了要善用合作开发、快周转这些"法宝"之外,还要注意采用一些好的创新手段。

五、追求现金流的快周转

对于房企而言,快周转的本质就是现金流的快速回笼。只要现金流能够有效回笼,即使面对较高的负债率,企业的风险仍然是比较可控的。正如某些房企的高管所言:"我们没打算降低净负债率,因为净负债率指标不能完全反映现金流的安全度,而销售额和净负债的比率则更能反映这一点,从这个比率来看,我们的现金流是安全的。"同时现金流的快周转可以认为是企业规模增长的加速器。图4-9是各房企在不同阶段提升资金利用率的关键手段。接下来我们分别展开阐述。

(一)销售规模的倍增模型

在房地产行业中,存在着较大的资金杠杆效应,一般企业都能实现3~4倍的自有资金放大效应,做到极致的企业能够做到10余倍甚至

第四章　资金来源策略与财务风险控制

```
                    销售规模的倍增模型
    ┌─────────────┬─────────────┬─────────────┐
    │ 土地拓展及    │   开发阶段    │  销售及运营阶段 │
    │ 融资阶段      │              │              │
    │ ·地块选择    │ ·摸排开发贷  │ ·开发加速    │
    │ ·前期融资    │ ·优化项目货地比│ ·快速去化    │
    │ ·合作开发    │ ·建立战略供应商机制│ ·回款跟催 │
    │              │ ·探索供应链金融方案│          │
    └─────────────┴─────────────┴─────────────┘
```

图4-9　提升资金利用率示意图

更高的放大效应。主要的理论模型可以参考如下公式：

销售规模＝年资金周转次数×资金杠杆率×货地比×土地首年供货比×销供比×自有资金。

等式右边各项的具体含义如下。

年资金周转次数：指的是自有资金的每年的周转次数，假如项目12个月现金流回正，则周转次数为1，当前较为优秀的企业可以6个月回正，即周转次数可达到2。

资金杠杆率：项目多用股权融资，少用债务融资，一般的融资比例可以达到4（自有资金）：6（外部融资），当然更高的可以做到2：8，对于大部分房企来说1：2.5（1亿元的自有资金撬动2.5亿元的土地）的资金杠杆率是较为正常的数值。

货地比：通常是在项目规划后，整个项目的整体货值和土地价格的比值。在一般情况下，低地价区域的货地比更高，货地比达到2.5是常见的，不少房企在四、五线城市的货地比甚至达到6～7。

土地首年供货比：指的是当年获取的土地进入市场的货值和项目整体货值的比值，快周转的企业可以达到80%甚至更高。

销供比：指的是当年销售额和供货货值的比值，快周转的房企往往追求极高的销供比，大多能实现80%的销供比。

企业如果有10亿元的自有资金，根据上述模型的测算，则能够产

171

生60亿元的销售规模，如表4-1所示。

表4-1 房企销售规模放大模型计算示例

	年资金周转次数	资金杠杆率	货地比	土地首年供货比	销供比	自有资金	理论销售规模
数据	1.5	2.5	2.5	80%	80%	10亿元	60亿元

在不少快周转房企中，上述模型的各项系数会更大，放大效应会更强。同时为追求更大的放大系数，不少房企会在拿地、开发、运营等环节采取针对性的措施，降低自有资金的占用，提升资金的周转效率。做到极致的企业这个放大系数会超过10。

（二）土地拓展阶段降低资金峰值

在土地拓展阶段，千方百计地调动资金资源降低自有资金的占用是房企经常思考的问题。往往有三种典型的做法来降低自有资金的占用，分别是地块选择、前期融资、合作开发。

1. 地块选择

根据上市房企的年报数据显示，在过去几年，房企的规模增长和企业的利润率成反比，比如利润率高的房企在过去几年时间其复合增长率往往为20%左右，利润率中等水平的房企其复合增长率为25%~30%，而低利润率的企业，其复合增长率约为40%。可以说土地的选择成为现金流管理中最受到关注的一点，房企的普遍做法是在选择土地和合作项目的时候，尽量选现金流能够快速回笼的地块。

在规模增长的过程中，如果拿到的地块都是城市更新项目、超大地块、地王项目，显然现金流回流速度是相当慢的。因此对于在冲刺千亿元销售规模的房企而言，在地块获取方面就应该建立一定的标准。某些规模快速增长的房企在地块获取方面会明确一些原则，比如F企就要求拿地后的3～4个月能开工,收购符合快周转标准的项目。比如B企和Z企都约定尽量去获得现金流在12个月能够回正的项目。再比如主要在一、二线城市开发的Y企,提升开发效率是其提速增效的最重要的手段,现金流回正周期从24个月提升到16个月。

房企对于获取的地块结构也需要做出考量,比如平衡现金流项目、平衡型项目、利润型项目、战略型项目的占比。在房企冲向千亿之路时,适当地放大现金流(快周转)项目的占比,有企业就约定在未来新获取的地块中快周转项目的占比要超过50%。同时也需要针对性地建立项目成功的评价标准:对于利润型项目,税前成本利润率的重要性更大;而现金流项目则现金流回正的周期显然会更为重要。另外,在行业当前广泛追求规模、疯狂拿地的背景下,高利润型项目在市场上出现的数量较少,争夺的企业也比较多,房企获取这种地块的概率较低,而低利润型(现金流)项目在市场上出现的数量较多,房企获取这种项目的概率也较高。

需要说明的是,高利润型项目往往指的是成本利润率高(比如大于25%)、现金流回正超过两年的项目。现金流项目往往指的是成本利润率低(比如小于等于10%)、现金流回正周期在12个月以内的项目。总的来说,在地块选择上,房企可以关注现金流回正周期、现金流项目占比、不同类型项目的动态平衡。

2. 前端融资

在土地融资过程中,房企通常动用较高的资金杠杆,比如使用前端融资,获得外部资金,常见的土地出让金的配资比例(自有:配资)一般为5:5、4:6。甚至,在还没成功拍下土地,只是在参与竞拍要缴纳竞拍保证金时,就有机构或个人为房企融资。更多的房企在遵守法规的前提下展开多种创新,强化前端融资,放大杠杆率。

千亿之路

不管是前端融资还是开发贷均会受到外部因素（特别是政策因素）的影响。针对此类影响，大多数房企自主权较小，难以发力，但是通过多种渠道获得前端融资，降低自有资金峰值仍然是它们冲向千亿之路的重要手段。

3. 合作开发

合作开发是当前房企放大企业规模、降低自有资金投入的重要手段，从数据来看，前50强房企中每一家都在推动合作开发，同时大部分房企的合作开发呈现出持续增长的趋势。众多千亿房企合作开发的项目占比都超过50%。

合作开发的本质是多用合作方的资金来支付前期的土地款，甚至宁愿多牺牲一点利润。主流做法有三种，第一种是降低项目资金投入比例。比如有企业就明确提出：与土地方合作、联合竞买时，应当将企业投入的资金降低到独立开发的60%以下，信托的合作应当将企业投入的资金降低到50%以下。第二种是优先考虑与土地方的合作模式。与土地方的合作，一方面可以降低企业的资金投入，另一方面可以通过合作获得优质土地，甚至有龙头企业在与土地方合作时明确提出企业不出资金，只负责开发与销售，同时获得销售规模的增长和利润的分成。第三种是通过控制付款节奏控制合作风险。主要通过设定付款条件加以控制，即合作方完成特定工作，如拆迁交地和取得某项权益（如取得土地证）作为付款条件，并同时考虑付款比例和付款时间间隔，而不是简单地以时间作为付款条件。

（三）开发阶段积极进行现金流策划

在获取土地后，将进入项目开发阶段，这个阶段的重点是围绕项目进行策划，尽量推迟开发阶段的款项支付，并采取手段加速现金回流。其中涉及四个典型方式，分别是摸排开发贷、优化项目货地比、建立战略供应商机制与探索供应链金融。

1. 摸排开发贷情况

开发贷是房企可以获取的较低成本的资金来源，需要尽可能提前考虑。比较常见的做法是，提前摸排当地银行的开发贷发放意向。摸排应该涵盖如下内容：融资金额、融资利率、担保方式、审批权限及流程、操作实现、贷后监管等。在融资利率方面，一般全国性银行都会在基准利率的基础上上浮30%左右，一些地方会上浮50%以上。在审批权限方面，当地银行往往需要在总行或者一级分行（省行）审批，县级和市级的支行通常只有申请权。同时，当地银行都会要求总对总的授信额度，要求较高。

通过提前摸排可以提前做出相应的对策，并结合财务要求做出是否进行开发贷的决策。当然，房企还要加快"五证"的办理，如果是合作项目则可以利用合作方的资源尽快获得国土证，以尽快获得开发贷，降低自有资金的投入。

2. 优化项目货地比

项目的货地比在拿地阶段就已经基本确认，在开发阶段，重点是围绕销售做项目的开工铺排（首开房源和第二批房源）和产品定位。在房地产领域，追求利润的项目和追求现金流快速回笼的项目做法可能有很大区别，这里主要介绍现金流快速回笼的典型做法。

确定首开货值：快周转项目往往都会强化首开货值的设置，普遍要求首开的货值必须覆盖土地价款或者覆盖项目的资金峰值，以保证项目的现金流（含融资）能够更快地回正。

确定首开产品：首开产品的规划必须要结合资金回正、开发建设的速度、去化能力来进行选择。因此在实践中，快周转的企业往往都会将高层产品作为首开产品。第一，高层产品总价低，单价也低（相对而言），在销售方面能够实现更快的去化；第二，高层产品货值比较大，建几栋楼就能达到较高货值；第三，洋房产品可以放在续期以实现更高溢价。但是将高层作为首开产品的开发速度相对较长，因此房企都会在土地获取、产品标准化方面发力，为项目预留充足的开发时间，如尽量不建地下室，外立面相对简化，以提升整体开发效率。综合来看，房企要围绕开盘快、销售快、货值足来定义自己的首开产品。

确定续期间隔：续期（第二批）供货的节奏也是项目策划的重要内容，降低第一批和第二批供货的间隔周期是快周转的重要环节。典型房企明确提出"1、2、3"的要求，即第二批最好在第一批开盘后一个月内推向市场，一般情况下两个月内推向市场，底线是三个月。这种做法和企业的目标是相符的，利用快速的推盘节奏，以及前期的客户资源，加快回款，获得现金流并投入下一个项目。高利润型项目往往不会采用这种推盘策略。

综合考察去化率、回款率：在2010年前后，房地产行业在去化方面相对来说比较保守，往往会设定几个去化指标，比如40%、70%、95%的去化率，去化的时间间隔会达到1～2年。随着行业周期变短，城市轮动加剧，更多房企强调快速去化，因此我们经常会看到房企的考核指标中会明确一周去化80%，一个月去化95%，甚至有些房企要求连车位、商铺都要达到95%的去化率。在回款比例上，也会明确提出相应的指标。高去化率、高回款率的背后都是加大现金周转、获得更多的投资机会、降低现金流流动性风险的需求。

综合而言，开工铺排、产品铺排是加速现金流回笼的主流做法。首开产品货值、产品去化率、产品回款率的要求可以通过如下公式进行循环对比测算：

（首开产品货值×产品去化率×产品回款率）＞资金峰值×资金年化利率

3. 建立战略供应商机制

通过建立战略供应商机制，一方面可以让房企的开发效率和品质得到提升，更重要的是通过战略供应商的阶段性支撑，能为房企在冲向千亿之路时降低前期的资金支付。主要做法有几种：培育施工单位形成战略合作，要求开盘前施工方垫资；修订合同，将付款条件商定为按照节点付款，付款与计划节点绑定，节点与预售形象正相关。其本质是尽可能多地寻找战略合作供应商（能垫资的供应商）。

4. 采用供应链金融方案

尽可能多地利用供应链金融方案降低开盘前的资金支付，也是不少房企加速现金流回正所采用的手段。比如某房企内部在尝试采用供应链金融方案，要求100万元以上的工程施工合同均采用供应链金融进行支付。这种方式能为多方带来相应的好处，比如对于房企而言，可以拓宽融资渠道，优化财务结构，降低融资成本；对于施工方（供应商）来说，应收账款能够快速变现，能够获得充裕的现金流；对于项目公司而言，可以延缓账期，优化现金流，更快地实现资金回正，从而获得跟投收益。在一般情况下，施工方没有采用供应链金融方案的动力，需要房企来推动，同时房企也需要承担因此产生的费用。

（四）销售阶段回收现金

房企的开发策略最终都是要实现资金的快速回笼，而这个目标的达成主要涉及三个方面，即开发加速、快速去化、回款跟催。以下逐一进行介绍。

千亿之路

1. 开发加速

要实现资金的快速回笼,首先要解决的就是开发加速的问题,只有更快开工、更快开盘才能更快地进入销售环节。从我们对典型房企的访谈来看,提速增效是它们典型的诉求。目标都是以提升开发节点准点完成的能力,来提升项目的开发速度。在实际操作中,提升开发效率主要涉及五个方面的工作。

第一是工作前置:拿地前就完成产品定位和概念设计工作,比如在方案设计完成后(或同时)就推动展示区的设计工作;将土方提前开工,综合管线施工前置等;提前储备合格的供应商资源,降低招投标所需工期。综合而言就是在开发过程中挖掘各专业线工作前置的可行性,从营销、设计、报建、工程、采购方面分别展开。

第二是并行推进:总包单位招标与施工图纸设计同步进行;展示区方案设计与概念设计同步进行;部品部件材料定样与扩初设计同步进行,扩初设计完成,部品部件材料定样完成(样板段施工的需要)。

第三是压缩周期:比较典型的做法是压缩施工图的设计周期,压缩招投标的周期,等等。

第四是简化决策:将原来需要总部决策的工作大幅度下放到区域(城市)公司,当然前提是下级公司要具备总部认可的决策资源和能力。当下级公司不具备决策资源和能力的时候,总部可以采用集中决策和帮扶的方式协助下级公司逐步完善。由此降低因为"两上两下"——下级公司上报,总部打回调整,下级公司修订,总部批准执行而造成的时间浪费。简化决策主要集中在设计领域及招投标领域。

第五是计划强控:建立完善的分级计划管理机制,通过关键节点强控、PDCA(计划、执行、检查、处理)巡检、计划量化考核、工期标准等方式来实现计划节点的准点完成。

2. 快速去化

快周转的真正难点在于快速去化，这是行业的普遍观点，因此从本质上来说，企业必须以销售为中心推动去化工作。其中精准营销、快速储客、快速销售、正向激励、追加投入都是实现快速去化的典型措施。

特别是在营销的正向激励方面，不少房企设立了多种营销措施，提升销售顾问的工作积极性，比如某千亿房企的销售专项奖就达17项之多。另外在去化率上，很多房企也追求更高、更快的比例，比如有千亿房企明确：开盘三天去化率要达到60%以上才能获得销售奖金，一周的去化率超过80%有额外的奖励。整体而言"加大销售投入，高佣金、高激励，确保先人一步销售并回笼资金"已经成为很多冲刺千亿元销售规模的房企的共识。有些房企明确提出：营销费多一个点，资金回正早一年，内部收益率提升30%。此时需要房企进行衡量，究竟是获得更高的利润符合其战略要求，还是获得更快的周转符合其要求。

3. 回款跟催

销售签约额只是一个数字，回款才真正影响到现金流，同时销售回款是最便宜的融资渠道，因此回款管理成为项目运营中最受关注的一环。因此众多房企都在采用各种行动提升回款率，具体措施见第七章，此处不再详细展开。

综上所述，现金流对房企的规模增长有着非常重要的作用，对于房企而言需要重新定义现金流管理的意义。目前，各个房企都在千方百计地提升现金流回正周期，并制定各种策略来完成。这些策略主要涉及三个方面：一是通过把项目做快，做完一个项目后，项目团队可以快速地进入另一个项目；二是通过收回公司（股东）的投资，再使用自有资

千亿之路

金去投资获取一个新的项目；三是通过项目现金流的贡献，再去获取一个新的项目。

从整体来看，扩大外部资金来源，改善运营获得自有资金的内生能力，是房企实现以较少自有投资获得更大货值（规模）的重要举措，其中，项目现金流管理能力的高低决定了房企规模增长的速度。在冲向千亿之路的历程中，房企需要平衡现金流项目和利润型项目的比例，也要结构化地培养不同类型项目的开发与运营能力，更要在项目开发中围绕快周转项目建立相应的评价指标和运营模型，以及加强利润型项目的运营能力。

六、小结：风物长宜放眼量

从目前来看，房企要冲刺千亿元销售目标，在超出想象的长周期调控情形下，其在融资和风险控制方面都会受到严峻挑战，尤其是银行信贷收紧对房企的影响。

结合当前房地产行业的发展，以及从调控政策下的相关数据来看，房企需要注意如下几点。

- 扩大合作开发的规模，无论是哪种合作开发模式，对于房企来说都可以分担风险，减少资金压力。合作开发是助力房企冲刺千亿元销售目标的重要经营模式。
- 化解财务风险，避免民间借贷等各种低效率、高成本、高风险的借贷模式，防止企业陷入盈利不足以支持资金成本的局面出现。
- 需要不断地进行金融创新，利用好市场的融资工具，进行低成本、低风险的融资。
- 提前调整负债结构，多借能跨越行业调整周期的钱。
- 在业务运作上，坚持快周转运作，坚持现金为王，加快应收账款的回收和现金流管理工作,关注经营活动现金流的异常情况。
- 冲刺千亿元销售目标很重要,但始终要谨记,风物长宜放眼量,生存是首要的任务。

第五章

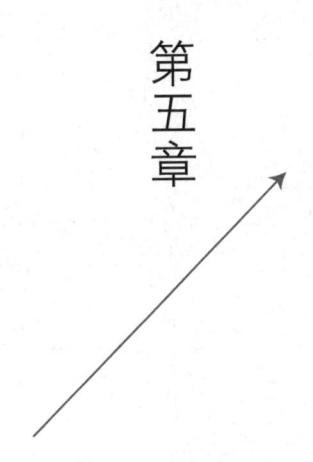

标准化助推千亿跨越

纵观房地产行业,那些率先走上千亿之路的房企,无一不是在"标准化"领域有着非常深厚的造诣。对于房企而言,要走上千亿之路,必须解决企业"标准化"的全面落地,否则,即使达到千亿元的销售目标,这个"千亿"也就只是一堆业绩数字的叠加,并不能产生真正的规模效应,企业最终也必然会被各种经营管理问题拖垮。接下来我们从目标识别、标杆分析、洞察挑战、规划路径、保障有力共五个方面来分别进行阐述,如图5-1所示。

图5-1 标准化的五大要点

千亿之路

一、标准化是房企的发展利器

对于房企而言，一直以来就存在两类典型的开发战略：一类是机会主义导向下的差异化开发战略，另一类是战略导向下的标准化开发模式。在房企的起步阶段，企业的品牌影响力不大，整合土地资源、资金资源、供应商资源的能力较弱，对客户、产品的理解水平也处于起步阶段，必然导致房企只能是哪里有地就去哪里。这个时候，房企奉行的战略就属于典型的机会主义导向下的差异化开发战略。

在这个阶段，因为项目差异大，每个项目都要经历几个月的设计周期。而每次的设计都不一样，导致了大量的设计变更，工期和成本都难以得到有效的保障。而因为项目差异大，所以集中采购有名无实，不仅没有规模化降成本的优势，还导致大量的不合格产品的出现。因为客户不同，定位不同，新推出的产品可能面临销售困难的局面。所以，当项目多了之后，管理层就会陷入各种方案讨论、会议争辩之中，容易出现工作反复、效率低下、扯皮推诿、难以考核等问题。这也是非常多的房企日常工作千头万绪、问题层出不穷的关键原因。

在项目多了、规模大了之后，战略导向下的标准化开发战略就越来越受到房企的青睐。房企推行标准化的开发模式，需要明确几个产品系列，并形成每个产品系列的产品标准，继而通过运营管理的标准化，将产品标准落实下去，在全国层面展开"复制"。这样，房企就能够实现产品统一、设计统一、管理统一、营销统一，项目的开发风险就会变得可控。在此基础上，同时开发几十个、上百个，甚至几百个项目，也会变得相对轻松。

正如恒大主席许家印所说："我们相信，产品线越少，标准化程度越高，集中采购和招标才有实际意义，才能降低成本，实现规模效应。"

我们可以看到，最近这些年，恒大的绿洲、华府、金碧天下等几个产品线，在二、三、四、五线城市进行了非常简单、纯粹的复制，进而推动了恒大整体业绩的飞速提升。

接下来，我们从几个方面来简单谈一下标准化对房企的价值。

（一）能够快速适应房地产市场的发展节奏

房企如果能在市场上推行自己的标准化，一定是在不同城市、不同客户群体、不同政策环境下，在自己的项目开发策略、产品定位、整体方案经受了千锤百炼之后，真正总结提炼出适用于不同城市、不同市场、不同客群的产品方案。不少典型房企，已经提炼出适用于全国不同区域的适配标准化产品，这样就可以在项目前期极大地减少方案决策的工作量，真正能够做到快速占领市场、快速推货、快速收割。

（二）可以提高资源的持续获取能力

房企一旦建立了自己的标准化体系，整合多方资源也会更加容易。第一，可以历数过往同类型项目的成功开发经验，提振地方政府的信心；第二，也可以通过标准化，大幅增加战略合作供应商的业务合作体量，更容易整合到实力强劲的优质供应商；第三，通过标准化，还可以降低对"特殊高级人才"的需求量，房企可通过内部培训来发掘学习能力强、执行力强、岗位胜任度高的员工，让房企在快速发展的过程中形成的"人力资源"真正支撑企业的快速发展。

（三）可以保障企业内部协同作战的能力

对于没有推行标准化的房企，在全国各地的项目上问题会层出不穷，从而导致房企的内部协同作战难度非常大。一旦推行标准化，便可通过运营标准化解决内部专业协同的问题，通过产品标准化大幅减少方案、采招、施工的内部协同决策点，通过流程和制度标准化，解决总部与各区域之间、不同专业线之间的协同作业、管理决策的标准，真正做到一加一大于二。

（四）可以形成持续不断的总结和学习能力

标准化执行很到位的房企，一般都是本着"一切皆可标准化"的思路来推动企业的管理体系的建设。这就要求房企各管理人员要不断地总结和学习，总结过往的成功开发经验，总结过往的成功户型，再向全国层面推广。同时也要总结项目的失败教训，让全国各个项目都可以引以为鉴。

随着沉淀的知识越来越多，房企的开发经验也越来越多，房企的标准化覆盖的程度也会越来越高。将各项流程标准化之后，再来追求新的创新。这样持续运转下去，房企各方面的实力一定会得到长足的进步，体现出来的结果就是房企的产品能力、销售能力、服务能力都得到了大幅的提升。

（五）使项目开发全面驶入安全航道

如果没有标准化，每次新进入一个城市，新拿一块地，都要从无到有地研究市场，再通过多轮的研讨，明确项目的定位。这种决策对于房企而言，一是决策周期长，二是决策风险大，因为即使经过多轮的研讨，其产品及方案还是没有得到市场检验。

所以，如果房企基于"土地、产品、客户"的客研体系，结合自身多年来的开发经验，对应该拿什么样的土地，适合哪一类的客户群体，适合做什么样的产品，以什么方式进行销售收割等，都进行了很深入的研究并予以固化，总结提炼出适合自己的标准化体系，就可以真正使项目开发驶入安全绿色的通道，就不用再担心拿错地，不用再担心方案不成熟,不用再担心没有合适的供应商,也不用担心产品建好卖不出去,最终做到高枕无忧。

二、不同房企的标准化实践

对于已经迈入千亿"殿堂"的几个典型房企而言,无一不是先在标准化上取得了卓越的成就之后,才开始全面加速,规模不断扩大,进而获得了更高的市场地位。我们先简单看一下几家典型房企的标准化之路。

(一)恒大的标准化之路

恒大赖以成名的是"以标准化为核心的郊区大盘开发模式",该模式以标准化运营为战略导向,建立了六大标准化体系,分别是:拿地标准化、管理标准化、材料标准化、营销标准化、产品标准化和户型标准化。

(1)拿地标准化:恒大形成了标准化的土地选择标准,土地储备以高增值的土地为主。对新项目的选择,实施统一的选择标准,即项目区位、项目规模、项目定位、项目现状的标准化。同时也可以确保新项目符合集团的发展战略,保证项目未来开发的成功率,最大限度地降低了决策风险。恒大大部分项目的规模为50万~200万平方米,此类项目最适宜规模化滚动开发。而且恒大的项目一般都坐落于城市升值潜力大、住房需求上升的优质区域。在城市选择方面,恒大看好经济实力较强的二、三线城市,是中国最早进入二、三线城市的房企。

(2)管理标准化:恒大的管理标准化体现在两个方面,一方面在地产开发板块的各个专业线,建立了业务标准化,依托于恒大的产品标准化体系,对开发作业进行了全方位的标准化;另一方面,恒大致力于打通房地产开发上下游的各个环节,并将这些环节的作业流程进行全面的标准化，有效地降低了开发成本，为项目的高性价比打下了坚实的基础。

（3）产品标准化：为了适应于全国不同市场的客户需求，恒大通过多年来的实战经验，沉淀了久经市场考验的五大产品线——恒大金碧天下、恒大华府、恒大城、恒大名都、恒大绿洲。其中恒大金碧天下主要打造城市外围的万亩超级大盘，是综合旅游、度假、商务、居住为一体的优质项目；恒大华府主要打造繁华都市中心区域的顶级豪宅项目，设计有私家空中花园、空中别墅等超豪华产品；恒大城主要打造城郊结合地段不同规模的中、大型豪华住宅社区；恒大名都和恒大绿洲一般打造的是坐拥不可或缺的天然美景的城区、城郊项目。

（4）材料标准化：基于规划设计的标准化，恒大实现了材料使用的标准化，在建筑工程、园林工程、配套设施工程及装修工程上，都大批量地采用标准材料，有效地保障了供货速度，加快了项目的建设进度，保证了产品质量，最终也缩减了建筑安装成本。

（5）营销标准化：恒大对于开盘销售的全国所有的项目均制定了统一的标准，通过"园林实景+准现楼+精装修"的发售模式，以真实的现场环境展示企业实力与产品品质，以确保获得更高的销售率和销售价格。

（6）户型标准化：恒大通过多年的市场积累，还沉淀了上千个户型方案，各区域的项目可以根据所属区域、不同的项目定位以及竞品情况，灵活选择适合的标准化户型组合。

（二）B企业标准化之路

B企业1992年成立于广东，2007年上市，2013年大踏步迈入千亿房企阵营，2016年其销售额突破3 000亿元，2017年的销售规模更是突破5 000亿元。一直以来，严格执行"标准化"是其快速做大的关键原因。我们从公开资料可以得知，其标准化主要体现在以下几个方面。

（1）拿地标准化：B企现在推行的土地拓展的刚性原则是必须获得能够成就共享的土地。而成就共享有两个方面的要求。一方面是现金流的要求，一年内自有资金投入全额回笼，回笼资金大于自有资金投入与年化自有资金收益之和；另一方面是利润的要求，要求项目净利润大于自有资金按年折算后的金额。如果新项目不能获得成就共享，相应的区域总经理、项目总经理均会受到处罚。

（2）产品标准化：沉淀"3+2"的产品体系，并且从"户型标准化""建筑立面标准化""结构标准化""水、暖、电标准化""精装修标准化""园林标准化""成本标准化""采购标准化""验收标准化"几个方面，真正将产品标准化全面落地。

（3）运营体系标准化：运营体系标准化主要包括"组织架构标准化""流程制度标准化""模板标准化"三个方面。组织架构标准化界定了四级组织架构，同时也定义了不同成熟度的区域的决策范围。流程制度标准化将企业的各个专业线的作业标准、决策流程都进行了清晰的定义，新进入城市的项目，可以快速复制和引用标准流程，保障项目的开发效率。而模板标准化更是将开发计划的每个工作项的方案、指引、套表、审批表单、作业表单等都进行了标准化，可以帮助新进员工快速上手，也可以规避在作业过程中的不规范行为而带来的各种风险。

（4）客户服务标准化：为了确保项目去化目标的快速达成，如何精准地满足客户对于服务相关的需求，是企业营销端需要重点考虑的问题。有效的做法是将全国的客户服务标准从"交楼标准化""客户满意度标准化""客户反馈标准化"三个方面予以真正固化，并且形成反馈闭环，进一步驱动前端设计、施工等环节的业务改善，不断地提升客户服务质量。

(三)龙湖的标准化之路

龙湖在千亿之路上,一直以来都是以标准化的优秀的产品力、强大的运营体系和优质的服务著称,其独特的"七巧板"运营管控体系,更是名满天下。龙湖的标准化"独步天下",主要体现在以下几个方面。

(1)产品标准化:龙湖很早就提出了产品标准化的"积木"理论,龙湖认为,产品标准化是"标准化的模块,个性化的组合"。龙湖将多年来开发的各种产品业态的经验沉淀,形成了多个产品模块,在每一个产品模块的运作上总结形成了研发、建造的关键品质管控点,并且建立了标准的文档、操作流程,通过模块标准化,供不同区域、不同项目、不同团队借鉴和复制。龙湖的产品标准化主要分为五个方面,分别是"立面风格""园林景观""售楼处""户型""部品"。在龙湖的产品标准化的过程中,还要求各区域在执行产品标准化的基础上,加入一定程度的创新,确保产品标准化的各项内容随着市场的进化而同步迭代,增强龙湖产品的竞争力。

(2)运营标准化:龙湖的运营标准化体系主要分为七个重点体系,分别是"投资决策及收益跟踪体系""阶段性成果管理体系""运营决策体系""进度计划管理体系""成本管理体系""资金预算管理体系""知识管理体系",俗称"七巧板"。在建立了这套标准化的运营体系之后,龙湖董事会主席吴亚军很自豪地对外宣称,龙湖可以在进入一个城市后的15天内快速搭建起自己的经营班子,并且按照公司的运营体系良性运作。也正是有了运营标准化的基础,龙湖才能够走出重庆,开始全国布局,为千亿元销售规模打下了坚实的基础。

第五章 标准化助推千亿跨越

（3）服务标准化：龙湖的服务标准化主要体现在物业服务方面。龙湖的物业服务主要针对系统管理的细节方面，它紧紧围绕客户需求，通过基础服务部门在各个细节方面的精心挖掘，最终沉淀一整套影响行业的服务标准化体系，塑造了其高品质的形象。

三、标准化内涵与实践挑战

通过对典型房企的标准化体系的研究，我们可将标准化主要分为"产品标准化""运营标准化""服务标准化"三个方面，具体如图 5-2 所示。

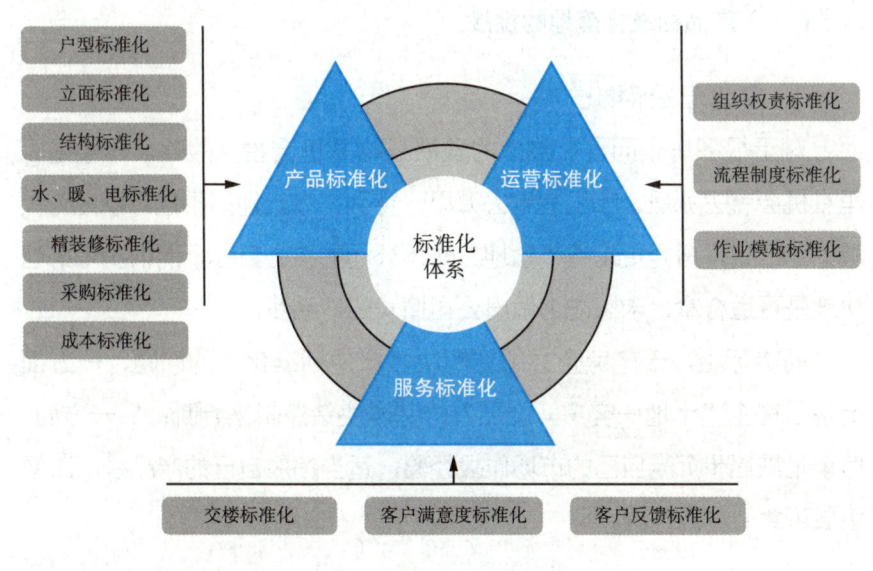

图 5-2 标准化体系框图

其中产品标准化主要包括"户型标准化""立面标准化""结构标准化""水、暖、电标准化""精装修标准化""采购标准化""成本标准化"，从产品、方案、用材用料和成本控制方面，厘清项目的开发思路，可极大地提升开发效率，降低管理风险。

千亿之路

运营体系标准化主要包括"组织权责标准化""流程制度标准化""作业模板标准化"。通过这三个标准化，真正将分工、协同、作业标准进行全面固化，保障企业的执行力，提升工作效率。

服务标准化主要包括"交楼标准化""客户满意度标准化""客户反馈标准化"，将面向客户的最重要的三个场景的工作标准予以固化，强调交楼不出问题，通过客户反馈闭环来不断地优化产品和服务，为项目的开盘销售和二次销售打下基础。

接下来我们重点看一下在房企奔向千亿之路的过程中，这几个标准化面临的主要挑战是什么。

（一）产品标准化落地的挑战

1. 拿地无法标准化

对于很多房企而言，整体的发展战略是机会主义战略，一般是哪里有机会就去哪里，哪里有地去哪里。特别是在土地招拍挂市场尤为火爆的这两年，房企更是将"拿地"作为公司的核心目标，而很少考虑这块地是否适合拿，未来能否做出公司擅长的产品线。

而实际上，千亿房企必须要解决"拿地标准化"的问题，一方面要基于房企"土地—客户—产品"的基本决策逻辑来判断；另一方面，房企也需逐步沉淀自己的市场作战经验，适当拓展自己的产品线，以便拓展可拿地块的范围。

2. 产品标准化是企业综合实力的体现

很多房企意识到产品标准化的重要价值之后，会立即着手建立自己的产品标准化体系，但在标准化的过程中，往往是由设计部门和成本部门主导，其他专业部门和一线区域的参与度非常小，这也是房企在提炼和落地产品标准化过程中的一个关键挑战。

对于房企而言，产品标准化是企业综合实力的一个体现，即房企结合自身的综合竞争力，将成功的项目的关键要素进行提炼，形成自己的产品标准化体系。而不只是盲目地抄袭典型房企的标准化体系，因为这样做的话，就算将典型房企的标准化体系完整地抄过来，由于自身的设计管理水平、供应商管理水平、施工管理水平、销售管理水平并不能支撑此标准化体系的落地，不会带来管理的增值，甚至会引发一系列的管理问题。

所以，产品标准化的前提，一定是企业核心竞争能力的提升。认真做好每一个项目，认真做好每一个产品，用心总结和提炼，将自己对客户的理解、产品的改良、模式的优化逐步固化下来，才有可能形成适合自己的标准化体系。

3. 产品标准化需要随着行业的发展而与时俱进

对于很多房企而言，产品标准化体系从无到有的建设往往不会很难，可以通过"集中战役"的模式予以解决。但是，如何定期总结自身产品的优势和不足，定期根据竞争对手的产品表现，不断快速地迭代自己的产品标准化的内涵，这个工作量往往很大。很多房企往往在建立起自己的产品标准化体系之后，一两年内都没有对产品标准化体系进行大的优化，也不会觉得有什么大的问题。但是，时间长了，这个标准化的劣势就显现出来了，因为竞争对手的产品在不断地进步，而自己仍然原地踏步，市场表现一定会落于人后。所以，这种不迭代的产品标准化体系还不如不要，因为它会极大地制约一线员工的销售表现。

4. 是否有强大的信息化平台支撑产品标准化落地

对于房企而言，标准化的落地有两个关键的环节，一个是总部提炼的产品标准化如何快速地到达一线，另一个是一线员工执行产品标准化的过程能否及时地被总部获知。只有落实这两个关键环节，产品标准化的迭代和落地才真正有了实施的基础。

因为产品标准化涉及的内容包罗万象,包括"户型标准化""建筑立面标准化""结构标准化""水、暖、电标准化""精装修标准化""园林标准化""成本标准化""采购标准化""验收标准化"等,所以总部要确保更新优化的内容能够及时传递到一线,光靠线下作业,基本无法实现。

所以,房企需要有一个强大的信息化平台来支撑产品标准化的落地,只有这样,房企才能形成"提炼标准—一线生产—市场检验—优化标准"的闭环,才能形成有生命力的产品标准化体系,这样的产品标准化才能真正落地。

(二)运营标准化落地的挑战

千亿房企往往并行开发多个项目(这些项目分布在多个城市),项目所处的阶段不同,项目的关键问题不同,如果没有一套强大的、标准的运营管控体系,一定会很大程度上制约房企的规模化。而根据典型房企的运营标准化建设的经验,除了通过产品标准化将企业的大量"高、精、尖"问题直接消灭之外,还需通过运营标准化将运营管理的内容串联起来,而这个标准化的运营体系的搭建,面临以下几个挑战。

1. 缺少匹配企业发展需要的运营管理人才

对于房企而言,往往都会有运营管理的相关机构,但由于核心人才对运营的理解程度和管理水平的差异,房企的运营效果也会截然不同。

在房企迈上千亿之路之前,房企所管的项目不多,一般都会采取强总部、弱区域(或总部决策、区域公司执行)的运营管理模式,这个时候,运营决策的职能主要放在总部,所以,运营管理的核心诉求是懂地产、懂企业、懂业务、懂管理。

而在迈上千亿之路以后，房企管理的项目越来越多，如果仍然采取强总部的模式，房企的决策效率一定会大幅降低，所以必然导致运营决策的职能逐步下放到区域公司，而总部以"经营风控"为主要职责。这个时候，房企对于运营管理的核心诉求是"汇数据、精分析、控风险"。而这个方面，目前在行业内尚属一个全新的课题，亟待房企落实解决。

2. 运营管理的保障机制不够，做不到强激励、强考核

在房企冲向千亿之路时，除了要有标准化的打法之外，还要有强有力的制度保障。很多房企都感叹于典型房企通过"成就共享"全面激发员工斗志，获得企业的长足进步，而很少关注到典型房企对于考核也是极其严格的。在快周转目标达成的同时，由于对公司的标准化政策执行不到位而被处罚的员工比比皆是。

我们了解到，典型的千亿房企，无一不是"奖罚分明"的，不仅有保质保量或超额完成公司目标的"顶格奖励"，还有时执行不到位的严厉处罚。强激励、强考核才是房企运营管理体系落地的关键保障之一，不容忽视。

3. 在运营管理过程中，总部无法有效决策

总部将经营权逐步下放之后，经营的责任也逐步交给了区域公司，所以风险管控的职能就显得尤为重要。而风险不能只靠机制、巡检来管控，而应该靠"经营下放、数据上传"来管控，否则，一定会导致总部对管控的管理失控。

所以，房企应在迈向千亿之路时，尽快着手建立起自己的"经营数据监察室"，真正做到动态监控区域公司的经营情况，确保企业经营"管而不僵、放而不乱"。

4. 缺乏将整套运营体系落地的信息化平台

任何一家千亿房企，都不会只是通过纸质或者线下的方式将管控体系予以落实，而是要通过一整套标准的运营管控的信息化体系，将企业的管理要求、作业标准在体系中固化，在为区域公司的具体业务赋能的同时，也解决了总部整体管理的难点问题。

在千亿之路上，随着经营权的下放，房企的信息化平台的建设思路也需进行一定程度的转变，需要真正从"管控"向"赋能"转变。如果还是按照以前"管控"的思路，不仅会增加区域公司的工作量，还会引发它们的抵触情绪，更会降低作业效率，最终影响整体经营效率。

（三）服务标准化落地的挑战

1. 企业重视程度低

以前的房企对客服不够重视，相较销售、成本、采购等核心业务，客户服务属于"边缘"业务，多数房企甚至没有专职的客服职能部门。"全员客服""以客户为中心"等客户战略对部分房企来讲只是一句口号，只有在出现客户群诉或重大投诉事件时，房企领导才会想起客服，后悔企业没有加强客服体系的建设，然而事后又置诸脑后，让类似的事情周而复始地发生，这对企业的长期发展形成了极大的挑战。

随着典型房企在客服体系上的持续投入，它们完成了客服核心价值从原来的客户满意度向创造客户价值的转变。一方面，好的客服体系能够提升客户满意度，赢得客户口碑，有效地带动二次销售（在部分典型房企的销售额中，客户的重购、推荐占比超过50%）。另一方面，拥有良好的客户经营基础，能够推动房企增值服务的创新与孵化，实现房企经营模式的战略转型提供了试验田。

2. 产品质量问题频现，让服务疲于救火

在房地产行业的快速发展阶段，"楼倒倒""楼歪歪"等质量事故层出不穷，不仅让客服部门疲于"救火"，对客户满意度及企业的品牌形象也造成了无法挽回的损失。

千亿房企如何有效减少产品质量问题呢？一方面，推动质量风险前置管控，利用专项工程验收、多轮模拟验收、业主开放日、交付评估等手段，将质量风险管控由交付阶段提前到施工阶段，有效地规避前段质量风险的发生。另一方面，打造维修服务标准化体系，通过给客户提供良好的维修服务体验，降低质量问题带来的负面影响。通过事前、事后两个机制的结合，将产品质量问题的影响最小化，并将服务资源释放出来，为客户提供更有价值的服务。

3. 基础服务拖后腿

房地产行业的客户满意度已连续多年停滞不前，不少房企在加大客服体系建设投入后，却出现客户满意度下降的问题。究其根本，基础服务（投诉、报修方面）满意度偏低且难以提升是其主要原因。

千亿房企的基础服务与行业的平均水平相比拥有较大的优势（维修服务分，86∶60；投诉服务分，69∶32）。一方面归功于典型房企打造了投诉报修服务的标准化体系，实现了受理—指派—跟进处理—回访—关闭的全流程精细化管控；另一方面通过加强与客户的互动，改善客户服务体验，最终实现客户满意度的提升。

4. 服务标准化需随着客户需求的变化不断更新迭代

对于很多房企而言，通过借鉴典型房企的经验，梳理出一套服务标准化体系并不困难，但落地执行后却发现达不到自己的预期。问题根源在于服务标准化是为客户服务的，而不同的房企，客户群体存在差

异。同时，即使是同样的客户，需求也不是一成不变的。

时代在发展，客户的需求也是日新月异，以典型房企万科为例，十多年来，它借鉴了索尼、新鸿基、帕尔迪的客服经验，如今正尝试借助客户大数据的分析，挖掘客户的潜在需求，其服务标准化体系也随着客户需求的深入研究，不断地优化更新。

以前，典型房企为了解客户需求，通过设置多渠道的反馈途径及与业务紧密结合的回访体系，实现客户反馈信息的采集。如今迈入移动互联网和大数据时代，客户的需求日新月异，越来越多的房企通过搭建线上的服务平台，实现客户线上行为数据的采集，并借助大数据智能分析等技术，挖掘客户的潜在需求，并对服务标准化体系迭代更新。

在千亿房企强调规模化效应及多元化经营的背景下，服务标准化战略通过交付标准化、满意度标准化、客户反馈标准化等手段，有效地规避了产品质量风险，提升了客户的服务体验，发掘了客户的潜在需求，最终在客户对企业品牌认可的前提下，实现了客服价值的兑现（二次营销、增值服务）。由此可见，服务标准化是房企千亿之路发展战略中必不可缺的一环。

四、运营标准化的具体内容和举措

"无规矩不成方圆"，只有将管理流程统一标准之后，才有可能陆续开展后续的产品、服务、质量等标准化动作。运营标准化对于跨越千亿门槛的房企而言，相当于其核心发动机。行业内运营标准化的典型房企是龙湖。在进行快速扩张之前，龙湖花了很大的精力进行内部的管理梳理，并建立了全面的运营标准化体系，为全国布局奠定了坚实基础。运营标准化做得好，甚至可以帮助房企像麦当劳一样实现标准化运作和全国的快速扩张。总的来说，运营标准化对于房企提速增效或跨越千亿

第五章 标准化助推千亿跨越

门槛有如下价值。

（1）总结项目操作经验和教训，规避风险。

很多房企发现，项目做了很多，但每操作一个新项目时，还是会犯曾经犯过的错误。当项目数量增多时，项目经理的操盘经验参差不齐，如果没有标准化的运营体系，很容易犯同样的错误。因此建立运营标准化体系，不断发掘并整合项目操作经验及教训，对于冲向千亿之路的房企来说，是至关重要的。

（2）增强企业在规模上的承载力，确保规模扩大后的风格统一。

大多数没有建立标准化运营体系的房企，一般会将各项目关键标准的把控权交给各个项目总经理，但由于每个项目总经理的操盘经验参差不齐，尤其是当房企规模扩大时，缺乏统一标准的问题就更加明显。因此建立运营标准化体系，确保规模扩大后的风格统一，实现"像麦当劳一样运作"的运营模式，能增强房企在规模上的承载力。

（3）降低人才对企业的影响，解决规模暴涨下的人才瓶颈。

典型的房企如碧桂园、融创、中梁等，近年来其规模暴涨，相应地面临着严重的人才瓶颈。以往的项目运作，基本上都依靠项目总经理或依靠专家，但当规模暴涨后，房企的人才队伍无法跟上，或是在人才流失后，组织能力归零。解决此类问题，需要通过运营标准化体系来提高房企整体层面的专业赋能，从而降低对人才的依附，将人才对房企的影响降到最低。

整体而言，运营管理体系的深度标准化是企业核心能力的体现，只有实现了深度标准化才能在跨区域的发展和规模快速扩张的过程中保持足够的张力，一方面规避管理和管控的风险，另一方面降低了对于高端人才的需求，有利于提升项目的整体开发质量。

千亿之路

（一）运营体系标准化

什么样的运营体系是合适的，如何才能构建吻合企业发展所需的标准化运营体系呢？这是房企管理层心中常思考的问题。从我们的研究来看，在实践中，这种标准化往往体现在两个方面，一个是企业应该如何管理项目？另一个是团队如何做好项目？我们可以通过典型房企的做法，进一步对运营标准化的概念进行诠释，并深度理解其内涵。

1. 项目管理标准化

图5-3是某企业的项目运营管理体系，包含九个方面的管理内容。

- 投资决策及收益跟踪体系：包括论证阶段和后续跟踪过程，主要是帮助房企科学决策降低投资风险，并对项目收益进行跟踪及风险管控。
- 阶段性成果管理体系：通过对项目开发全生命周期的成果进行标准化管理，从而提升项目的运营质量，降低项目的运营风险。
- 运营决策体系：重点是对运营会议体系的梳理，帮助房企明确各部门职责，提高决策效率，规避决策风险。
- 进度计划管理体系：主要是对关键节点计划进行管理，旨在提升项目的运营效率。
- 成本管理体系：主要是对全成本进行跟踪、管理及控制。
- 采招管理体系：实现对采招全过程的管控，例如集采、供应商伙伴管理等。
- 营销管控体系：通过对客户全生命周期的营销管理，实现房企收入及客户满意两大目标。
- 资金预算管理体系：重点是防范风险，提高资金的运营效率。
- 知识管理体系：通过对知识产生、积累、分类及应用等一系列管理体系，实现知识沉淀及复用。

第五章 标准化助推千亿跨越

体系	内容	作用
投资决策及收益跟踪体系	投资论证；项目收益跟踪	科学决策降低投资风险；项目收益控制
阶段性成果管理体系	项目开发阶段划分；项目开发全生命周期成果管理	提供项目运营质量，降低项目运营风险
运营决策体系	运营会议体系（项目管理办公室预案决策会，项目管理办公室启动会，阶段成果评审会，项目管理办公室月度运营会，项目总结会）	职责明确，提高决策效率，规避决策风险
进度计划管理体系	关键节点计划管理；项目全景计划管理；项目专项计划管理；个人计划管理	提升项目运营效率
成本管理体系	目标成本、动态成本的跟踪控制；结算成本分析总结；合同管理	成本控制
采招管理体系	集采管理；合作伙伴管理；采购目录管理；采招过程管理	采招过程管控
营销管控体系	营销过程的管理；客户全生命周期的营销管理；项目收入管控	实现收入、满意客户
资金预算管理体系	项目滚动资金计划管理；月度资金计划管理	防范风险，提高资金运用效率
知识管理体系	知识分类；知识产生、积累、分享、应用	知识积累及共享

图 5-3 某典型房企项目运营管理体系

该管理体系在明源地产研究院编著、中信出版社出版的《房地产项目运营管理最佳实践》（第二版）一书中有详细的讲解，此处不再复述。该管理体系有三个特点：第一个是整个管理体系以项目开发的投资收益作为关键的管理抓手，以项目的投资收益保障为目标，以业务管理为手段，聚焦业务而不拘泥于业务，从投资的本质出发进行项目的整体管理；第二个是围绕项目开发的全过程进行全过程、全方位的管理，针对每一个业务过程都有相应的管理制度和具体的管理办法；第三个是房企建立的完善的信息化系统给予该管理体系有效的支撑，确保该运营体系真正落实到具体的业务中。

2. 项目开发标准化

运营体系标准化的另外一个重要内容是项目开发的标准化，即通过工作指引的方式为集团内的项目开发提供标准化的操作指引，以实现全集团开发流程的相对标准化，提升项目开发的效率和质量。这种标准化有很多表现形式，常见的方式是以开发计划为蓝本，针对项目开发计划中的每个工作编制指引，并提供类似的实践案例的方式。接下来我们以典型房企B企的项目开发标准化为例进行简要阐述。

B企对项目开发的目标是"快"和"好"。"快"就是要快速开工、快速开盘、快速资金回笼；"好"就是要完美开放、完美开盘和完美交楼。具体的指标就是从摘牌到开盘的基准工期为5~7个月，并实现12个月的现金流回正。

在流程上，B企则围绕项目开发各阶段的关键任务建立工作要求和标准，如图5-4所示。B企的开发工作指引围绕项目开发中必须要做好的阶段目标进行展开，并对一线团队提出管理要求，比如在土地获取方面，要求一线团队获取优质土地，并结合企业的开发模式来拿地，确保每一块土地都能做到快周转，都能做到成就共享。在开工方面，B企四位一体做好决策，做好项目的前期策划，实现快速开工（最理想的状态是摘牌即开工，尽量不要因土地闲置而拉长资金占用的周期）。在销售环节则聚焦展示区域，保障展示区域的工期和效果，确保完美开盘，保证去化和资金回笼。

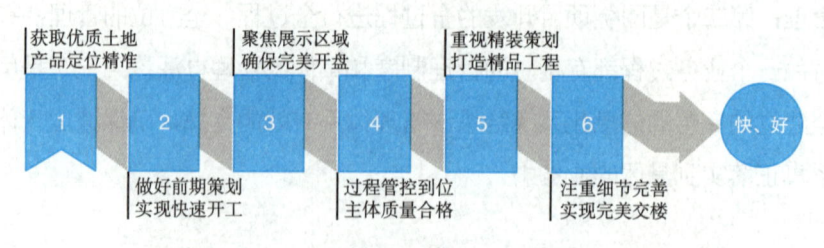

图5-4 项目开发工作指引要点划分

第五章 标准化助推千亿跨越

针对每一个阶段的目标，B企又进一步深化，识别该阶段影响进度的关键任务，并对关键任务进行细化。图5-5是对如何实现快速开工的标准化作业指引，明确了八项工作，以确保实现摘牌即开工的目标。

图5-5 实现摘牌即开工的八项工作

通过对每一项工作进行细分，强调其中的主要目标和关键动作。比如对规划设计前置这项工作，B企明确指出：新项目要尽量选标准化产品或成熟的产品，要把工期短、能快速预售的产品放在首期供货中；销售展示区在综合考虑规划因素外，应该安排在项目最有利的、能马上动工的地方；在同类型的产品中，做到最优；在同等售价的产品中，做到品质最好。具体的前置事项要求和建议包含如下四个方面。

规划前置： 规划方案在摘牌前基本能通过规划部门的预审批；严格按照当地规划要求进行规划设计；尽量提高售建比，减少无法出售的地下室面积。

板房设置： 原则上，所有户型都要设置样板房；别墅板房要根据豪装别墅标准及公司通用标准进行装修；在现场选择景观好的楼层，设置现场板房，并做好首层为架空层的泛会所展示和体验；项目应尽量避免建临时板房。

产品选择：展示区宜采用公司已有标准户型；别墅和洋房要同期展示，同期开卖；展示区中尽量不规划带地下室的洋房产品，以满足同期展示开卖。

物业规划建议：参考物业公司从物业管理和业主角度提出的规划建议，做好出入口、物业管理用房、垃圾收集房的选址及面积的规划等。

通过典型房企的案例可以看到，运营标准化主要包含两个方面，一是项目运营体系标准化，即"怎么管"；二是项目开发过程标准化，即"怎么做"。运营体系标准化可以帮助房企做好整体运营、业务管理、专业协同，帮助企业做好风险防范。而项目开发过程标准化则能帮助一线团队更好地完成项目开发，可以更大可能地降低对高级管理人才、开发人才特别是项目总经理的能力需求，可以让企业用中级或者初级的人才完成项目的开发。在企业规模和管理范围不断扩张时期，房企不单需要运营体系的标准化，也需要开发过程的标准化。

（二）组织与授权的标准化

房企的规模大了，必然要进行分工与授权，第一步就是要解决管理层级与跨度的问题。理论上，一个领导若有超过七个直接下属（管理人员），就需要设置副手或增加层级。房企一旦进入规模扩张阶段，必然面临多项目化与异地化管理，一方面要解决上下级间的组织设置问题，另一方面还要解决公司或部门之间的分工与岗位职责的问题。

在当前的大规模房企中，因为房地产的区域属性，部分房企在有些区域深度耕耘，外部资源、内部的人力资源、决策资源都相对比较充沛；还有一些区域可能刚刚进入，房企的管理成熟度比较低；也有很多城市甚至还处在筹备状态，业务开展的专业度和管理成熟度还没有经过考验。随着"跟投机制"被房企广泛运用，房企的一线团队具有更强的成就欲望，因此也在不断地挑战现有的管理制度，甚至会基于项目开发的目标挑战公司的管理权限，要求更大的授权和更多的业务自由度。

在这样的背景下，传统的组织制度与授权体系会受到较大的冲击，所以房企需要因时而变，不断结合新时期的要求优化相应内容。

通过分析行业中诸多典型的房企可知，目前在组织体系方面的创新及变革，大多数是由于规模差异和成熟度差异而引起的，具体如下。

1. 集团平台化，经营权下放

目前，许多规模型或快速增长型房企，其区域公司的规模体量已经相当于某些房企的总业务量。在这种情况下，为了充分发挥区域的主观能动性，这些规模型或快速增长型房企已经逐步地从传统三级管控体系进化至四级管控体系。

集团层级主要提供资金及资源支持，兼顾一些战略性的业务创新和孵化，已经慢慢地向投资职能衍变。

区域公司成了业务决策主体。集团将相关的拿地决策、开发进度把控、产品定位决策、销售定价决策等都进一步下放，使得区域公司更加灵活，以快速应对市场变化。再加上近年来执行跟投机制，区域公司及业务部门进一步自主决策，同时为自身的收益负责。城市公司层级则对重大关键节点进一步把控，将运营标准化体系进一步落地。事业部层级则专注于项目执行，按部就班地执行标准化体系，确保规模扩大后依然保持统一风格。

2. 根据成熟度差异授予权责并升降级

除了规模体量差异造成的组织管控体系不同以外，房企也需要根据各级组织的成熟度不同，对组织架构设置灵活升降级的管理标准。

"孵化区域或公司"一般只有一两个项目在运作，它们就只能专注于项目执行，相关的业务关键节点都应该由集团来严格把控，例如拿地、定价，以及相关的合同权限都需要集团严格控制，防止其由于管理水平过低导致的业务走样，进而影响企业的形象和口碑。

但如果其公司业务量达到一定规模，即销售额达到30亿～100亿元，则升级为"成熟区域或公司"，集团对它们的业务放权就可以逐步加大，合同金额在100万元以下的项目可以由它们自主决定等。

当其公司业务量进一步增大，达到百亿元销售规模时，这已经相当于其他中小房企的集团业务总量了，则升级为"典型区域或公司"，可以自主决定拿地底价，甚至进行区域内周边城市进入的战略决策等。

当然，有升级标准就有降级标准，如果业务表现不好，就应该受到相应的降级处罚。

（三）业务流程和模板文件的标准化

大多数房企都会有内部的管理制度及流程规范，包括各类ISO（国际标准化组织）标准的审查验收等。但如何将纸面上的制度与流程真正落地，这其中颇有学问。从目前典型房企的做法来看，只有通过信息化平台来辅助实现流程的"PDCA"闭环管理，才能使制度"神马不会成为浮云"。对于大部分房企而言，当销售规模高速增长时，其管理水平很难以同样的速度提升，甚至不少房企由于规模扩张，人才资源不断摊薄，管理层级加大，导致管理水平有所下滑。因此只有通过流程、业务模板文件的标准化，才能提升房企的工作效率。

1. 流程固化、优化、创新

业务流程解决的是什么时间、由什么人去做什么事。当房企的业务流程标准化之后，就能知道每个岗位与人员的工作内容与顺序。标准化的制定其实就是工作细化的过程，重点是做好工作分解结构。第一要考虑工作的先后顺序，第二要适合部门的组织结构和专业分类，第三要严格按照系统设置的流程进行流转。

通过信息化系统将大部分流程固化后，就能实现业务与流程互通，进而管控业务过程中潜在的风险。比如在发起付款流程时，需要看到工程进度相关的数据，如完工量是否到达，是否会造成超额付款。

例如在合同审批流程中，执行人不但可以看到合同本身，还能看到相关的合约规划情况、变更金额等多。合同审批流程还固化了下一步流程的标准处理动作（如是否超目标成本，应该如何处理），有效地实现了业务与流程的互通。

不少房企为了控制业务风险，设置了多环节、多岗位的流程审批节点，但实际却起了相反的效果。以付款流程为例，不少房企需要历经工程部、成本部、财务部，每个部门均需要从经办、主办、经理、总监等层层上报审批，步骤多、耗时长、效率低。而且"橡皮图章"现象时有发生，下级审了上级就批（上级想着下级审过应该没有风险，下级想着上级来批我没风险），结果导致业务风控基本为零。

通过信息化系统，对房企的流程及权限重新进行梳理和优化，去除冗余节点，并采用移动审批的方式，能有效地帮助房企监控流程审批效率，有效地提升流程流转的效率。

2. 业务模板标准化

房企经常会犯同样的错误，如何来规避这个问题呢？房企需要将自身曾经犯过的错误和所积累的经验、教训以案例的形式提炼出来，并学习、借鉴优秀同行的经验、教训和先进做法。将这些内容系统地总结出来，再通过信息化系统形成操作规范，指导"后人"不再犯同样的错误。尤其是当房企的规模扩张后会吸纳大量的新进人才，这些人才需要快速地熟练业务，如果不能有效地指导员工熟悉制度和工作流程，将严重限制团队的成长及业务的开展。

（1）标准化合同模板——降低履约风险的根本保证，为规模扩张保驾护航。

目前大多数的房企都没有设立知识管理中心，甚至没有经验、教训的知识共享机制。表现在合同上，就是没有强制性、标准化的合同范本，致使前任无法给后任留下传承，不同部门、不同项目部之间也不能实现合同共享，耗费了大量的时间和精力，严重影响了工作效率，降低了风险控制能力。

试想如果房企建立起合约标准化，出具统一的、规范的、可执行的合同范本，那么合同洽谈、选择供方的工作效率必将大大提高，合作伙伴选择风险和履约风险必将大大降低，就可以从根本上规避房企在合同方面存在的种种问题。

（2）标准化标书模板——实现快速发标，保障集团统一标准。

如何保证区域或项目公司在运作的时候能快速发标，如何保证在集团内统一标准，实现公平、公正、公开，这些对于房企而言也是非常头痛的问题。这时候，对于标书的模板标准化就显得尤为重要。

以招标清单标准化为例，在对清单进行标准化之后，各区域或项目公司的招标工作的内容就变得一样，即便大型工程也可按企业清单价直接发包。更重要的是，价格变得透明简单，各项目成本也有了横向可比性，使得工程招标更快更好，有利于房企进一步实现提速增效。

（3）标准化供应商库——满足供方多元化、材料复杂化、价格灵活化的需求。

随着行业发展和客户需求的升级，客户对住宅的精装修、绿色科技和智能家居方面纷纷提出了更高的要求，不少房企进军养老地产、文旅地产、特色小镇及物流园区等各个产业领域。在这种趋势下，房企必将面临供应商更加多元化、材料更加复杂化、价格更加灵活化的挑战。房企要提速增效，跨越千亿门槛，就必须面对这些挑战，建立标准化供应商库是应对这些挑战的有效措施。

例如某典型房企Y，就通过明源云采购平台（超过9万家的供应商）进行快速寻源，并梳理出自身所需要的14类材料类供应商库和工程类供应商库。

（4）标准化检查检验——统一检查标准，确保产品质量水平。

在房企扩张规模的过程中，产品质量也是不容忽视的重大问题。在运营标准化体系中，针对产品质量的标准化检查检验，也是至关重要的环节。

例如某典型房企J，建立起集团实测实量的标准，并通过信息化系统将它们一一固化下来，各项目工程师和监理就可对应该标准进行检查。在具体业务的操作过程中，也充分考虑到用户的感受，将各种标准选项展示给客户，并能自动识别"爆点"，便于业务人员快速跟进。

五、整体标准化推动的路径和组织保障

总的来说，房企的整体标准化的推动必须从长远考虑。关注标准化推动过程中的重点和难点，并提供相应的组织保障，才能实现真正有效的标准化。接下来分别从推动思路和组织保障两个方面展开说明。

千亿之路

（一）标准化推动思路

1. 长期坚持、制度保障

对于房企而言，标准化绝不是一蹴而就的，而是需要长期坚持的系统工程。因此，建立满足公司需要的、健全的标准化制度，房企一定要有打持久战的决心，一定要建立长效机制为标准化保驾护航。真正将标准化作业的思路融入一线员工的脑海中，将标准化落实到具体的行动上，真正使标准化成为一种工作常态。

2. 整体规划、分步实施

房企的标准化包罗万象，如果一开始便要打造像恒大、万科那样标准化体系，难度非常大。所以，房企一定要采取分步实施的策略，先将关键的、立即能用的内容标准化，在提炼、应用、优化的过程中快速验证，快速提振自己的信心，再逐步拓展标准化的范围。只有这样，才能真正跑到"标准化落地"的这场"马拉松"的终点。

3. 深入研究、单项突破

标准化的建设和落地，不能等到全面提炼、全面总结后再全面执行，一定要找到关键的单项突破点，以点带面。在这个过程中，让一线员工品尝到标准化的甜头，激发全员参与的热情，再进一步带动其他标准化的建设和落地。这才是切实可行的落地思路。

4. 积累量变、力求质变

房企的标准化，只有经过充分的市场考验，才会显现出威力。一方面自己的标准化经过了市场的千锤百炼，另一方面，标准化的程度和具体的标准也会随着项目数量的增加进一步明确。在技术标准真正成熟之后，房企的标准化成果的应用价值就会越来越明显。

(二)组织保障

对于房企而言,标准化的落地还需要组织层面的具体保障,否则一切都是空谈。从研究案例中我们可以看到,千亿房企都成立了自己的标准化工作小组。

1. 成立标准化领导小组,由董事长亲自挂帅

任何标准化工作的推动,对于企业而言都是"百年大计"。"百年大计"这个词充分体现了标准化工作推动的特点,一方面,它对于房企的未来而言非常重要,它是决定房企能否迈上一个新台阶的关键。另一方面,它也意味着房企现阶段的经营不会有显著的提升和改善,因此房企的一线团队往往对它不太重视。

这种战略级的工作,一定要由董事长亲自挂帅,制定标准化的阶段性工作目标,集中公司的优势兵力,在不影响公司正常运营的情况下,全力推动标准化工作的落地。在成功实施标准化体系的房企中,董事长和总裁会有相对明确的分工,总裁更多负责企业经营目标的兑现,追求更高的规模和效果,而标准化这种更为长期、基础的核心能力的打造则更多是由董事长来完成。不管是万科、恒大还是龙湖,都是由董事长亲自挂帅,通过长年累月的打造,最终形成它们自己的标准化体系。

2. 成立标准化工作小组,各专业线均需参与

在房地产行业内,有很多房企都曾经推动过标准化,甚至多次重启标准化工作,但最终都不了了之。通过这些失败案例,我们可以很清楚地看到,这些房企在推动标准化的过程中,都存在明显的偏颇——基本都是以产品部门、成本部门为主来推动标准化,其他部门很少参与。

千亿之路

通过前文的论述，我们已经很清楚地了解到，一个房企的标准化的落地，其实是房企综合实力的体现，它涉及房企的拓展、设计、工程、成本、营销、客服、物业等各个部门，不论是哪个环节出了问题，最终标准化的落地和执行都会大打折扣。所以，各部门都要参与到标准化的建设工作中来。房企要成立标准化工作小组，以一种虚拟组织的方式，把各部门整合在一起，推动标准化工作的落地。

同时，由于这是一个虚拟组织，所以需要通过以下几点措施来保障工作小组有效开展工作。

- 目标统一、目标绑定。不同的部门都参与到标准化的建设工作之中，需要制定统一的目标，并且都要纳入房企的年度考核之中，这样才能从根本上保障各部门投入的积极性。
- 分工明确、计划清晰。由于有多个部门的参与，不同部门之间的分工一定要清晰，阶段性的计划目标也需要非常清晰，只有这样，才能定期了解工作的推动情况，及时发现实施过程中存在的问题并纠偏，确保专项计划能够平稳推进。
- 定期沟通、实时协同。房企的标准化建设一定是个长期的过程，在推动和实施的过程中各部门不能各自为战，一定要相互之间多沟通。所以，房企需要建立起定期沟通机制，至少每月沟通一次标准化工作情况，确保计划的高效执行。在推动的过程中，房企也要建立起实时协同的机制，确保横向沟通顺畅。

3. 城市公司、项目公司负责人是重要力量

在标准化的组织保障环节，各大房企往往会忽视一股最重视的力量，那就是一线市公司或项目公司的负责人。很多房企花了很大气力建立了自己的标准化体系，但城市公司或项目公司的负责人并不买账，不愿意在实际的项目中应用，因为在他们看来，房企提炼的"高、大、

上"的标准化体系,完全不符合他们的实际情况。

所以,解决这个问题的根本在于,在标准化提炼和建设的过程中,一定要提前将不同区域的城市公司、项目公司负责人纳入标准化工作小组,提前了解他们对于标准化的理解和意见,提前把这些问题想清楚并最终形成可落地的标准化体系。

第六章

重视运营的调节机制

房企运营职能的内涵其实从来没有被清晰而明确地界定,不同房企会有不同的表现。但是普遍来讲,大家都认可运营主要负责三个方面的工作:企业的经营协同,项目运营的标准化构建和计划的运营管理。这三个方面在以前被形象地表达为"线""眼睛""参谋",如图6-1所示。

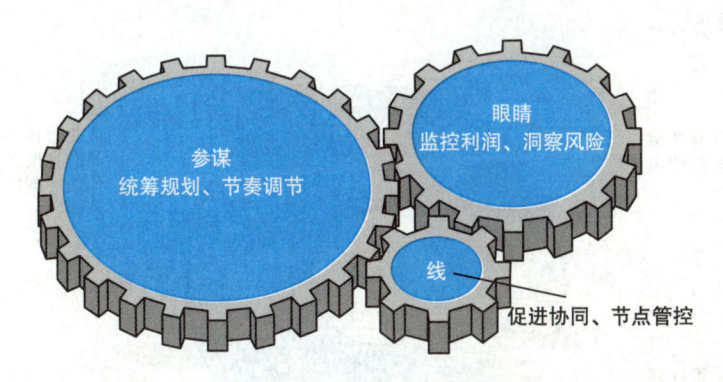

图6-1 运营管理典型职能

随着房企规模的扩大及土地资源获取的散点式分布,房企进入更多区域,随之进入多项目的同时开发阶段,此时不管是资金还是人力,甚至技术、供应商等都将变成各项目共有的资源,如何合理分配资源,如何协同一致保证所有项目目标的有效实现,从而提升运营效率,成为房企面临的新的挑战。

在新形势下,房企的运营定位、分工、工作重心、组织等也必然要相应地进行调整和变化,以匹配高速增长、跨区域、多项目的发展形势。

多年前，人们认为运营是企业规模的发动机、利润的监控者，而随着企业的发展，千亿房企的运营能力不断升级与深化，成为房企不可或缺的组成部分。

一、运营内涵变化

对于大多数成长型房企而言，运营管理正在往企业级的经营协同方向发展。随着企业规模的快速扩张，不管是运营职能的内涵还是外延都有了不同程度的变化，主要表现为集团更多地承担经营协同方面的工作，而城市公司则更多地承担计划运营的工作。房企运营职能的变化如图6-2所示。

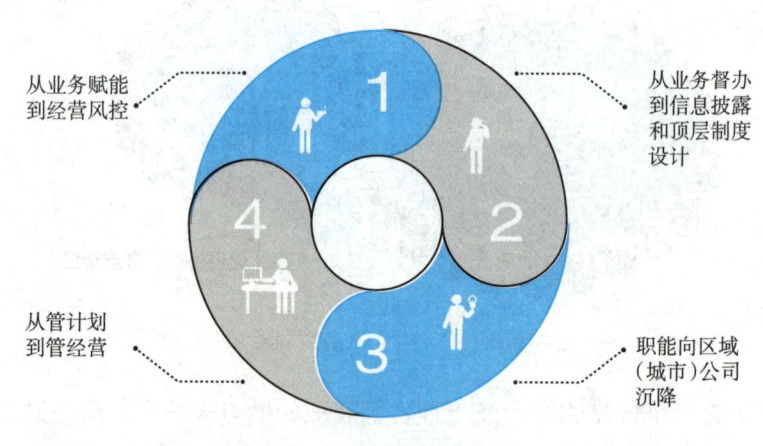

图6-2 运营职能的变化

（一）运营重点从"业务赋能"向"经营风控"转变

在房企的项目运营管控实践中，以往集团总部的运营重点是进行关键节点的管控，并针对具体工作做一些指导，起到的是对区域（城市）公司进行"业务赋能"的作用，例如集团总部会直接针对项目运营从论证、拿地、定位、设计、工程、营销和客服等全过程的关键节点进行管控，对于项目各大环节的关键点会进行严格控制。在管控方式上，对于项目利润和风险最集中的项目价值链前端，从项目论证、项目策划和方案设计到整个利润规划区，集团总部一般会进行直接操作和运营；对于项目的价值链后端，集团总部一般会对关键节点进行管控和审批，对于区域（城市）公司执行有困难的业务环节，集团总部会给予协助，提供专业服务和资源支持。由此，通过关键节点的管控，集团总部得以有效监督和推进区域（城市）公司业务的按时、按质与按量顺利开展。

随着企业规模的增长及跨区域多项目战略的推进，集团总部需要管控越来越多不同区域的项目，管理的触角无法延伸得过长，管理精力越来越不足，同时，区域（城市）公司也需要更多的运营灵活性。在这种情况下，集团总部的运营管控重点必然要从传统的"业务赋能"向"经营风控"转变，也就是说，集团总部要对项目运营的管控进行适当放权，从原来的前端关键节点管控开始放权，让区域（城市）公司直接去执行，集团总部只需要对整个过程的关键节点进行审批、监督和经营层面的风险把控，例如对现金流、利润、产销存、规模、增速、土地储备等经营指标的监控。

（二）从"业务督办"转为"信息披露"和"顶层制度设计"

以往集团总部运营往往通过业务督办的方式，监督和推进区域（城市）公司业务的进度与经营的达标，但在这种依靠外部推力的方式下，区域（城市）公司往往缺乏自我驱动力，导致集团总部的运营管控工作举步维艰。

传统的业务督办模式显然无法支撑房企规模快速扩张的诉求，只有从组织和制度上进行变革，才能激发区域（城市）公司的活力和自我驱动力，快速提升经营业绩。"信息披露"和"顶层制度设计"正是变革的重要方向。

所谓"信息披露",是指集团总部及时收集和整合各区域(城市)公司的全方位信息,将经营数据披露给公司决策层和区域负责人等,通过信息的公开与披露,实现对关键信息点的监控,适时、准确地反映集团的经营管理信息,从而支撑集团决策,对经营风险进行有效管控。要做到信息的及时准确披露,就需要房企进一步提升信息化水平,通过信息系统和情报系统的建设,保证异地项目各种市场和运营的关键数据及时传达到集团总部,提高集团总部的决策反应速度和准确度。

除了做好"信息披露"外,集团总部还需要通过"顶层制度设计"来推进和实现区域(城市)公司各项经营指标的完成,例如通过设计与项目利润分红挂钩的制度,区域(城市)公司自然会节省成本,提升收益。或者通过设计各个经营组织间的结算制度,使各个经营团队重视自身的经营效率。总体上,只有通过顶层制度设计,才能真正激发区域(城市)公司的自我驱动力,有效提升项目运营效率。

(三)传统运营职能将大幅向区域(城市)公司沉降

房企规模的扩大必然相应地带来管控模式的变革和改善。房企要做大做强,必然要从本地走向异地,从区域走向全国,而与之相匹配的组织模式,也从"公司—项目"发展到"集团—城市—项目"三级架构,甚至发展到"总部—区域—城市—项目"四级架构。当房企规模较小或子公司较少时,集团总部一般对子公司实施集权的经营管控,有利于资源使用效率的最大化,提升集团的整体竞争力。

随着房企规模的快速扩大,项目数量大幅度增加,房企管理半径也开始大幅度增长,导致子公司区域分散度大幅提高。同时,区域(城市)公司的销售额也将达到百亿元以上,如果仍然采用集团总部的集权决策,往往造成决策积累,同时因为层级变多,导致决策链条过长，运作效率大幅度下降。因此，集团总部必须将传统的运营管控职能大幅下沉到区域（城市）公司，赋予它们更多的运营灵活性，让它们自行执行，有利于它们根据当地的实际情况和市场变化及时地做出经营决策。

千亿房企普遍要求区域（城市）公司成为决策主体，从而提升其区域的决策能力，在后续的市场竞争中保持活力。集团总部则只需要担负风险控制、信息披露和顶层制度设计的职责，即从传统的运营管控模式转变为战略管控模式。

随着集团总部传统运营职能的下沉，区域（城市）公司必然要承接更多的运营职能，以往集团总部承担的计划管理、进度管理、会议管理、风险管理、目标管理和知识成果管理等职能，转而由各区域（城市）公司自行承担。这就需要区域（城市）公司一方面构建成熟的运营组织体系和打造相应的运营能力，做好开发计划管理和各业务部门的横向协同，保证进度计划的达成和经营目标的实现；另一方面充分承接集团总部的考核目标，并有效地向各项目和各部门分解，也就是说，区域（城市）公司总经理需要将集团总部下达给它们的考核指标转化为各职能部门的指标，并将结果指标进行分解、转化为过程指标，通过各部门指标的完成推进整体指标的完成。

（四）运营职能从"管计划"到"管经营"

集团总部传统的运营管理的主要目标是"管进度"和"控计划"，也就是通过对企业经营目标的分解，形成项目的开发目标，并将开发目标转化为开发节点进行管理，通过对关键节点计划的设定和监控，确保关键节点计划按时完成，例如控制项目在要求的时间点前开工、开盘、交楼等。这种管控模式的特点在于充分聚焦项目开发，强化集团—城市—项目的纵向协同和不同职能部门的横向协同，并通过部门月度计划实现项目计划的有效承接，最终实现开发目标的过程监控，支撑项目快速、高效运营。

集团总部传统的运营职能下沉至区域（城市）公司，从单纯的进度管理转向经营策略的管理，从原来纯粹的时间工期管理转向从管理和经营的视角审视项目标志性事件。这时候，集团总部更多地扮演规模发动机、利润监控者的角色，其运营职能转而聚焦在资源的管理（包括存货量、土地资源）、战略规划的制订、年度经营计划的编制以及经营业绩的分析上，并通过数据的搜集分析、信息的公开与披露，为公司高层决策赋能，进而保障公司利润目标的实现，推动公司做大做强。

总体来讲，集团总部运营的职能要求越来越综合，也越来越需要前瞻性，运营管理视角从"项目运营视角"转为"公司经营视角"，运营管理职能从以前的管"事"转为管"钱"，也就是从原来的聚焦在事情本身、在业务管理方面发力，到现在的聚焦在经营层面，而未来更会进一步上升到聚焦战略层面，甚至要涉及宏观经济环境层面。运营职能转变后的关键词可以概括为如下几个：战略运营、组织发展匹配、节点管控下沉、项目运营标准化、经济发展分析。

二、运营是节奏调节器

房企规模的拓展，对房企的运营提出了更多精细化管理的要求，集团运营更需要从单纯的计划节点管理上升到经营计划与产销匹配管理，并以加快现金流回正作为一个关键目标，优化整个项目运营体系。这种管理体系对数据透明度和过程管理的要求较高，要求运营从经营计划、货值、利润、现金流角度做全面的管理。在实际操作中，房企主要围绕节奏调节和产销匹配来开展运营。

（一）围绕经营做四类调节

在市场层面，大批房企销售模式开始从早期大批量推盘模式修正为"小批量、快周转"的推售模式，以前"多组团、多楼栋"模式渐渐改变为"小组团、小批量"这种"小步快跑"的销售模式。同时，不断测试客户的心理价位，让价格与销售速度的关系更匹配，保证项目利润的实现。另外，这些房企也逐渐构建了更有弹性的经营调节体系，帮助其应需而变，让开工节奏、销售计划等环环相扣，产供销高度匹配，减少大量存货占用的资金和大量闲置的土地，规避现金流风险。

调节城市布局： 对于多变的楼市政策，针对性的市场预测和政策预测越来越难实现，原有的单一区域（城市）发展，会面临极大的挑战。运营的目标是保障企业销售规模稳步增长，而不是今年增长明年暴跌，因此企业运营更需要考虑的是如何通过合理的布局来实现规模的跨越。企业全国性跨区域布局不是愿不愿意的问题，而是被迫进入这种布局状态。运营需要前瞻性地挖掘全国范围内的布局可行性，比如有个高成长型企业将全国的城市分成四个类型：必进城市、积极进取深耕城市、看机会进入的城市和永远不进入的城市。

调节项目策略： 随着因城施策和不同地区市场发展的失衡，单纯地靠单一类型的项目推动越来越难以满足全面增长的要求，房企内部需要从运营角度建立项目运营的策略，为区域（城市）公司获取土地和后续开发提供明确的指引。房企内部必然存在多种类型项目，有些是适合现金流快周转的项目，有些是慢周转高利润的项目，有些是创新战略级的项目，房企需要结合城市能级和企业经营要求，对不同类型的项目制定相应的指引。还有些房企围绕不同的项目策略制定相应的刺激政策，比如围绕再改项目专门制定高激励措施，以便能快速全面地进入热点二线城市的市场。

千亿之路

调节产品类型：前几年刚需产品优于改善型产品，基于刚需产品的中小户型往往成为楼市的热点。随着时间推移，当前在运营层面，房企需要推动客研部门积极识别客户的需求，并在内部制定产品策略，要在原有产品标准化的基础上，推动产品系列的完善。

调节产销节奏：把握产销节奏，强调产（开工）、销（销售与结转）、供（土地储备）的高度匹配，具体表现为对生产计划、销售计划、结转计划的整体节奏把控，最终实现产品和资产的快周转。

（二）以产销匹配为核心

为了实现运营的有效调节，运营部门需要监控货值的产销匹配情况，以便从整体层面监控各区域（城市）公司的经营风险。

实现敏捷运营是产销平衡运营管理的最高境界，其运营的核心是掌握生产与销售（"面包"）、投融资（"面粉"）的关系。明源地产研究院通过对典型房企的研究，认为房企可以重点从如下三个方面进行精细化管理。

1. 做好销售预测，知道"面包"能卖多少

首先，需要对存货的分布状态进行盘点，即分析存货的转化状态，包括土地、已开工未达预售、已达预售未售、已售未竣工、已竣工未售等，对存货按其从土地向产品转化的不同状态进行分析，为生产、营销决策（如制订开工生产、推盘、库存、销售计划等）提供参考，通过环比分析，可以判断存货的状态，保障企业健康运营。

其次，需要对可售资源进行定量分析，进一步掌握可售资源在各区域（城市）公司的分布状态，为生产、营销决策提供参考，并结合行业环境和当地的市场趋势，可以大致判断企业的发展是否与行业走势吻合。

最后，需要对可售资源的结构进行分析。从不同方面对货值进行分析，例如从推出时间、业态、面积、单价、总价等方面，判断可售资源是否畅销、存量情况等，为生产及营销决策（推盘计划、生产计划、调价与定价等）提供参考。

2. 销量决定存货结构，优先满足畅销的"面包"

首先，需要对可售资源的供应与销售计划是否匹配进行分析。结合对未来一定时间（一个季度、半年、一年）的生产供应计划和销售计划进行对比分析，可以直接反映未来一定时间内集团、区域（城市）公司销售计划与可售资源的供应匹配情况，为生产（在建、新开工项目等）与营销（推盘、市场）等决策提供参考，帮助企业及时调整经营计划，保障生产与销售的匹配，保障资金收入与回款的及时安排，最终保障企业经营目标的顺利完成。

其次，需要根据存货情况灵活调整生产节奏。比如某典型房企采用存销比进行经营节奏分析，采用"开工令""缓建令""停工令"三个措施来调整生产节奏，根据产销平衡下达指令，然后跟踪执行情况。

最后，需要对已竣工未售存货销售进行预测分析。已竣工未售存货在房企中往往意味着滞销的产品，具有重大的资金积压风险。房企应该关注对已竣工存货的销售去化情况，并对销售计划进行及时跟踪，以及时降低和消除经营风险。

3. 根据销量、存货结构买"面粉"

首先，根据销售速度、生产速度和销售结构分析，可以看到土地储备是否与销售形势匹配，土地的区域结构分布是否合理，总量是否合理，有无占用过多资金等；其次，根据拿地和建设资金要求，对照销售回款情况做好融资安排，确保资金充裕；最后根据行业排名和集中度情况决定企业的发展规模，并根据规模反向制定拿地目标。

（三）围绕货值进行供销存管理

"更加关注盘面健康和可持续增长，并将继续坚定战略，精准投资；强化供销存管理，通过精准的客户定位、高客户转化率来促进销售，同时加快库存去化，提升运营效率。"这是某知名上市千亿房企在年报中提及的一段话。正如众多千亿房企一样，在新的市场周期中，谁能更好地控制企业自身的供销存系统，谁就能更有效地提升企业未来的竞争力。因此不少房企不约而同地在企业内部开始建立相应的货值管理体系，以指标化的形式进行运营管理（货值总览图如图6-3所示）。

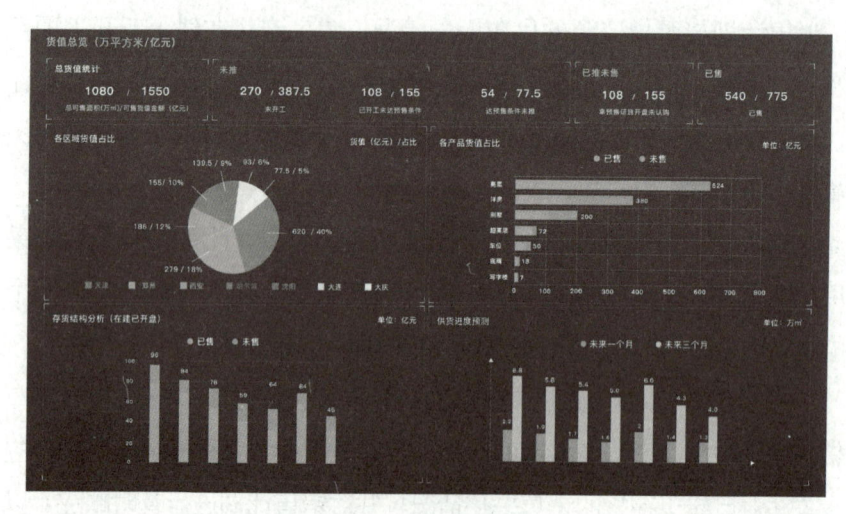

图6-3　货值总览图

1. 六个典型货值管理场景

（1）项目总货量是否有缩水的情况？

企业管理层，特别是项目总经理和运营部门需要掌握项目的总体货值，以保障项目整体目标的实现，因此，管理人员往往需要对货值进行精细的全程管理。典型房企往往通过阶段性地对项目总货值进行动态评测来完成货值的精细化管理，通过对货值的拿地版本、立项版本、预售版本、动态版本等各阶段的货量进行对比，观察总货值的变化情况，规避货值缩水问题。

（2）供货计划能否完成年度目标？

房企都会设定销售目标（年度目标、月度目标）。为了实现这些目标，房企除了在营销环节发力来完成外，还应该从运营角度来考虑供货计划是否能够匹配销售目标，通过销售计划和供货计划的对比分析，结合供货计划与预测的去化率来判断是否能够完成目标。

（3）产品去化是否存在挑战？

库存通常被称为存货，这里的库存通常指的是已经推向市场但是没有卖掉的产品。因此运营部门需要关心产品去化的情况，以便在开发过程中有效地进行开发策略的调整。其中包含几个典型的观察点，比如：已推向市场的产品的去化情况如何？当前可售的产品的预计去化周期（存销比）是否合理？企业的区域（城市）公司或者具体产品是否存在库存积压或供货不足的问题？

（4）当前产品结构是如何构成的？

房企要盘点自己的家底，要动态地掌握这些数据，以便及时优化产品、开发、营销决策等。最为典型的盘点方式有两种：一种是按照所处阶段来盘点，比如统计有多少已开工未达预售条件、有多少达预售条件未获证、有多少已获证未放盘、有多少已放盘未销售、有多少已竣工未销售等；另外一种是按照产品的结构来进行盘点，比如统计产品主要分布在哪些城市，有哪些项目，等等。

（5）未来3~6个月的供需情况如何？

每月动态预测未来3~6个月的产销匹配情况，掌握后续月份供货的货值数据，并和营销部门对接，以便保障营销部门的需求，同时发现可能会存在节点延期、供货不足的问题。

千亿之路

（6）未来2~3年的货值储备情况如何？

当前房企销售规模增长非常迅猛，今年500亿元，明年800亿元，后年1 000亿元的销售目标是常态，其中最大的挑战来自企业土地资源的储备。因此为了实现未来的增长目标，房企需要统计现有土地资源的货值数据，也要统计企业目标土地资源的数据，还要结合开发周期提前铺排开工节奏。

2. 精细化货值管理的数据模型

货值管理是企业运营和节奏铺排的有效工具，但是在管理过程中，货值的准确性需要得到保障。"面积、单价、节点"是影响货值准确性的三大要素，这三个要素是动态变化的，同时也需要各部门各司其职进行相应处理。动态货值各阶段的划分图如图6-4所示。

动态总货值=未开始规划设计货值+规划设计货值+已开工未达预售条件货值+已达预售条件未取证货值+取证未开盘货值+开盘未售货值+认购未签约货值+已签约货值

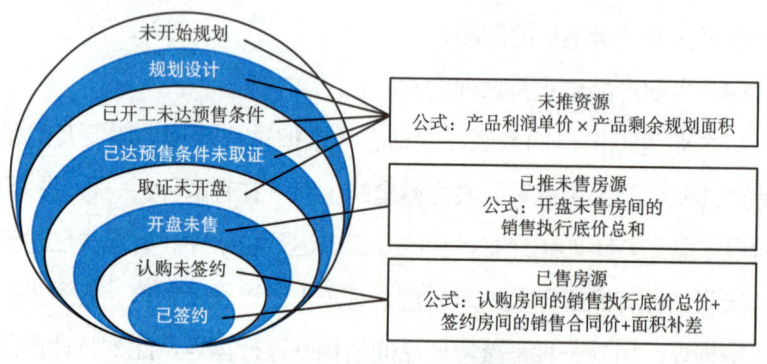

未推资源
公式：产品利润单价×产品剩余规划面积

已推未售房源
公式：开盘未售房间的销售执行底价总和

已售房源
公式：认购房间的销售执行底价总价+签约房间的销售合同价+面积补差

图6-4　动态货值各阶段划分图

（1）厘清货值各阶段的定义。因为需要在运营过程中分别统计各种资源的货值情况，还因为项目的开发节点是不断向前滚动的，所以房企需要界定各个阶段货值的基本定义。

首先是明确货值的状态。比较简单的处理方式是将货值分为已售

第六章　重视运营的调节机制

资源、开盘未售资源、未退资源,并根据货值的不同状态进行针对性的运营。但是更为精细化的资源管理和运营节奏铺排则会将货值分为八种状态,分别为未开始规划货值、规划设计货值、已开工未达预售条件货值、已达预售条件未取证货值、取证未开盘货值、开盘未销售货值、认购未签约货值、已签约货值。

其次是明确每一类货值的计算方法。通用的处理方式是按照"货值=可售面积×售价"的公式来计算,此时在运营层面,需要明确在不同阶段可售面积应该以什么为依据,售价应该以什么价格为准(比如常见的未开工的以拿地预测价为准,已开工的以市场平均售价为准,开盘未售的则以销售定价为准),关键是运营、营销、财务等部门要对这些依据和标准达成一致。

(2)明确数据刷新机制。在厘清运营数据的定义后,运营部门需要推动各业务部门定期进行数据的刷新,以保证数据的准确性,便于提升房企的数据化决策能力,因此必须从制度或者工作流程层面设立相应的机制来提供保障。在前述的"货值=可售面积×售价"的公式中,可售面积在项目建设前期主要与投资、设计、报建相关,在后期则主要和工程、营销有关。售价则与投资、营销、运营、财务相关。表6-1是常见的数据刷新机制。

总之,在新的市场环境下,典型房企更加注重产销的平衡,龙湖甚至提出"把存货当癌症一样看待"。避免产品积压或销售旺季无货而导致经营节奏失控,已成为众多房企的共识。与此同时,典型房企更加强调有质量的增长,比如万科特别强调销售回款,对于新开盘项目,以新推盘当月销售率为核心管理指标;对于在售项目,持续关注库存去化情况,以保持健康合理的存货结构。

千亿之路

表6-1 货值各指标应用场景表

序号	场景	操作要求 主要操作及指标内容
1	交底会	•建立项目、设计方案、规划分期 •录入分期指标信息（基本信息、规划指标及经济指标等）、价格信息
2	启动会	•检查项目名称、设计方案 •修订分期指标信息（基本信息、规划指标、成本指标、经济指标等） •建立产品资料、价格信息
3	方案评审会	•检查项目名称、设计方案 •修订分期指标信息（基本信息、规划指标、成本指标、经济指标等） •修订产品指标（规划指标、成本指标、经济指标等）、价格信息
4	施工图交底会	•修订分期指标信息（基本信息、规划指标、成本指标、经济指标等） •修订产品指标、价格信息
5	开盘会	•修订分期指标信息（证照及重要节点）、价格信息
6	竣工验收会	•修订分期产品、楼栋的面积及进度节点指标
7	交房会	•修订分期经济指标、库存价格信息
8	结算	•修订分期成本指标、库存价格信息

三、运营是经营观察室

房企要扩张规模走上千亿之路，必然要将经营权下放，而当集团的经营权下放后，如何对区域（城市）公司实现有效监管，是房企面临的一道难题。此时不但考验项目团队开发能力，更考验区域（城市）公司的决策能力，更考验集团运营效益和风险的平衡能力。因为传统的授权体系、激励机制、审计机制会受到极大的挑战，如何建立通畅的经营观察方法和途径则成为关键。可以说在"权限下放、数据上报"的新要求下，集团运营人员的核心素质也从传统的"业务运营能力"转向"数据运营能力"。

"以经营为轴、以制度为轴"是数据运营的原则。数据运营能力包括四个方面：数据搜集上报、数据核实汇总、业务数据的标准化和数据整体披露。其中，数据搜集上报，是一种信息上报通路建设能力，有传统的一线员工录入数据的方式，也有通过信息化系统自动生成的方式。数据核实汇总给一线员工带来大量的工作，往往得不到及时准确的数据。业务数据的标准化是解决这类问题的关键，数据的整体披露则是数据的表现形式。

（一）数据运营的四大难点

在实践过程中，数据搜集上报是日常工作中最常见的工作，而数据搜集上报部门的员工则被戏称为"表哥、表姐"，因为这个部门面向各决策层提供各种各样的数据报表。看似简单，在实际工作中却经常遇到各种挑战，在整个数据运营体系中难度较高。从整体数据运营的角度来看，主要难点及其解决方法有以下几点。

第一，数据源头多。很多房企都建立了各种信息化系统，并包含经营、计划、收入、成本、采购、财务等各种子系统。在实际应用中，往往出现数据源头多、多系统各自为政的局面，导致数据分散，无法统一集成利用。

第二，数据口径乱。由于数据口径不一致，不同部门在同一个指标上的数据往往不统一，经常出现营销部门和财务部门提供的收入数据不对等，运营部门和营销部门提供的货值数据不对等，财务部门和成本部门提供的数据不对等。多个部门间经常要针对数据进行多轮的沟通和确认，对于决策层而言，到底应该以哪个数据为准也难于判断。

第三，数据质量差。尽管信息化系统的使用使得数据生产和业务发生同步化，但由于房企当前的信息化水平较低，大多数房企的数据搜集还是通过事后补录，经由各区域（城市）公司手工填报、整理，最后生成报表（通过这种方式生成的数据往往存在较大偏差而无法直接用于决策）。

第四，数据不及时。数据的时效性差也是数据运营能力的一个典型痛点，一方面，在实际业务中无法快速进行数据统计，比如在大规模开盘的时候，一个团队一天就能销售1 000套房子，把这些销售数据、收款收据进行整理统计就需要2～3天的时间。另一方面，各个部门统计时间和周期不一致、各个子公司统计的时间也会有偏差，同时这种大量的数据报表制作也需要较长的时间，经常会出现数据刚刚统计出来就已经过期的现象。

总体而言，随着房企规模越来越大，开发强度越来越大，在推行项目跟投机制的背景下，一线人员的数量往往会被进一步压缩。如果还依靠传统的手工填报方式，一线人员的数据填报工作量将会更大，从而会极大地影响项目快周转的节奏。因此，信息化系统的应用，在业务过程中沉淀数据、运营数据，对于企业规模的扩张将起到重要的支撑作用。

（二）数据运营的四个套路

明源地产研究院经过大量的研究及实践，将数据运营这个复杂工程进行了重新解读和构建，打造出数据通路标准化、内容口径标准化、数据质量标准化,以及输出呈现场景化四个成熟的套路。

1. 数据通路标准化

建立全集团一致的数据通路是数据运营的关键步骤,它确保了每一个层级的数据是相互联系的,每一个层级对自己的数据都是负责的。例如某典型房企Z企对于内部的数据提交规划了如下的数据通路:第一,每一个部门都有自己的数据池,必须保证各自部门的数据纳入整个体系中;第二,每一个层级有一个数据统筹部门,负责本级数据池的数据收集和整理;第三,所有的数据都必须得到必要的审核,然后才能往上一层级进行汇总,如图6-5所示。

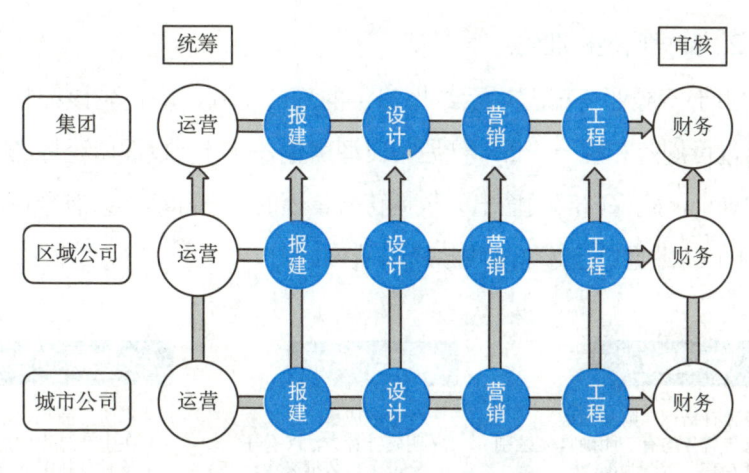

图6-5 数据通路组织关系图

因为数据往往是由信息化系统生成的,在实践中需要防范部分信息系统受到断网、断电甚至操作不规范导致数据无法生成的情况,所以房企推出了如图6-6所示的数据并轨机制,通过手自一体化操作,确保数据通路的正常运行。当信息化系统正常的时候,采用信息化数据,保证及时性;当信息化系统出现瓶颈时,可以采用人工方式进行干预。

千亿之路

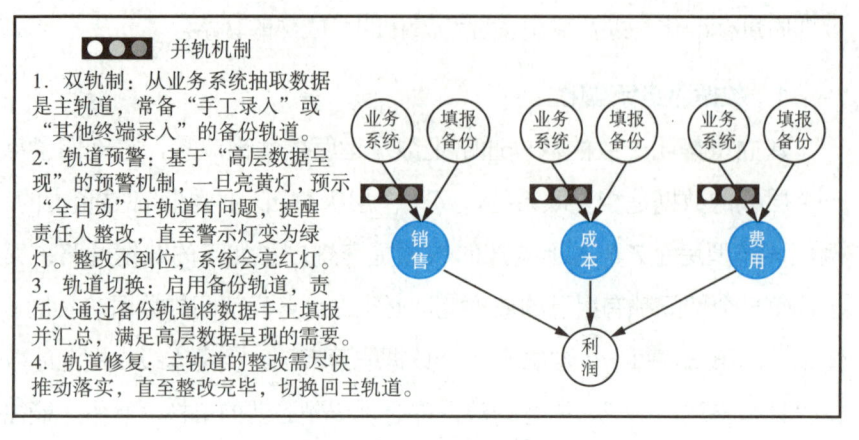

并轨机制

1. 双轨制：从业务系统抽取数据是主轨道，常备"手工录入"或"其他终端录入"的备份轨道。
2. 轨道预警：基于"高层数据呈现"的预警机制，一旦亮黄灯，预示"全自动"主轨道有问题，提醒责任人整改，直至警示灯变为绿灯。整改不到位，系统会亮红灯。
3. 轨道切换：启用备份轨道，责任人通过备份轨道将数据手工填报并汇总，满足高层数据呈现的需要。
4. 轨道修复：主轨道的整改需尽快推动落实，直至整改完毕，切换回主轨道。

图6-6 并轨机制示意图

2. 数据口径标准化

由于不同业务部门对于数据口径的理解不同，房企应该在数据口径上进行规范和统一。图6-7是某典型房企Z企对于数据口径标准化的具体规定，确保各部门输出的数据符合集团的统一标准。只有数据"政出一门"，数据口径才能实现规范和统一。

管理口径差异
- 财务独有指标，财务为准
- 运营与财务均有，明确具体区别
- 运营专有，运营为准

计算规则明晰
- 计划达成率
- 明确计算方法（分子分母），数据来源

变化频繁，动态更新
- 货值：面积、单价
- 在生产过程中进行及时更新沉淀

指标类型	名称	计算方法	用途
基准指标	考核净利润	本年度调整后的考核净利润	衡量公司当前业绩
	集团资源回报率	考核净利润/平均占用集团资源	综合衡量盈利能力、资本结构、周转能力
	总资产周转率	销售收入/平均总资产	衡量公司周转能力
	销售收入	按签约口径计算	衡量公司销售能力和工作量
	销售利润率	[销售毛利－(项目利润－营业费用)]/签约销售额	衡量公司销售效率
财务指标	净利润增长率	调整后的考核净利润/上年度调整后的净利润	衡量公司获利提升速度
	土地储备周转期	(年初土地储备建筑面积+年末土地储备建筑面积)/(当年开工建筑面积×2)	衡量战略资源——土地的获取能力
客户指标	客户忠诚度	达成情况以集团客户满意度调查结果为准	衡量客户对公司的总体满意程度和忠诚度
	商场占有增长率	本年度市场占有率/上年度市场占有率－1	衡量竞争市场中公司的市场占有状况

图6-7 数据指标差异图

内容口径标准化的关键是识别通用指标和专用指标。在实践中，有用于企业经营决策的通用指标，比如利润、现金流，也有用于财务会计核算和业务部门的专用指标，比如营业收入和签约金额。对于通用指标，要求全集团统一口径，并保证每一个部门对其计算方法统一认知；对于专用指标，则有专业规定，并在专业规定方面达成一致。

3. 数据质量标准化

数据的质量是关系数据运营成败的最关键一环，主要涉及数据的及时性和数据质量方面。为了避免数据虚报、瞒报和形式主义，很多企业都制定了明确的数据质量保障措施，主要包含数据定义、数据生产场景约定、数据生产时间约定、数据巡检方法、数据质量奖惩制度。

某典型房企Z企对于数据的生产部门、使用部门等进行了明确的规定：项目的面积指标、项目的成功标准都要通过启动会、方案会、开工会等节点会议进行确认，并指定专人使用专用流程将数据输入信息系统。

数据巡检则是利用信息系统制定一系列的规则，确保数据的时效性和数据质量，比如有些房企每个月会出具开发节点数据填报表，用于检查各个项目是否及时提供进度数据，也会针对销售数据进行巡检，确保每一个认购与签约数据实时录入系统。

关于数据质量奖惩方面，有些典型房企就明确要求：相关人员和公司每天及时录入数据，如果不能及时录入会受到惩罚（比如一个城市公司数据没有被及时录入数据运营体系，总部会对该公司进行罚款），罚款大部分由公司管理层承担，小部分由业务人员承担。

4. 输出呈现场景化

数据运营的目标不是收集数据，而是在决策的时候能够有有效的数据可用，所以数据能否面向一线经营团队和总部经营决策层同步披露，是数据运营能力的最终评价标准。

对于大型房企而言，数据多且决策场景较广泛，因此最应该解决的问题是能否将数据直接输出给各级决策层。以前，大部分数据主要通过邮件和短信的形式逐层上报，最近几年，数据是通过多种屏幕向经营层呈现，最流行的方式主要有三种：手机移动呈现，电脑看板呈现，以及通过大的电视屏幕进行输出。

当高层在公司集体开会或办公室内需要关注集团整体运营情况时（例如货值、销售现状及现金流等关键数据），就需要有大屏输出。

当各业务板块高层在外出差或在移动办公的情况下，需要及时了解各业务板块的运营情况，在这个场景下就需要有手机版的小屏输出，如图6-8所示。

图6-8 手机输出屏幕表

(三)典型房企的数据运营最佳实践案例

随着规模的急速扩大,跨区域的项目越来越多(动辄全国几百个项目同时开发运营),因此,房企对于数字化运营管控有着迫切的需求。当前,典型房企都已经在向数据化转型,并且已经有不少典型房企在数据运营上取得了不错的成效。以下我们就以招商蛇口的数据治理、明源的三屏解决方案为案例,对房地产行业数据运营最佳实践进行解读。

1. 招商蛇口:数据治理助力千亿规模的实现

招商蛇口在冲向千亿之路的进程中,非常清晰地认识到数据的重要意义——数据好比仪表盘,让企业实时掌握经营动态,数据也好比导航仪,让企业把握未来路径和趋势。通过明源信息化系统的运用,招商蛇口在数据治理方面成效显著。

明源主要基于房地产开发业务价值链梳理数据架构、数据模型和数据关系,从全面梳理(盘)、制定标准(通)、钩稽强控易用(用)、业务可视(策)四个层面展开数据治理,如图6-9所示。

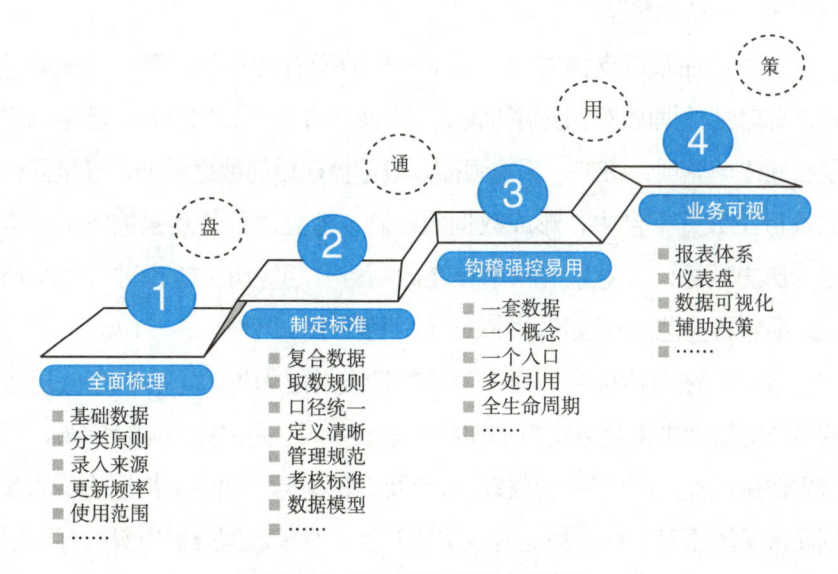

图6-9 数据治理整体实施阶段

千亿之路

（1）盘：全面梳理。明源通过对招商蛇口高管层及总部职能、区域公司、城市公司等主要业务部门的密集式调研，基于六大数据巡检模型（项目主数据、货值管理数据、销售管理数据、节点管理数据、回款管理数据、成本管理数据的巡检模型），结合行业经验，从基本资料、权责矩阵、数据消费三个方面对招商蛇口的项目主数据进行全面巡查，明确当前项目主数据的应用现状及问题所在，了解主数据质量，锁定各数据问题。巡查结果发现，招商蛇口在项目主数据的应用上主要存在以下几点问题。

首先，在管理规范方面，一是业务标准待完善，项目管控范围（联合操盘）、分期的划分及命名规范、产品类型的分类标准、楼栋的划分标准需进一步完善；二是权责划分待明确，对于每一个主数据的生产部门、维护节点、录入部门、审核部门、消费部门需要逐一明确，明确各个指标的权责划分；三是指标库待清洗，现有项目主数据平台中的字段还存在无效字段，关键指标不完整，指标的定义、计算公式、字段类型等还有待明确。

其次，在系统支撑方面，以下三个方面有待强化，第一，联动逻辑，针对主数据内部字段间的联动逻辑及业务系统间的逻辑，落地到字段层级逐一兑现；第二，系统强控，根据梳理后的数据标准，直接固化在项目主数据平台中，形成数据的校验、提醒、预警及强控效果；第三，历史数据，针对系统目前存在的项目分期等历史数据进行全面清理，清除管控范围外项目，补录新的项目数据。

最后，在考核机制方面，一是维护人员能力欠缺，各城市公司运营专员对管理规范及系统熟悉程度参差不齐；二是巡检规则待完善，项目主数据巡检范围仅聚焦在核心节点及面积指标，项目主数据的整体数据质量保障不足；三是缺乏有效奖惩制度，对于数据维护质量的好坏缺

第六章 重视运营的调节机制

乏相应的奖惩机制，数据录入人员对数据质量的责任承担上缺乏约束力。

（2）通：制定标准。根据招商蛇口数据治理的痛点和诉求，明源通过主数据管理及重构ERP（企业资源计划），打通主数据与生产、销售环节各模块间的脉络，设计灵活的项目主数据管理业务功能及基础定义模块，满足各业务系统对接机制，支撑管理决策。基于最新技术构建的ERP平台的应用，围绕货值、成本、销售、回款等决策指标快速迭代，为辅助决策提供数据支撑，如图6-10所示。

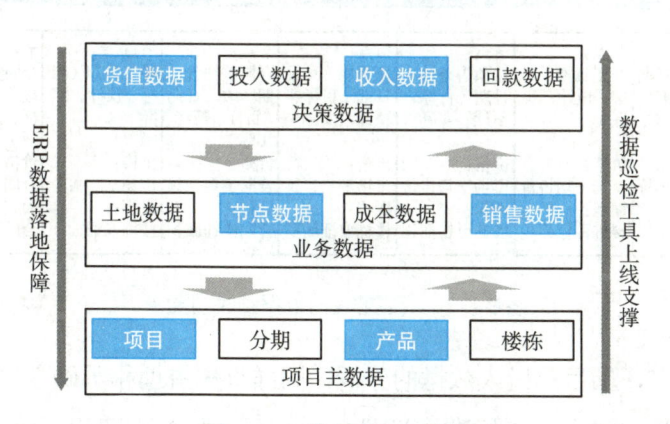

图6-10 数据流程保障图

接下来我们来看看数据标准的制定是如何支撑高层决策的。对于每一项决策数据，首先明确数据统计口径、明确计算标准、为该项数据治理明确方向，其次梳理该项数据存在的核心质量问题，最后对该项数据提出治理建议。

第一，货值、关键节点数据的分析，关键在于明确土地储备、工程进度的节点，数据的统计口径和计算标准，如图6-11所示。针对该项数据的核心质量问题，招商蛇口主要从以下几个方面展开数据治理：在管理制度上，基于最新三级管控要求，调整计划编制模板，剔除四、

千亿之路

五级节点计划,减少一线计划维护工作量,统一计划管理维度为标段计划,明确历史项目计划刷新规则;在系统落地上,统一节点信息入口为计划系统,项目户口簿为使用系统(不可编辑),同时,打通计划系统与项目主数据、土地系统、成本系统、销售系统等业务系统的联动关系。

货值、关键节点
(工程进度、建设规模、关键节点达成率)

土地储备	开工未达预售	达预售未售	取证未售	未竣工已售	已竣工未售	已竣工已售
节点: 土地出让日期(目标、预计、实际) 价格: 预估产品单价 面积: 产品配比面积	节点: 开工日期(目标、预计、实际) 价格: 市场平均售价 面积: 楼栋可售面积	节点: 达预售条件日期(目标、预计、实际) 价格: 市场平均售价 面积: 楼栋可售面积	节点: 取预售许可证日期(目标、预计、实际) 价格: 市场平均售价 面积: 楼栋取证面积	节点: 合同签约日期、竣工日期(目标、预计、实际) 价格: 合同签约金额 面积: 合同签约面积	节点: 竣工日期(目标、预计、实际) 价格: 市场平均售价 面积: 楼栋取证面积	节点: 合同签约日期、竣工日期(目标、预计、实际) 价格: 合同签约金额 面积: 合同签约面积

图6-11 货值管理的数据和时间要求

第二,项目总投入数据的分析,同样首先梳理和明确各项数据指标的统计口径和计算标准,如图6-12所示,如土地费用、建安成本、"三项费用"等核心指标。针对该项数据的核心质量问题,招商蛇口通过相应的数据治理进行解决:一是建立明确的管控机制,要求建安成本(2~6项)之外的其他成本数据应定期补录至ERP系统中;二是组织总部、区域、城市公司讨论会,会上对于城市公司面临的实施业务与管理要求存在差异的问题进行研讨评审,最终达成共识,明确给出最终的业务规范要求;三是完善成本管理模块的各类预警和提醒规则,添加超底线成本预警和控制模块;四是针对总部明确禁止签订单价合同的要求,系统需要直接取消中间科目管理模块,防止单价合同的发生。

第六章　重视运营的调节机制

土地费用	建安成本（2~6项）	财务费用	销售费用	管理费用	维修基金	动态成本偏差率
• 目标成本/合约规划 • 动态成本–合同/非合同金额（土地）	• 目标成本/合约规划 • 动态成本–合同/非合同金额 • 动态成本–变更金额 • 动态成本–预估变更 • 动态成本–规划余量 • 成本分摊–中间科目	• 目标成本/合约规划 • 动态成本–合同/非合同金额（财务费用）	• 目标成本/合约规划 • 动态成本–合同/非合同金额（销售费用）	• 目标成本/合约规划 • 动态成本–合同/非合同金额（管理费用）	• 目标成本/合约规划 • 动态成本–合同/非合同金额（政府定额）	•（动态成本–目标成本）/目标成本×100%（计算数据）

（以上合并于"项目总投入"）

图6–12　项目总投入构成

第三，项目总收入数据分析，梳理和明确各项数据指标的统计口径和计算标准（如图6–13所示），如项目认购情况、签约情况、销售KPI（关键绩效指标）达成率等。对于该项数据存在的核心质量问题，招商蛇口主要从以下几个方面展开治理：一方面，组织总部、区域、城市公司讨论会，对于城市公司面临的实施业务与管理要求存在差异的问题（主要包含两种情况：一是认购管理，在大量认购、换房变更情况下，无法完成当天的数据录入工作，二是签约管理，大量签约的当天做户主变更、换房变更及首期款未付完全的延后或提前签约的情况）进行研讨评审，最终达成共识，明确给出最终的业务规范要求；另一方面，系统完善销售KPI管理功能，实现销售KPI达成率的线上统计，达到考核作用，如图6–13所示。

第四，项目回款数据的分析，梳理和明确各项数据指标的统计口径和计算标准（如图6–14所示），如当期回款金额、已签约未回款金额、当前实际签约额等。对于该项数据存在的核心质量问题，主要从以

千亿之路

项目总收入		
认购情况	签约情况	销售KPI达成率
• 认购时间 • 认购金额 • 项目权益比例	• 签约时间 • 签约金额 • 项目权益比例	• 销售KPI目标（年度） • 实际签约金额 • 销售KPI目标完成率 • 季度销售计划 • 季度销售计划完成率

图6-13 项目总收入数据治理

销售回款率		
当期回款金额	已签约未回款金额	当前实际签约额
• 款项类型 • 实收款项 • 缴费日期 • 入账日期	• 签约时间 • 签约金额 • 款项类型 • 实收款项 • 入账日期	• 签约时间 • 签约金额

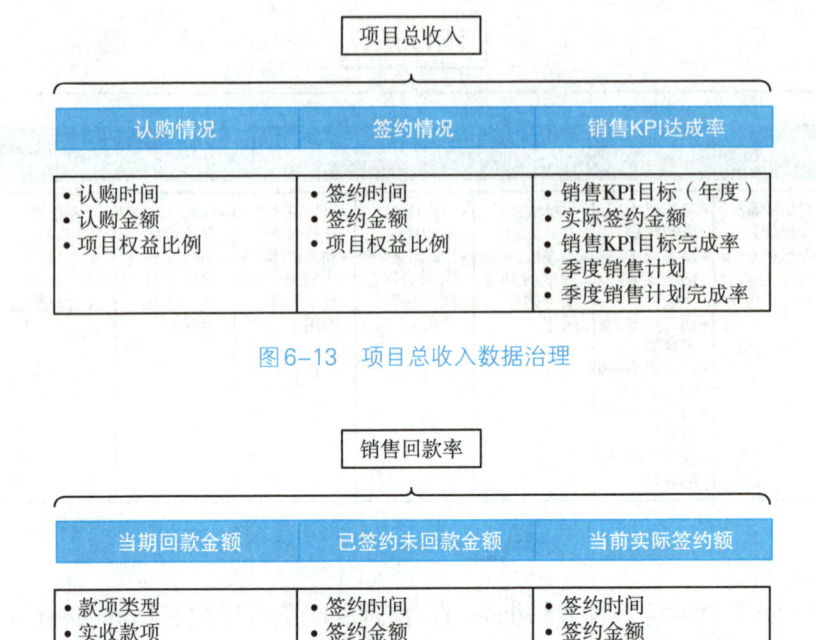

图6-14 销售回款率数据质量表

下几个方面展开治理：一是针对历史项目数据不准确的情况，建议明确牵头部门，对历史数据进行一轮清理确认；二是组织总部、区域、城市公司讨论会，会上对于城市公司面临的实施业务与管理要求存在差异的问题（主要包含历史数据清洗规则和回款补录时间设定）进行研讨评审，最终达成共识，明确给出最终的业务规范要求；三是基于历史数据处理规则完成历史数据清洗；四是优化销售系统与财务接口，ERP入账日期调整为不可编辑，同时通过接口实时获取财务系统款项入账日期，保证ERP数据的准确性。

以上就是通过数据治理实现对高层决策数据的支撑，此外，数据治理还需要相应的组织和制度保障。在组织保障方面，招商蛇口在完善数据治理后，明确了信息系统各级管理部门的职责并赋予了相应的权力。在制度保障方面，招商蛇口完善了《信息系统保障规范制度》，明确了"系统应用规范、数据标准规范、数据巡检规范、考核奖惩规范"四大规范，确保了数据治理工作的顺利推进和长效执行。

（3）用：钩稽强控易用。数据治理最终要解决各类用户看数据、用数据的问题，基于每类用户实际的工作场景出发，分析其痛点，提供有效手段。例如对于公司领导而言，其诉求是能够实时地看到企业的整体运营情况，如货值、成本、销售、回款等数据以便能及时做出决策、应对市场变化；对于营销总经理而言，其关注的指标为销售面积、销售业绩、回款情况、目标达成情况等，以便对销售情况有一个总览，适时做出营销决策。

但是在实践过程中，往往因为依赖于一线人员手工填报的传统方式，导致货值、销售、进度、土地等统计数据的不及时、不准确。招商蛇口采用场景分析法，基于不同用户的工作场景需求，通过数据治理，解决用户痛点，满足用户诉求，例如在数据呈现方面，提供移动报表、电脑报表、大屏展示三种查看通道随时查看最新运营数据；在数据质量方面，对业务数据及项目主数据进行全面普查治理，提升数据质量。

（4）策：业务可视。针对不同部门领导对于数据的应用场景的不同诉求，招商蛇口通过DMP（数据管理平台）与移动报表相结合，将不同领导要看的指标直观地呈现出来，实现业务的可视化、移动化，为经营决策提供有效的支撑，如图6-15所示。

千亿之路

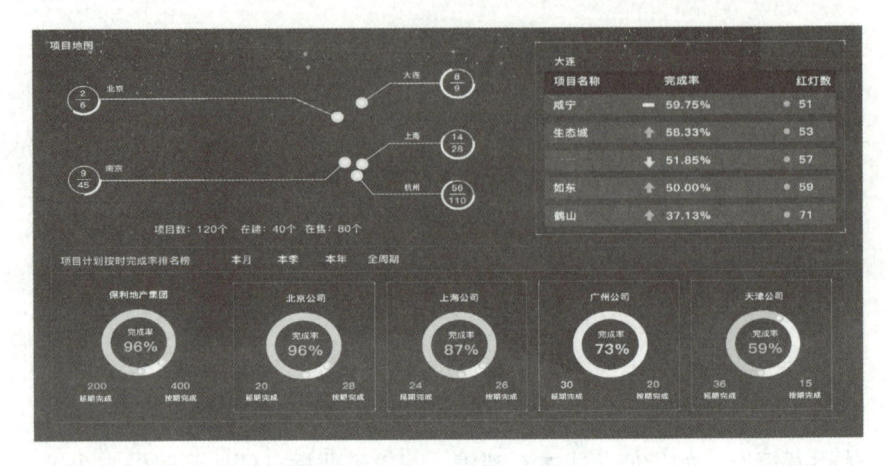

图6-15 计划关键指标展示图

综合来看,招商蛇口在数据治理的实践中,基于现有主数据存在的问题和各部门数据应用中存在的痛点,对业务主数据进行全局规划和治理,建立数据标准和规范,提升数据质量,将治理后的数据通过大屏展示、电脑和移动手机端的方式进行呈现,辅助决策,如图6-16所示。

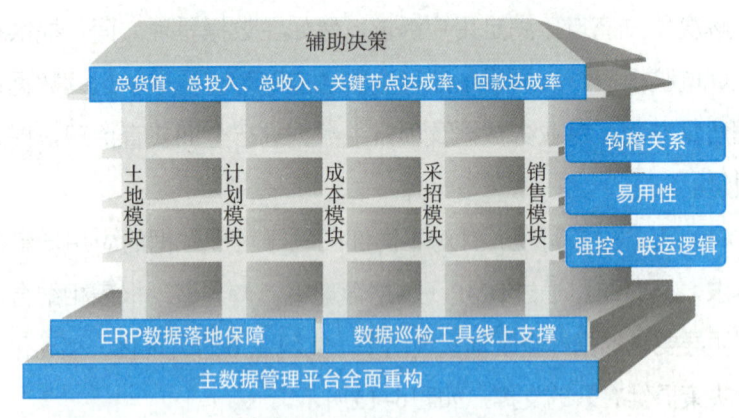

图6-16 数据决策结构图

第六章 重视运营的调节机制

在数据治理的保障手段和实施策略方面，招商蛇口采用"721"框架（如图6-17所示）开展数据治理专项工作，即70%的问题通过系统固化管理制度、落实管理思想、增加钩稽关系、降低使用难度、提高易用性等技术手段加以解决；20%的问题通过强化培训、日常巡检及公布排名等管理手段加以解决；10%的问题通过明确奖惩制度、定期通报、狠抓落实等奖惩手段加以解决，同时，以技术、管理、考核为抓手提升数据质量。

三种手段：采用"721"框架开展数据治理专项工作

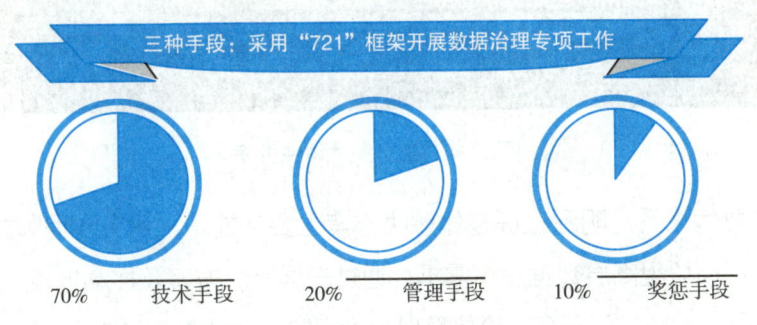

70% 技术手段　　20% 管理手段　　10% 奖惩手段

图6-17 数据治理保障的"721"框架

从目前招商蛇口的销售规模来看，截至2017年10月，招商蛇口已实现销售额882.3亿元，走上千亿之路几乎没有悬念。数据的治理功不可没，数据的高效运营成为推动招商蛇口规模增长的有力武器。

2. 明源：三屏解决方案推进房企数字化管理

在房企的信息化进程中，从原来的单个业务系统到后来整体的ERP平台，更多地解决了中基层业务提效和绩效管控的需求，但是对高层、决策层的需求仍做得不到位（对于高层的数据需求不清晰、需求兑现难）。明源作为房企信息化的推动者，经过与众多房企的交流，基于场景分析法挖掘企业高层的数据需求，并通过三屏整体解决方案兑现高层决策需求，为房企的数据呈现提供了保障，如图6-18所示。

247

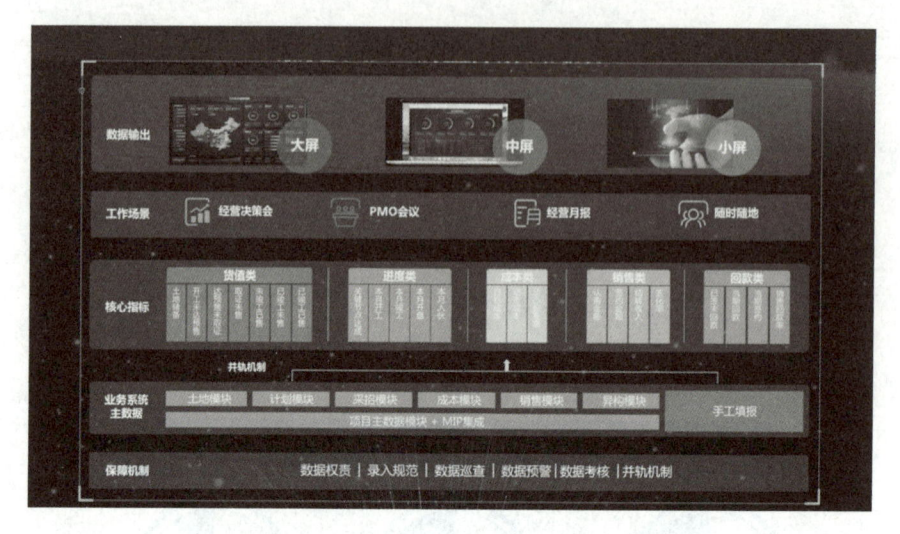

图6-18 三屏整体解决方案

总体来看，明源三屏整体解决方案主要从技术、业务和保障机制三个层面兑现高层数据决策需求；通过三屏解决方案及移动报表技术，解决传统的数据源头多、价值呈现少等问题；通过业务的梳理，场景化决策指标的运用，解决传统的决策支撑弱的问题，通过全面的数据保障机制，解决传统的数据质量差的问题，如图6-19所示。

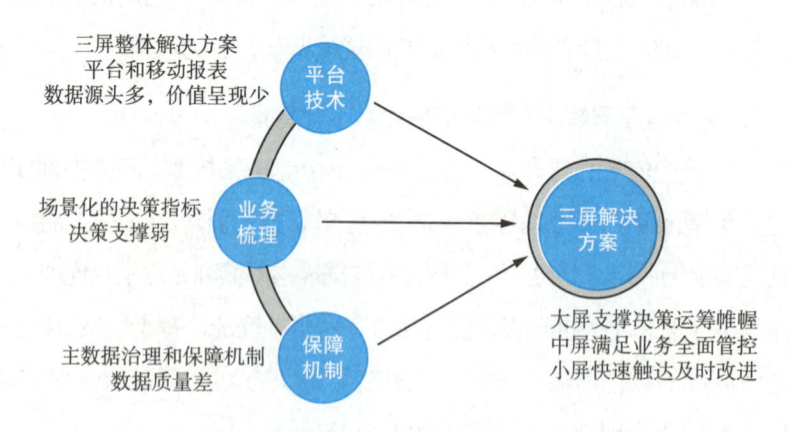

图6-19 三屏整体解决方案的三大要点

首先，在技术层面，通过三屏解决方案，实现数据的联通与呈现。三屏解决方案有四大特性：一是拖拽定义图表展示数据及类型，通过拖拉拽的方式快速拖动大屏布局，做出想要的效果；二是自由布局、灵活调整大小及位置；三是自定义穿透；四是全局联动。通过三屏整体解决方案平台实现数据的集成、联通、可视化展示，同时降低数据的使用门槛，让数据统计分析工作更简单、更快捷，如图6-20所示。

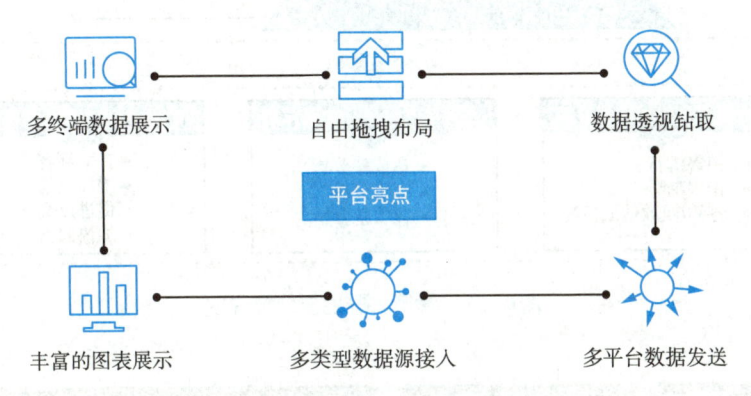

图6-20 三屏整体解决方案平台的亮点

其次，在业务层面，一方面，基于项目主数据治理解决基础数据问题，实现指标定义清晰、数据口径统一、数据来源明确；另一方面，基于PSPS（人物、场景、痛点、解决方案）模型解决数据呈现问题，实现可知、可控、可预测和促改进。例如在营销大屏的设计方面，基于总货值目标、销售计划管理、销售执行管控，快速获取全集团和各区域（城市）公司销售业绩数据；并分析得出达成率、存货周转率等指标数据，基于大屏的设计，结合大屏技术，将营销数据投射到大屏之上，供决策者分析和参考，从而准确地定位问题，发现异常并及时调整销售策略。同时还可实现数据的向下钻取，如图6-21、图6-22所示。

千亿之路

例：营销大屏设计

销售分析

- 总货值管理 — 销售总目标管理
- 销售计划管理 — 销售计划管理
- 销售执行管理 — 销售执行管控

快捷获得全集团销售业绩	准确定位问题，发现异常	及时调整销售策略
• 销售排行 • 销售趋势 • 签约/回款达成情况	• 达成率分析 • 存货分析 • 应收款分析	• 扩大储客 • 增加供给 • 促进成交 • 加快回款

图 6-21　营销大屏主要内容说明

图 6-22　全国销售业绩达成图

第六章 重视运营的调节机制

最后，如何保障数据质量呢？在保障机制层面，数据指标的梳理、数据采集规范的梳理、数据质量的治理是基础。除此之外，还可以从四个方面进行匹配保障（如图6-23所示）：第一，数据质量的自动巡检；第二，建立各专业的红、黄、绿预警机制，通过不同专业的关联数据分析，及时提醒数据风险；第三，建立排名机制和绩效考核机制，例如招商、中梁等房企，均建立了信息公开与披露体系，通过排名考核进行奖惩；第四，手自一体、前后端分离的并轨机制（如图6-24所示），从业务系统抽取数据是主轨道，常备"手工录入"或"其他终端录入"的备份轨道。其中，手自一体、前后端分离的并轨机制还可以从三个层面进行保障，一是轨道预警，建立基于"高层数据呈现"的预警机制，一旦亮黄灯，就意味着"全自动"主轨道有问题，要提醒责任人整改，直至让警示灯变为绿灯，如整改不到位，系统会亮红灯；二是轨道切换，启用备份轨道，责任人通过备份轨道将数据手工填报上来，满足高层数据呈现的需要；三是轨道修复，推动落实主轨道的整改，直至整改完毕，切换回主轨道。

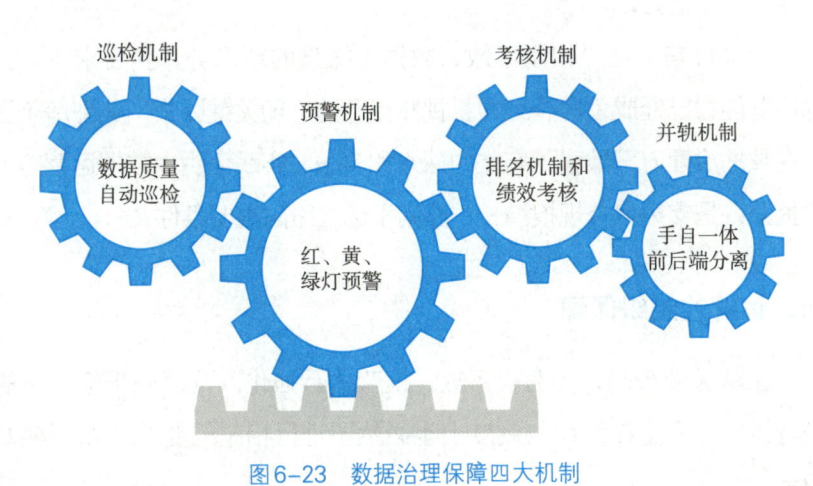

图6-23 数据治理保障四大机制

千亿之路

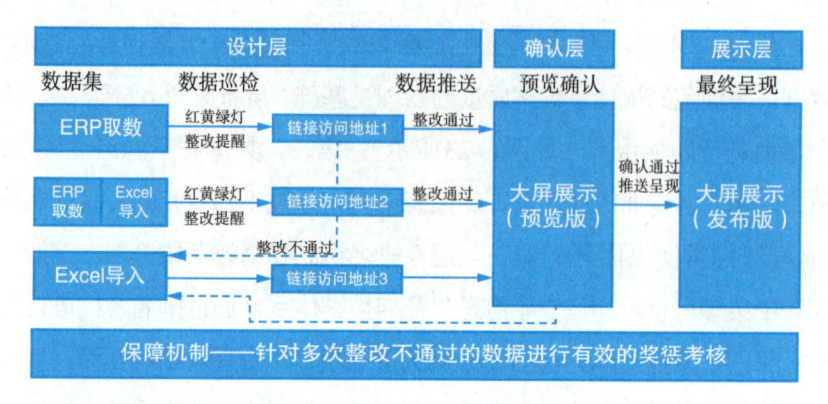

图6-24 手自一体、前后端分离的"并轨"机制

注：Excel是由微软公司开发的一款电子表格软件。

综上所述，明源三屏整体解决方案的特点在于，实现了对各类核心业务指标的梳理，并结合具体业务场景将高层的决策需求呈现出来，同时，通过并轨机制、考核机制、巡检机制和预警机制，实现对数据质量的有效保障。整体而言，明源三屏整体解决方案解决了房企一直以来高层需求呈现不足的痛点，有利于房企早日实现数字化管理，进而推动房企走上千亿之路。

总体而言，在"权限下放、数据上报"的新形势、新要求下，数据运营能力已经成为房企必须重视和提升的一项关键因素，典型房企已经在数据治理方面做出了有益的探索和实践。实践证明，数据运营能力的提升，是支撑房企规模增长、冲向千亿之路的重要条件。

四、运营的组织保障

在跨区域布局、经营权下放、运营体系强化以及迈向千亿之路的大背景下，房企在组织与制度上也必然要进行相应的变革，如图6-25所示。

第六章 重视运营的调节机制

图6-25 运营的组织保障

(一)从"项目协同"向"统筹规划"转变

集团运营职能从以往的管"计划"到现在的管"经营",意味着集团运营的角色从"协同者"向"规划者"的转变。所谓"协同者",就是在区域(城市)公司具体的事项上集团总部会进行协助、支持和干预,帮助区域(城市)公司攻克业务难点,推进项目关键节点的完成,尤其在项目价值链前端的项目论证、策划及方案设计等环节会,集团总部亲自操刀,最大限度地规避潜在风险。在集团总部脱离"协同者"的角色后,区域(城市)公司对项目运营管控职能的承接,意味着区域(城市)公司的运营人员将担任"协同者"的角色。

集团总部角色转变为"统筹",是指总部不再直接参与区域(城市)公司业务的操作与执行,而是从企业战略规划和经营目标的高度出发,为区域(城市)公司制订一整套的经营计划,制定考核目标,提供详尽的信息和数据,从而为区域(城市)公司自行决策提供参考;让区域(城市)公司自行制订自己的业务战略规划,并提出实现规划目标所需投入的资源预算。即使在决定项目利润的论证、定位和方案设计环节,也直接交给一线团队去操作,集团总部只需对方案和关键成果进行审核和监控。

(二)从"项目服务"向"企业参谋"转变

在传统的集团运营模式下,集团运营管控的思路是围绕项目运营,即聚焦项目开发,通过对项目关键节点的设定和监控,推动项目计划的完成,支撑项目的快速高效运营,其运营服务的对象,是为项目总经理解决具体的项目问题。

在集团总部新的运营模式下,集团运营管控思路从单纯的进度管理转向经营策略的管理,从项目运营的视角转向公司经营的视角,由此,集团运营服务的对象也相应地转为公司高层决策者,通过货值资源的管理、经营数据的分析及信息的公开与披露等,为公司决策赋能。总体来讲,为公司领导提供全方位的经营决策信息,已成为集团运营工作的重点。

(三)从"专业通才"向"运营专才"转变

先人后事,是实现异地有效扩张的法宝。运营团队的搭建和能力的建设,对于企业拓展异地项目非常关键,只有提前布局,才能有效地把握投资机会,如果等拿到项目再组织团队,则往往容易错失机会。

房企对于运营人员的能力和素质也提出了新的要求:运营人员的全局管理能力更强于工程专业能力,也就是说,运营管理人员不仅要懂工程,更需具备全局性、战略性的思维,这个思维模式比其他的专业技能更重要;同时还要具备极强的综合管理能力(体现在专业方面,还包括统筹、协调、情商等各个方面)。这些都是运营总经理必不可少的能力。而在对运营总经理的综合能力的要求中,数据运营能力和顶层制度设计能力成为最核心的能力和素质。

(四)从"业务运营"向"数据运营"转变

集团总部运营职能的转变,意味着运营人才所需具备的素质也要发生相应的变化。以往在管计划的职能定位下，集团运营人才只需要具备业务运营能力，例如战略目标的分解和运营目标的设置、主项计划的编制、项目利润的监控、知识成果的管理、重大异常和业务风险点的监控、考核指标的分解和下达等，尤其是要打通企业内部的纵向和横向协同，确保上下游跨部门间的整体高效协作，防止企业团队间的内耗。

在新的管经营的职能定位下，集团运营人才的核心素质要向数据运营能力转变，包括数据搜集上报、数据核实汇总、数据全面分析、数据整体披露等。在经营权下放至各区域（城市）公司后，集团总部要实现对其有效监管。数据上传是关键，也就是说，利用数据进行整体运营监控。具体而言，集团运营负责人需要将区域（城市）公司的经营动态数据实时地上传汇总，总部基于风险检查项进行数据巡检，确保各区域、各项目不出重大经营问题。因此，在经营权下放的背景下，如何动态地搜集汇总区域（城市）公司的经营数据，并据此发现它们的经营问题，成为未来运营人才的关注重点。

（五）制度的顶层设计能力是核心

在冲向千亿之路的征途中，通过经济杠杆提升区域（城市）公司的经营绩效，成为千亿房企的核心运营能力。因此，如前所述，制度的顶层设计能力是集团总部运营职能转变的重点之一，通过制度的设计来推进和实现区域（城市）公司各项经营指标的完成。而在新的职能要求下，制度的顶层设计能力也成为集团运营人才的另一项核心能力。所谓制度的顶层设计，就是从公司经营管理的高度去制定相应的规章制度，区域（城市）公司间的经济杠杆，就是制度的顶层设计的一个方面。

举例来说，为使区域（城市）公司完成集团总部要求的利润率指标，集团总部可以制定一套相关的奖惩机制，如果区域（城市）公司没有达到该指标，则予以分梯度的惩罚；如果区域（城市）公司达到该指标，则相应地予以奖励，比如集团给予区域（城市）公司奖金包，而区域（城市）公司拿到奖金包后内部如何分发，则由其自行决定。通过诸如此类的制度设计，使区域（城市）公司自然而然地提升经营绩效。因此，制度的顶层设计能力将成为集团运营人员的核心能力之一。

总体来讲，因为运营人才往往具备极强的综合能力，运营部门成了企业重要的人才输出部门。未来的人才梯队，如项目的执行秘书、城市总经理、区域总经理，都可以从运营部门提拔。

五、大运营的"1352"

"其实地上本没有路，走的人多了，便变成了路。"这是出自鲁迅《故乡》的一段话，用来比喻大运营再恰当不过了。房企本来没有大运营，但是提大运营的企业多了，自然也就有了大运营的概念。大运营概念的提出可以追溯到2014年，某典型房企在内部成立了大运营工作组，然后它的几个追随者都应用了该概念，销售额都取得了较大的增长，因此在2017年下半年和2018年上半年大运营受到很多房企的关注。众多房企纷纷在企业内部引用该概念，期望能够帮助企业在新的发展阶段取得实效。我们基于大运营概念，提出大运营的"1352"方法论，其中的1代表大运营的一个核心目标，为企业阶段性的增长战略提供执行保障，3代表大运营的三大典型挑战，5代表五个运营赋能措施点，2代表两个业务执行的关键举措。

（一）大运营的核心目标是战略达成保障

当前不少房企基于发展和竞争的需要纷纷提出千亿元销售规模的

第六章　重视运营的调节机制

规划，这背后需要清晰的目标、有效的实现路径及强有力的执行保障。不少房企为了冲击规模会大幅度地提升拿地数量，扩张企业的布局。因此经常出现投融资的金额超过销售金额；在规模增长的同时，管理水平未能同步增长，甚至有些房企因为项目数量激增，人才被普遍稀释，内部的管理水平反而会相应地下降。房企的内部管控千疮百孔，要实现房企跨越式的发展，困难重重，因此大运营应运而生。大运营的目标是在企业管理、产品、业务标准化等还没有充分完善的情况下，充分进行资源的整体统筹协调与跟踪落实管控，实现房企整体的提速增效。

1. 从投资收益视角理解大运营

我们必须站在投资收益的视角来审视房企的大运营效率，从图 6-26 中我们可以看出，提升一个房企的经营效率受三大指标的影响，分别是净利润率、总资产周转率、权益乘数。具体到业务而言，需要

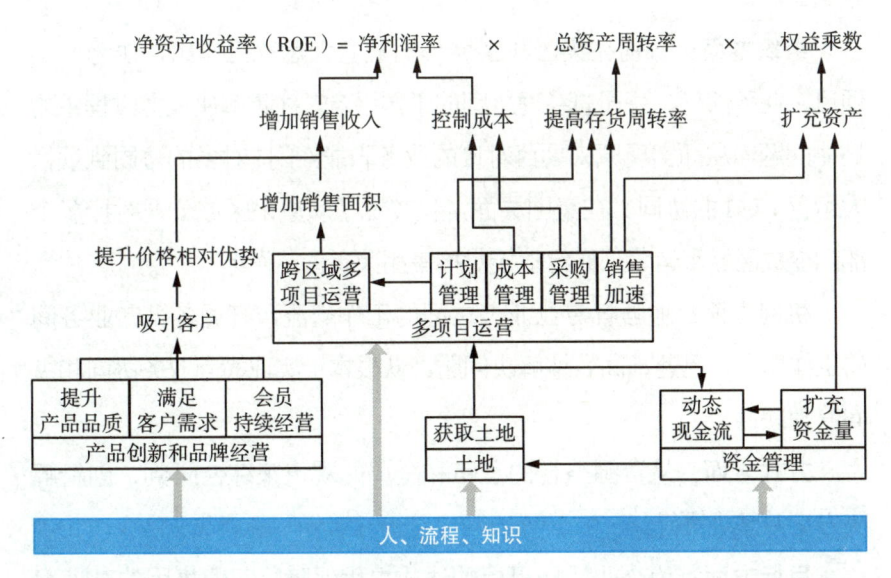

图 6-26　从投资收益视角审视房企的经营效率

257

千亿之路

关注四大典型事项。第一是能否持续获得符合房企发展所需的土地资源，以保持房企中长期的增长；第二是通过资金的高效运作提升房企的权益乘数；第三是通过标准化的项目运作提升项目开发的效率；第四是通过产品创新和客户的品牌经营提升客户价值，获取更高的销售净利润率。

另外，在当前的市场环境下，整个房地产行业的净利润率普遍较低，且有着非常明显的"天花板"。而在权益乘数上，行业在去杠杆，金融监管也越来越严格，因此房企的权益乘数也受到了较大的抑制。因此大部分房企将重心放在总资产周转率的提升方面。也就是说房企要通过内部各种资源的统筹来提升效率。

2. 典型房企对大运营的典型观点

A企是过去几年推崇大运营的主要企业，并且通过大运营的推广实现了销售规模的快速扩张。A企的大运营可以概括为如下几个方面。

组织方面：分别在集团和区域公司成立大运营工作组，作为介于项目、业务部门、公司总经理之间的工作平台，注重解决业务过程中的具体问题，从而实现原来项目对接的业务职能部门1对多的协同到项目大运营1对1的协同。在集团层面，也实现了从原来区域公司对接多个部门变成区域大运营工作组直接对接集团大运营工作组。

机制方面：加强各专业业务之间的工作交流，打通各纵向业务间的工作壁垒，迅速、高效地解决问题。从根本上实现横向业务协同和纵向管理联通。

方式方面：从资源整合的思路和全局的观点来综合研判、创新解决方案并坚决执行。

目标方面：为企业战略目标的达成提供保障，匹配集团的高速发展需求。

从本质上来说，A企管控的项目数量逐年成倍上涨，管理的项目跨越多个城市。以前总部集中决策、层层盯的模式肯定无法适应区域公司的需要，所以A企在行业中率先启用了大运营模式。

B企则是近几年通过快速的项目周转实现企业规模快速突破的房企，在大运营方面，主要集中提升自有资金的周转效率，实现企业资本回报率的有效提升，重点关注自有资金投入后的周转率、杠杆率、货地比、供货率、去化率、回款率、利润率的整体提升。其运营价值观归结为做快、做高、做好三大关键词。

- 做快，即项目快速开发，通过单项目的快速开发实现资金的高效回笼，同时通过多项目的滚动开发实现规模的快速放大和利润的整体提升。在快周转的策略下，即使较低的成本利润率也可以得到可观的利润。
- 做高，即通过扩宽资金渠道，降低自有资金的投入，提高自有资金的放大系数，主要通过提升资金周转率、杠杆率、货地比、首批供货率、去化率等手段来实现。
- 做好，通过提供优秀产品和优秀的居住服务提升产品去化能力和产品溢价能力。

这三大关键词的另外一种理解为大运营模式下的快周转、高效率、高品质。这种策略帮助B企在过去几年时间里实现了规模的快速增长。

3. 大运营管理的主要演变方向

当前行业大环境在不断地变化，政策调控的范围逐步从一线城市扩大到二线城市再到三、四线城市，而且每个城市政策出台的周期已经从以前的几年，到现在的一年，甚至不到一年。房企要实现规模跳涨，必须规避政策风险，因此，房企的整体运营要能够动态调整以适配变化

> 千亿之路

的环境。

这个动态调整适配的运营系统当前的主流方向是项目利润和现金流的流动性。规模扩张所带来的多项目、多区域发展必然带来了层级的放大，因此房企大运营体系必然会往三个关键词演变，分别是管头、管尾、过程透明，如图6-27所示。

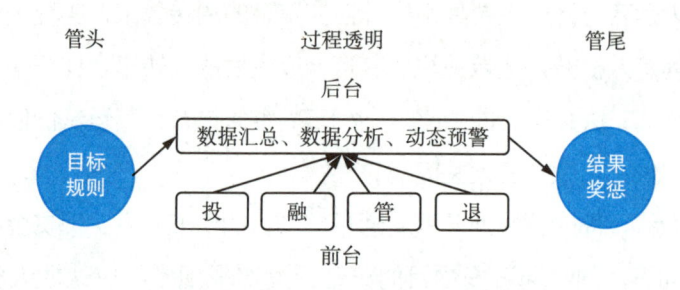

图6-27 管头、管尾、过程透明的大运营体系

管头通常指的是项目运营规则或者目标的设定，这种目标和规则，往往会涉及土地获取、项目策划、项目建设、项目销售等各环节管理及目标的定义和红线的划分。

管尾指的是根据前面的目标和规则对结果及时统计与分析，并进行相应的奖惩。

过程透明指的是在开发的过程中，在后台进行全集团的数据汇总、数据分析、动态预警，以便更好地做出风险预警和开发节奏的调整。在当前市场环境变化莫测的情况下，这种过程透明对运营而言尤为重要。当前这种过程透明包含了土地投资、资金利用、项目开发、销售退出等环节，而不再是以前的仅仅针对开发建设环节。

当前房企的大运营的主流管理框架和逻辑可以用图6-28来概括，主要包含战略洞察、运营赋能、项目成功、组织活力四个方面，分述如下。

第六章 重视运营的调节机制

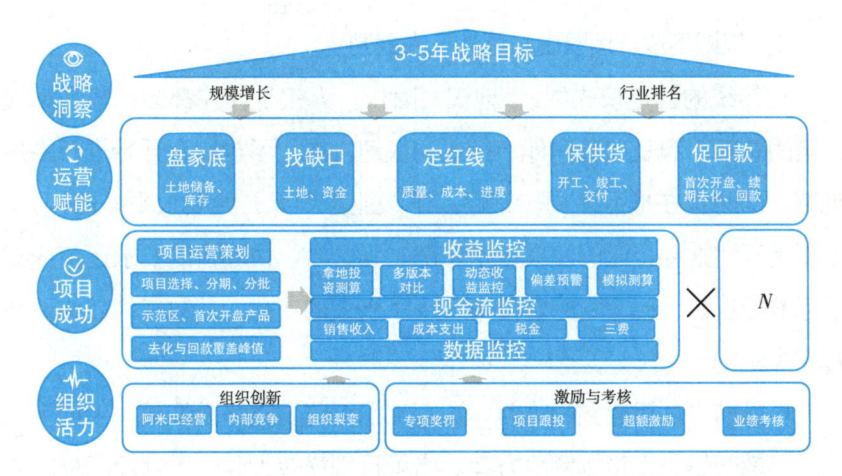

图6-28 大运营的管理框架与逻辑

第一，战略洞察。在规模增长目标或者排名目标明确后，房企必须对大运营战略能否落实保持持续的观察，并动态调整企业的资金、土地和人力资源。

第二，运营赋能。通过盘家底、找缺口、定红线、保供货、促回款的管理措施发现企业运营过程中的短板和难点，并联合业务部门制订相应的方案为区域公司或项目团队进行赋能。

第三，项目成功。通过规范项目运营以及强化项目开发过程中的收益监控、现金流监控、数据监控等方式，确保每一个项目都满足企业的整体运营要求。

第四，组织活力。通过组织创新和激励手段激活每一个层级、每一个团队的组织活力，提升企业整体的战斗能力。

（二）三大典型挑战

大运营体系的目标是实现规模战略的真正落地，面临三个比较典型的挑战，分别是权限下放、平台赋能、数据上传。

千亿之路

1. 权限下放，运营由教练转变为裁判

在传统的管控模式中，"地权、财权、人权"往往都会牢牢地掌握在集团总部，但是随着房地产行业的快速发展，不少房企开始推行跟投机制，同时也在推行快周转策略；下级业务单元开始要求更多的权力，以便更好地推动企业的发展；精总部、强区域、快项目的要求逐步变成了标准配置。因此运营的定位也发生了极大的变化，从原来的教练逐渐转变为裁判。

- 以前当项目遇到困难时，运营部门可能要充当教练员，手把手地教一线员工策划解决方案。当项目规模较大时，运营部门难以兼顾一线，所以要培养项目一线团队的担当和开发能力。
- 运营部门要能够基于一线的问题点和关注点，合理地设置规则。战略洞察之后的合理规则的设定，比设定条条框框更有效。
- 要从教练转变为裁判，首先要具备教练的能力，然后才能逐步过渡为裁判，这就要求运营人员既要有深度也要有宽度，还要有高度，即解决问题所需的专业的深度，统筹各业务板块专业知识的宽度，匹配公司发展全局与符合公司总体利益的经营高度。

2. 平台赋能，做好项目管理

在市场环境变化莫测的当下，项目成功的标准已经和以前截然不同。过去拿地即成功，因为从长期来看土地的价格是上涨的，因此项目的净利润基本能够得到保障。现在政策轮动，调控毫不放松，虽然单一项目还可以像之前一样蛰伏，等价格上涨才启动，但是这种策略对于阶段性冲刺规模的房企而言并不是最佳方式。很多时候，项目资金的流动性比资金的营利性更为重要。运营部门需要做好整个集团的赋能，做好集团与公司级的项目管理工作，保障资金投入能够产生合理的利润，同时也要在过程中动态地调节生产、供应、销售、库存之间的关系。比如

在限购区域,就要根据政策变化,推出去库存方案,确保资金回流,并滚动到新项目的开发中,确保整个公司资源的高效利用。

3. 数据上传,动态预警并不轻松

大运营是整个房企资源的大协调,涉及周转效率的大提升,因此特别是对于集团运营部门来说需要全面地掌握企业的信息,才能有效地进行工作。相对于传统运营而言,大运营的信息的广度和深度都有极大的提升,其囊括的范围包含了货值、进度、成本、销售、回款等,需要在经营决策、项目管理办公室会议、经营月报等多种场合进行多种方式的分析与预警。这就要求房企建立高效的内部信息通路,同时要求这些数据必须及时、准确、口径统一、随时随地可获取。

(三)运营赋能的五大措施

大运营需要为公司目标达成做保障,做好赋能工作是关键,其中重要的赋能措施包含五个方面,分别是盘家底、找缺口、定红线、保供货、促回款。

1. 盘家底

盘家底是大运营的重要措施,是保障企业资源(特别是土地资源)和规模发展同步推进的一项主要工作。大运营组织需要全面实时地掌握企业当前的所有存货情况,并将存货情况和企业中长期目标进行匹配。在2016年年底,某企业在制定2017年销售目标时,领导给出了600亿元的销售要求,而在紧急盘点后发现企业只有400多亿元的可售货值,显然目标达成面临极大的挑战。盘家底的主要内容包含如下几个方面。

存货货值:包含在建、在售、库存等土地资源储备究竟有多少,能够满足企业多长时间的开发,更重要的是能否满足企业跳跃式增长的要求。

千亿之路

产品结构：企业当前存货由哪些产品构成，货值情况如何，住宅楼有多少、商业楼有多少、车位有多少等。某企业在年初盘点时发现企业100多亿元的可售货值中有40多亿元是商业楼和车位，显然此时企业的库存占用极高，而且不易变现，和企业的高增长目标不符合。

区域结构：企业当前在一线城市的库存有多少，二线城市库存有多少，三线城市库存有多少，在不同限购级别的城市中有多少库存。

除了上述内容，盘家底可能还会涉及未来1～3个月的供货货值，即土地储备中有多少是可以快周转的，有多少是需要慢慢开发追求利润的。运营部门需要根据上述信息进行整体资源的调节。

2. 找缺口

在大运营机制下，找缺口是指从"投、产、供、销、存"的视角，找到运营瓶颈，并采取措施消除瓶颈，提升企业的资金周转效率，如图6-29所示。

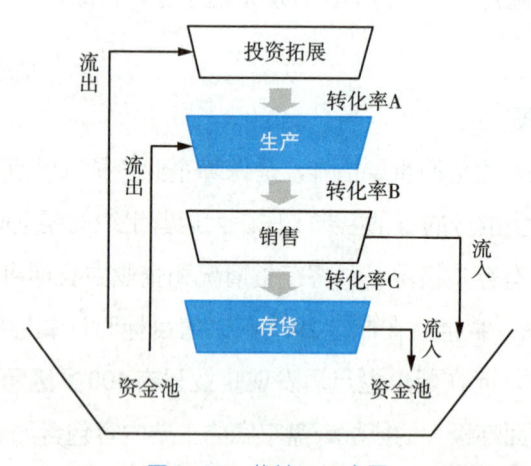

图6-29 找缺口示意图

房企通过找缺口能够弄清楚企业资源在流转的过程中究竟在哪些方面出现了问题。比如有些房企看了上百块地，最终真正到手的土地只有一两块，此时，运营部门可以初步判定，房企在投资拓展、土地储备方面是存在问题的，如果不能解决这些问题，房企的规模目标显然无法达成。

在土地储备转生产环节，运营部门可以了解到土地资源进入开工环节的转化率，特别是拿地到开工周期究竟有多长时间。如果大量项目都出现拿地之后，迟迟不能开工，就需要具体分析究竟是在产品定位方面、供应商资源供应方面，还是在报批报建的环节存在瓶颈。

在生产转可售环节，需要关注预售条件和预售证的获取情况。在销售环节和存货环节，则需要观察其中的红线。

整体而言，在大运营机制下，找缺口不单单是找投资缺口，也要找融资缺口，更应该找的是内部开发过程中转化率偏低的环节，然后集中力量针对该瓶颈进行赋能，以提升整体资源的有效运转。

3. 定红线

房地产行业的运营和项目的关系可以用交通系统来做比喻，一个顺畅的交通系统，需要有好的基础设施，要有完善的交通法，要有红绿灯、摄像头等设备，还要有执勤执法的交警以及在道路上行驶的汽车。

大运营需要根据公司的战略目标和要求制定各种交通法规和标线，比如进度红线、成本红线、质量红线或者关键目标。

项目及项目相关团队则如同在道路上行驶的汽车，在这个交通系统内行驶，同时要保证自己行驶的方向正确、速度合理。

运营部门则相当于执法的交警，需要根据各种规则和红线对交通秩序进行维护，对于触犯红线的车辆给予纠正和处罚。

各级运营会议和管理手段则是运营部门用于发现项目（车辆）是否在法规内运行的重要工具。

因此能否结合企业实际情况制定合乎要求又深入人心的规则尤为

千亿之路

重要，同时灵敏而准确的监控手段能让运营如虎添翼。进度管理的红、黄、绿灯如图6-30所示。

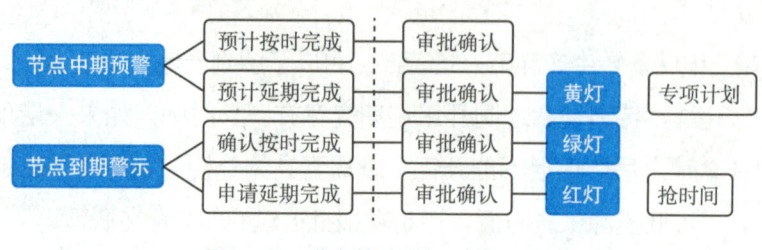

图6-30　进度管理的红、黄、绿灯

4. 保供货

保供货则是全力主抓生产环节，确保供货和现金流回笼。在大运营体系中，除了保障节点进度准点达成以外还需要从全局进行统筹。

开发规划：规划项目的开发节奏，确保项目持续供应，比较典型的是在项目策划阶段尽量推动货值的合理分布，比如有房企明确要求，项目三分之一的货量具备销售条件，三分之一的货量处在桩基施工阶段，另外三分之一的货量处在设计阶段。

以销定产：围绕年度销售目标及月度安排，保证项目节点顺利达成，更重要的是保证企业的供货达成率，以促进销售和供货的供需匹配。

节奏控制：控制开盘的规模、次数、时机，针对不同类型的项目制定不同的策略和节奏，比如快周转型项目首次开盘的占比要高，高利润型项目要采取小步慢跑的开盘方式。

5. 促回款

通过首次开盘实现现金流回正是快周转型房企的关键运营手段，因此运营部门需要进行深入的项目策划，从首次开盘货量、产品占比、去化率、回款率等业务点着手，确保首次开盘回款大于项目的资金

第六章 重视运营的调节机制

峰值。

在现金流统筹环节,关注各类城市和各类项目的现金流回正周期,同时也要关注高库存项目、高库龄项目、认购未签约高的项目,防止资金的库存占用和应收账款占用比例过高。

(四)两个关键举措

项目运营策划和项目动态收益跟踪是大运营体系的两个关键举措。

1. 项目运营策划

项目运营策划往往通过项目预备会和项目启动会来落实,在实际工作中,大运营的项目运营策划需要关注如下几个方面的内容。

项目选择:尽量选择符合房企开发模式的土地,或者以战略导向筛选土地,比如有些房企在冲规模阶段,明确要求要获取小型地块(20万平方米以下),获取能够实现快周转的土地,提高在三、四线城市的占比。

分期分批策划:加大首期供货,快速实现次期的供货,以实现供货的连续性。

首次开盘货量和产品:设置更大的首次开盘货量、更易于去化的产品,比如低总价、低单价的产品,实现高去化、高回款。

去化与回款:通过设定更高的去化率和更高的回款率,来缩短现金流回正的周期,比如不少房企都要求在开盘一个月内去化90%以上,甚者在三、四线城市,连车位和商铺都要求快速去化,对于去化缓慢的项目则坚决降价,实现资金的快速回笼,并投入下一个项目。

2. 投资收益跟踪

投资收益跟踪的要点是,根据前期的项目运营策划设定相应的项目成功标尺和项目的整体策划案,在开发过程中定期和定点地进行分析与监控，确保项目不走偏。典型的跟踪措施包含三个方面。

收益监控：建立从拿地到项目结束全过程的指标跟踪机制，确保成功标尺不缩水。具体举措包含：拿地时进行精确的投资测算，开发过程中的每一个节点都进行收益测算并进行偏差预警和纠偏，其中建立标准的模拟测算模型是关键。

现金流监控：在投资收益跟踪的过程中动态获取销售收入、未售货值、成本、税费等数据，观察现金流回正指标，特别是要保障项目策划的执行到位。

数据监控：通过信息化工具及时准确地把过程数据汇总到运营部门。特别要提醒的是，这种数据监控已经不再是单一的节点和货值监控，而是涉及项目开发全方位的数据监控。

综上所述，大运营是当前房地产行业高速成长的企业提出并实践的一种管理模式，人们还在不断地探索，但是不可否认的是，它在房企规模冲刺以及在动荡的城市轮动的行情下取得了较好的效果。规模增长战略的落实是大运营的关键目标，权限下放、平台赋能、数据上传是大运营的关键挑战，盘家底、找缺口、定红线、保供货、促回款是大运营赋能的五大措施，项目运营策划和投资收益监控是大运营业务环节的关键举措。

第七章

努力实现快周转

"天下武功，唯快不破"。在当前的拿地模式下，在地价普遍较高的情况下，如何在短期内尽快地实现销售，如何实现快周转，才是房企竞争的关键所在。

在过去几年里，典型房企提前布局，以快周转推动规模扩张，进而通过规模化达到占据市场份额最大化的战略目标；自从高举"快周转"的大旗后，它们不断攻城略地，得到了资本市场的青睐，并借助资本的力量，巩固了自身在行业中的影响力和竞争力。房企普遍认为，快周转可以帮助它们更好地规避政策风险，也更容易抓住稍纵即逝的市场机会。快周转也能够让资金回笼得更快，也可以让手中始终握有相对充足的资金，这样不仅能减少现金流风险，还能充分利用预售款、合作方垫资等资金杠杆体"以小博大"。快周转还是收益最高的模式，无论市场向好还是遇冷，它都能大幅度提升整体收益率。

快周转主要有三个典型评价标准：第一个是整体现金流回正快；第二个是拿地到动工、预售的时间快（通常拿地到预售的周期为6~8个月就是典型的快周转）；第三个是销售去化速度快（快周转企业倾向于去化速度越快越好）。某房企"456"口号是快周转的极致体现，其有效地推动了企业规模的极速增长。恒大则通过集团化管理模式实现了企业运营效率的大幅度提升，中南采用"六先六快"的操作方式，加速新项目的开发节奏和速度，以快开工、快销售、快速资金回流的方式实现项目整体的快周转。祥生地产也通过快周转模式"36781"（三个月开工，六个月开盘，开盘当天去化70%，一个月内去化达80%，一年现金流回正），助力企业快速实现规模的扩张。

快周转的重心是企业整体运营能力的提升，是项目的全面加速，而不是单一特定项目的局部加速。快周转需要企业在产品标准化层面深度发力，只有坚决地推行面向客户需求的标准化产品才能有效地实现整体的快周转。快周转同样要求企业在运营管理方面的标准化建设，只有通过标准化的组织、授权、流程和模板，才能整体提升项目开发的效率。这就是很多房企单一项目可以周转得很快，但是平均周转率和典型房企有很大差距的重要原因。

快周转的典型做法并不是全面追求快速开发，而是有选择地快，比如常见的都是以项目"预售为界"，前段求快，侧重快速开工、快速开盘、快速资金回笼，而在项目的后段则追求产品品质、居住体验、以质量为先、深耕细做。

快周转在房企中主要反映在"快速开工、快速销售、快速回款"三个方面。接下来我们分别进行阐述。

一、快速开工，降低项目的资金占用量

快速开工是快周转的第一要诀。对于房企而言，减少土地的闲置时间，减少自有资金的占用时间是重要要求。曾有房企测算过，如果按照传统的路线推动项目开发，从招拍挂拿地、做方案设计，到规划报建、推动招投标、获取施工许可证往往需要11个月时间，从开工到预售又需要3~4个月时间。这种周转的速度可以说中规中矩。而在当前的行业中，快周转的房企基本上三四个月就开工，做到极致的甚至实现了摘牌即开工。周转速度一般的房企，相对来说其自有资金占用量和银

行资金占用量都比较高,这是快周转房企不能接受的。因此房企都会千方百计地提升项目开发的速度,减少拿地到开工,拿地到开盘的时间。行业中常见的方式是通过对开发流程进行再造以实现对整个开发周期的压缩。

(一)A企的开发流程再造

项目开发的关键路线:通行的项目开发都遵循先进行项目可行性研究、签订土地合同,再进行概念、规划、施工图设计,然后进行工程招投标,按部就班地开工,达到预售条件,获取销售许可证,最后销售开盘。通过统筹分析,A企发现这种按部就班的开发方式,其资金占用量较高、开发周期长,难以满足企业的需求。

通过总结经验,A企挖掘了三种典型的流程再造方式,分别是改变关键路线、压缩阶段周期、简化决策节点,实现了将项目从拿地到开盘的周期从原有的15个月压缩到9个月。这帮助企业提升了内部收益率、销售净利率,减少了资金占用量,实实在在地带来了可观的经济效益。

1. 改变关键路线

A企采用的主要做法是将原先拿地后才推动的工作,比如概念方案设计、首期的规划设计等工作前置到拿地前开展,获取土地后即推动相应的报批报建工作;同时将示范区和基础施工图进行独立设计、前置,并快速推进基础工程的招投标工作;同时推动基础工程前置开工。总之就是将方案设计前置到土地获取前,力争示范区或者基础工程前置施工。

2. 压缩阶段周期

主要压缩施工图设计工期,在非必要的情况下不压缩前期拿地评估周期。为避免项目团队盲目压缩项目开发工期,导致项目的质量和项目投资收益受损，房企建立了压缩工期的基本准则，比如必须保障产品质量，必须保障项目的投资价值。最终形成的结论是，投资拿地和规划设计阶段直接影响项目的投资收益，不能强行压缩工期，但是通过工作前置，该类工作将不影响开发工期。而在项目开发的产品设计环节，通过产品标准化和按照企业的集中决策、分层决策的方式统一进行压缩。在工程施工阶段，在保证销售的前提下，不强制压缩周期。

3. 简化决策节点

原有的专业决策工作都要通过城市公司、区域公司、总部多重决策，往往耗费大量的时间。A企通过集中决策和分层决策的方式进行简化，极大地提升了决策效率。根据区域公司的专业能力和决策能力进行适应性的放权，最终集团总部主要保留项目立项的决策权和项目获取的决策权，而其余的专业决策权和控制权往区域公司下放。

4. 流程优化的风险分析

流程再造在实践中也会面临各种风险，主要体现在四个方面：第一是土地取得时间会延长，导致丧失部分机会；第二是前期投入的费用相对增加，单一项目拿地投入超过200万元；第三是在组织管理上有风险；第四是存在项目条件调整的风险。

（二）B企的充分工作前置

工作前置、再前置，是B企快周转、快开工的关键策略。在执行过程中，B企重点做好团队前置、定位前置、方案前置和招标前置工作。

1. 团队前置——拿地前项目核心团队要到位

B企要求每进入一个新的城市都要提前2~3个月招聘团队，总经理更要提前到岗，以熟悉企业文化。在拿地之前，项目总经理和各部门负责人必须招聘到位或储备到位，关键部门必须提前做好准备，如行政部门、招采部门。

2. 定位前置——尊重土地价值，产品定位满足快销

好的定位在于尽可能让后期销售没有风险。在定位上，B企要求产品满足快速销售的目标，除了刚需产品外，高层主力户型也必须满足快销目标。B企不盲目拔高土地价值，而是更尊重土地价值，确保客户最大限度地接受其产品和主力户型。

3. 方案前置——拿地后一周报方案，抢快三个月开工

方案设计是最重要的前置工作。B企能做到拿地之前项目方案已接近报批程度，有些方案甚至做到扩初阶段。因为B企在拿地之前就跟政府相关部门进行了沟通，所以方案完全能够满足规划条件，当真正拿到地块后，一个星期就能把方案报上去。而同行的设计方案上报，往往都要三个月，这就相当于"抢"回了三个月的时间。

如果没拿到地岂不浪费？对于这个问题，B企也算过账了：没拿到地，也就多付了一些设计费，多费了一些工作精力；但如果拿到了，拿地到开盘的时间就可能从九个月缩减为五个月，这缩减的四个月时间将会节约好几千万元的财务利息。

4. 招标前置——供应商前置考察，与战略总包单位深度合作

为了更快地开工，B企首先对总承包、土方、桩基、示范区景观、精装修、软装等合作资源都进行了前置考察，高效地完成了所有考察报告，以便给新拿地块储备合作资源，节约资格预审时间。其次，为了加快开工、节约成本并减少纠纷，B企特别成立了战略采购部，并与建筑公司建立战略合作关系，规定当期开发土地的70%都由战略级的建筑公司接手。最后，作为支撑快开快销的营销配套建设，如景观示范区、样板间、售楼处，很多时候没有时间招标，但又要保证品质，都可以让

千亿之路

总包单位来做，速度往往比其他同行更快。

房企与总包公司、战略采购部的联动，最直接的好处是确保资金可以垫付，更能有效地利用集团资源控制成本，另外，免去了招标环节，减少了前期大量的洽谈沟通工作，能加快项目的开发进度。

除了前置考察外，更快拿到"五证"也是房企更快开工的关键点。由于自身的快周转战略，B企的很多项目在拿地五个月后就要预售，所以国土证、施工证等"五证"就得提前拿到。B企的付款周期远远低于各地政府规定拿地后六个月付清土地款的常规周期，因此政府也会按照规定更快地发放"五证"。

（三）C企识别首期开盘的周期敏感点

C企侧重于挖掘项目开发中影响工期的敏感点，更是将重心放在影响首期开盘的工作内容上，其通过工作内容的前置、交叉或并行来实现开发速度的提升。

1. 前置

前置的意思是打破原有工作流程，将部分工作提前实施，如以下工作。

- 定位和概念设计前置于拿地前：在拿地前，就对可能取得项目的地块进行深入细致的研究（包括城市、区域、市场、产品、客户等），做好项目产品定位、客户定位和规划概念设计工作。
- 样板段策划方案前置。
- 部分设计前置：综合管线设计前置、桩基施工图前置、景观设计前置等。
- 取得施工许可证前的前置工作：部分工作提前实施，如样板段提前开工（样板段施工图纸提前设计，部品部件材料定样提前确

第七章　努力实现快周转

定，桩基础及土方工程提前实施等)。
- 样板段的一些工作前置：样板段精装修设计单位、装饰、施工单位确定前置，样板段景观设计、部品部件材料定样前置等。
- 采购及分包单位招标工作尽可能前置。

2. 交叉

打破传统的流程和界限，改串联为并联，如：
- 扩初设计批复完成，总包单位招标与施工图纸设计同步进行；
- 样板段方案设计与概念设计、方案设计同步进行；
- 景观设计方案与建筑规划方案、单体设计同步进行；
- 室内精装优化设计、机电点位确定与扩初设计同步；
- 综合管线设计与扩初设计同步进行。

3. 并行

打破常规做法，将原来一次性进行的工作进行拆分，通过多个小的并联工作，使整体工作提前完成。
- 在基础和主体施工时，交叉做雨污水管线、供水管线、供电管线、弱电系统管线铺设等；
- 售楼处或样板间精装修施工与主体施工交叉进行；
- 样板段景观施工与样板段主体施工交叉进行；
- 综合管线施工与景观交叉施工；
- 做一期施工时，二期施工图、三期方案设计同时进行。

整体而言，C企的方法和A企的相似，都是通过原有开发流程的再造，实现快速开工。

二、快速销售，打出品牌，提升去化

对于千亿房企而言，前端不断疯狂买"面粉"，中端不停产"面

千亿之路

包",如果后端不能快速地实现销售,显然也难于兑现它们的终极目标。可以说打造房企的营销竞争力已成为千亿房企的重要手段。只有实现销售变现,多拿地、快建设、快开盘、快周转的节奏才有可能实现,只有通过强大的营销管理,才有可能加速资金的快速周转,并确保现金流的平衡与稳定。纵观行业内的典型房企,无不是有着独特且超强的营销力,以保证其在千亿之路上走得更快更稳。以下我们分别以恒大、融创、龙湖等房企为例,谈谈运营中至关重要的营销力。

(一)恒大

从恒大20年的发展历程和战略导向来看,每个阶段都离不开"规模"二字,而且其拿地的激进态势曾一度让圈内人士"看不懂"。正因为别人的"看不懂""做不到",正因为恒大将速度和规模作为行业制胜的法宝,才成就了其企业规模的快速扩张。在规模扩张的背后,其标准化的营销套路,加上强大的执行力,造就的强势营销风格,起到了至关重要的支撑作用。

1. 统一品牌推广策略,多渠道"全面开花"

恒大采用集团高度集权的模式进行品牌推广,即"总部定调、地方发声"。例如行业内熟知的"无理由退房",就是在恒大总部宣布的,最终演变成覆盖全国各项目的品牌行动。恒大的销售规模能够跳涨,其"无理由退房"的品牌推广功不可没。这种统一行动的策略,降低了各项目的运营风险,同时也放大了品牌营销策略的效果。

在推广渠道层面,恒大采取"全面开花"的模式,尤其是对于日渐式微的纸媒和电媒等情有独钟,也非常舍得花钱。例如,从网络上盛传的一篇《恒大海花岛营销总结》我们可以看到恒大的部分费用数据,在央视的广告预算为2.73亿元，微信朋友圈广告预算是3 000万元，加上其他的各种媒体渠道，首期的总营销费用是6亿元左右。据内部人士透露，在总计1 600亿元的资金投入中，营销费用大概是110亿元，其推广的强势风格可见一斑。

这种全面开花的策略的好处在于覆盖面广，特别是在传统纸媒、电媒渠道还占据一定阵地的三、四线城市，往往能起到奇效。虽然这么做不可避免地会带来营销成本的上升（2016年前10强的房企中，恒大的营销费用率最高，为7.5%），但因为其项目去化速度较快，从而降低了资金成本，因此这也是适合恒大自身特点的营销策略。

2. 人海战术，暴力拓客，高额激励，严格考核

在销售拓客层面，恒大采取的是"大兵团+高佣金"的模式，置业顾问加拓客团队近百人的配置保证了项目的顺利销售；拓客团队负责增加来电来访，进行客户初步筛选；置业顾问负责"杀客"，逼定客户。2014年，恒大建立了自己的拓客团队，取得了非常显著的效果。目前，在恒大的项目中，拓客已占项目来访的60%~80%，占总成交的60%~70%，可以说，拓客成为恒大业绩增长的重要保证。

一般来说，恒大置业顾问与拓客团队的人员配比在1∶4左右，即1个置业顾问有4位拓客人员帮助其开拓客户，减轻了置业顾问的负担，提升了"杀客"效率。在新项目入市之初，恒大更是调集数百名销售人员和拓客人员发动人海战术（如图7-1所示），保证首次开盘的效果。针对不同能级城市，制定不同的营销覆盖要求，例如对于一、二线城市项目，要求全市覆盖；对于三、四线城市项目，要求全市覆盖，且对周边近150公里范围的乡、县做到铺点覆盖。

千亿之路

\> 恒大：人海战术，暴力拓客	
限定条件	▶ 仅限在蓄客阶段到开盘的一个月内启用该战术。
分级规划	▶ 针对不同能级城市，制定不容的营销覆盖要求。 ▶ 一、二线城市项目：要求全市覆盖。 ▶ 三、四线城市项目：全市覆盖，且对周边近150公里范围的乡、县铺点。
四大重要环节	▶ CALL客（打电话拉客户）：分为海CALL和精CALL，进行话单、说辞、人员、培训等标准化管理。 ▶ 巡展：选择在人流量大、与目标客群特征相近、项目覆盖客群半径范围内进行，一般占成交比的15%左右。 ▶ 派单：根据圈定的客群范围，制订派单计划；按区域或时间进行任务分解；精派与粗派相结合。 ▶ 大客户拓展：作为恒大最看重的环节，一般都较早启动，甚至有部分项目在拿地阶段就已启动；团队配备专门的大客户小组，至周边八公里范围内的企事业单位，通过工会或办公室主任或公司行政部，建立联系。
额外佣金奖励	▶ 按集团下发的任务指标，根据完成率进行奖励，完成率不同，奖励额度不同。 ▶ 代理及自营项目成功销售一套房，奖励销售团队销售额的0.1%，其中，60%归认筹签单的置业顾问，5%归其小组长，35%奖励小组内其他成员。 ▶ 所有参与新开盘的销售人员，按当天销售额的0.15%计算佣金。

图7-1 人海战术要点说明图

恒大给予置业顾问和拓客团队高额的底薪和提成，充分调动他们的积极性，并且通过严格的淘汰机制保证团队的战斗力。有效的激励机制和淘汰机制，在恒大体现得淋漓尽致。

3. 超强气场开盘，豪华样板体验，特价手段快速去化

恒大会在每周末安排暖场活动，以确保样板区开放当日的人流量，并制造轰动效应，实现万人参观盛况。

恒大通常在样板区开放日的后一周开盘，每次开盘都会要求代理公司增加大量人手，以近百人的服务团队保障成功开盘。根据项目大小不同，一般每次开盘可实现销售500～1 000套。

如图7-2所示，恒大强调配套、装修及服务等环节的豪华与尊贵，精准地匹配三、四线城市客户的需求。

第七章　努力实现快周转

- 配套：2 500平方米五星级铂金会所、3 200平方米国际双语幼儿园、5 300平方米风情商业街、60 000平方米皇家园林。
- 装修：西门子、东陶（TOTO）、海尔、科勒等知名品牌，世界级大师团队打造，天然奢华实木、埃及米黄石等名贵石材，精品化施工等。
- 服务：到处都是职业范的安保和保洁人员，通过物业服务提升品牌形象，而且还有"无理由退房"大杀器。

图7-2　恒大的豪华样板体验空间

（二）融创

融创近年来的发展势头相当强劲，从2009年至2016年，从中型房企不断发展为排名第七的一线房企，截至2017年11月，融创的销售规模更是一举跳涨至行业第四名。融创的项目在大多数城市都能占据市场前列，最主要的是源自融创超强的营销能力。

1. 文化先行，要求销冠精神+强烈决心+狼性心态

融创的董事长孙宏斌是营销出身，公司的其他高管也大多是营销出身，因此营销文化在融创的地位相当之高。在融创的营销文化中，包含了极其重要的三点。

（1）销冠精神：融创强调销售团队就是明星团队，是业界最好的团队，每个人都应该具备冠军的精神和意识，在任何时候都要做得比别人强。融创销售团队中的成员有的是自己培养的，但更多的还是从别的公司"挖"来的。这也直接影响了人力资源经理的招聘倾向，在本区域内厉害的销售员都是人力资源经理的招聘对象。

（2）强烈决心：由于融创对销售团队的强激励与严考核，直接决

千亿之路

定了销售团队必须具备强烈的决心。业内经常提到的融创案例就是其北京的一个销售团队在某月的最后一天冲刺卖出1亿元,最终完成其月度目标。由于其团队具备足够坚定的信心和决心,无论如何都能完成任务。

(3)狼性心态:这个很容易理解,如果销售团队没有狼性的话,肯定做不好这个行业。尤其对于融创的产品来说,其高端客群的定位,意味着在溢价环节的挑战更大,对狼性的要求更高。反映在销售指标上,就是越能承受高指标挑战的销售员,就越具备狼性心态和竞争意识。

2. 渠道为王,全民营销制胜

从2008年开始,融创正式发力渠道营销。当年,房地产行业正值低迷时期,但融创的渠道部却逆势发力,完成了整体销售业绩的70%多。尤其在当前行业面临拐点之际,融创的渠道营销策略可供各大房企借鉴与参考。

融创的渠道管理主要是在团队打磨、用极渠道、业务标准化三个方面做深、做透、追求极致。

(1)在打磨团队方面,强调专业分工,高效协同,大浪淘沙,去粗存精。从渠道总监、拓客执行团队、拓客保障组,直到渠道管理五大块,融创均对这些专业工作有明确的规定,确保彼此间的分工与协作。特别需要指出的是,融创对销售报销的支持保障工作相当到位,但凡涉及跟销售挂钩的商务活动,只要凭借有效的票据,融创的渠道人员都会在短时间内得到报销。这种灵活、时效性强的报销机制,一定程度上促进了融创渠道拓客的积极性。团队打磨要点如图7-3所示。

第七章　努力实现快周转

融创团队打磨：专业分工，高效协同，大浪淘沙，去粗存精

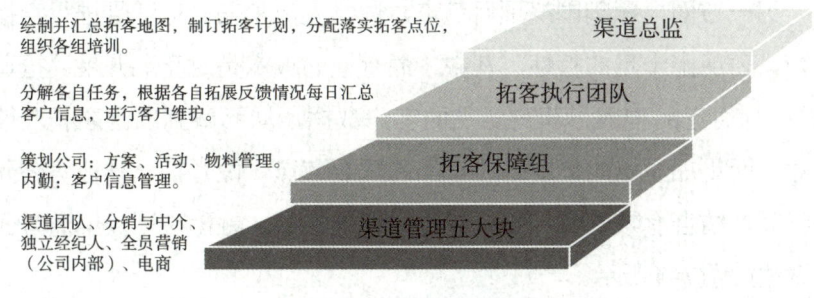

说明	层级
绘制并汇总拓客地图，制订拓客计划，分配落实拓客点位，组织各组培训。	渠道总监
分解各自任务，根据各自拓展反馈情况每日汇总客户信息，进行客户维护。	拓客执行团队
策划公司：方案、活动、物料管理。内勤：客户信息管理。	拓客保障组
渠道团队、分销与中介、独立经纪人、全员营销（公司内部）、电商	渠道管理五大块

图7-3　团队打磨要点

在对渠道团队的管理过程中，融创严格明确渠道人员的拓客定点位置，规定不能擅自变动点位。如遇到特殊情况，必须提前报备，若渠道人员擅离点位则对其做相应的处罚，首次口头警告，第二次罚款100元。其管理严格及精细度，值得许多房企在渠道拓客环节借鉴。

渠道团队内部的竞争可谓相当残酷。以80人的渠道团队为例，前期招聘150人左右，对他们的每月绩效进行考核：首月不考核，次月不达标工资减半，第三个月不达标直接淘汰，最终实际执行人数存留80人。留下来的自然都是精英。

（2）在用极渠道方面，强调整合资源，全民营销，抢掠竞品，狼性十足。所有和融创有过正面交锋的房企应该都有感受，融创在渠道拓展环节非常彪悍。

一方面，融创平时积极整合各类资源，打开所有可用渠道，做好渠道资源的积累，实现全民营销，随时为项目输送客户。例如融创在很多区域，与超过上百家企业建立了联系，这些企业的员工购买力很强。融创与企业高层建立好关系，就很容易向企业员工传递项目信息和促销优惠。通过这些渠道能更精准地定位客户，成交也变得相对

千亿之路

容易。

另一方面,融创围绕项目节点,进行人员覆盖,对竞品进行直接抢掠,表现出十足的狼性。其中,最有效的战术是对竞品开展"抢逼围":利用竞品猎人,获得竞品的客户数据,从而做到以己之长攻彼之短;而更加原始的,就是在竞品的重要节点,像开盘、样板房公开等时间,结合有效的宣传形式,进行现场拦截。融创在用极渠道方面的做法如图7-4所示。

图7-4 用极渠道说明图

(3)在业务标准化方面,融创强调成功无捷径,勤奋事竟成。从图7-5可以看到,融创对业务标准化的内容界定,与行业内其他房企的理解相差无几。但融创强调一定要将这些看似没有特殊之处的业务标准理解到位,执行到位,特别是配合其高效管理及高额激励的手段,使得这些业务标准在具体执时更加有效。

第七章　努力实现快周转

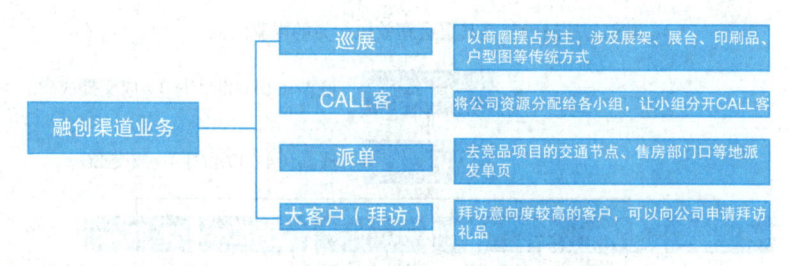

```
融创渠道业务 ──┬── 巡展         以商圈摆占为主，涉及展架、展台、印刷品、户型图等传统方式
              ├── CALL客       将公司资源分配给各小组，让小组分开CALL客
              ├── 派单         去竞品项目的交通节点、售房部门口等地派发单页
              └── 大客户（拜访）  拜访意向度较高的客户，可以向公司申请拜访礼品
```

图 7-5　渠道标准化

业内广为流传的"融创快递小哥"、默默执行海量任务的渠道团队、晚上9点派单的"小蜜蜂"、"房交会"穿雨衣拓客的"小蜜蜂"、被拒绝无数次但激情依旧的年轻人、10小时站在售房部门口的年轻妹妹……这些场景都是自内而外演绎的，没有自己独有的管理模式、培训模式及公司文化做支撑是无法做到的。

3. 高额佣金，及时兑现奖励

除了文化先行和渠道为王的指导策略，在融创内部，高底薪、高佣金也是支撑融创渠道运营的关键。如图7-6、图7-7所示，在其高底薪的基础上，有各种成交提成和额外奖励；与此同时，渠道组长、主管等置业平台敞开，根据渠道人员自身素质及拓客成绩，灵活升降职（在周例会上通报），有效地打开了执行层面的升职途径，一定程度上也是融创渠道执行力的内在驱动因素。融创的销售奖励指标有17项之多，这也是业界很少见的；每周有8万~10万元的奖励，让团队成员除了薪酬以外还有其他的标进行冲刺。

（三）龙湖

龙湖曾经被称为"不只是一个地产品牌，更是城市不可替代的生活先锋与导师"。事实上，在百舸争流、奋勇争先的房地产行业中，龙湖凭借自身独特的营销竞争力，牢牢地占据着属于自身的市场份额，并支撑其不断地做大做强。

285

千亿之路

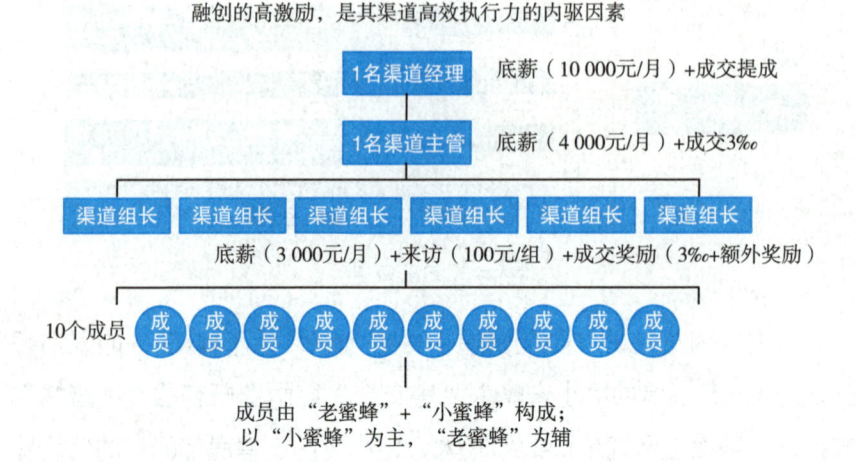

融创的高激励，是其渠道高效执行力的内驱因素

```
                    ┌─────────────┐
                    │ 1名渠道经理 │  底薪（10 000元/月）+成交提成
                    └─────────────┘
                    ┌─────────────┐
                    │ 1名渠道主管 │  底薪（4 000元/月）+成交3‰
                    └─────────────┘
  渠道组长  渠道组长  渠道组长  渠道组长  渠道组长  渠道组长
       底薪（3 000元/月）+来访（100元/组）+成交奖励（3‰+额外奖励）

10个成员  成员 成员 成员 成员 成员 成员 成员 成员 成员 成员

         成员由"老蜜蜂"+"小蜜蜂"构成；
         以"小蜜蜂"为主，"老蜜蜂"为辅
```

图7-6　高激励的团队构成

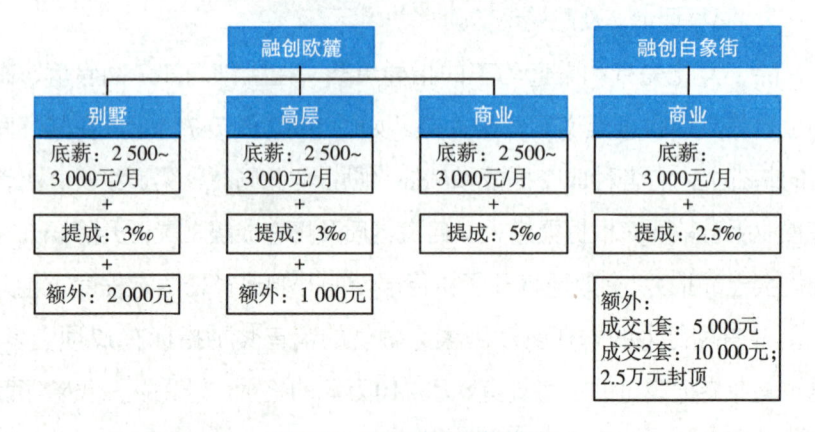

融创的高激励，是其渠道高效执行力的内驱因素

```
        ┌──────────────融创欧麓──────────────┐     融创白象街
          别墅           高层          商业         商业
        底薪：2 500~    底薪：2 500~   底薪：2 500~   底薪：
        3 000元/月      3 000元/月     3 000元/月    3 000元/月
           +              +              +            +
        提成：3‰        提成：3‰       提成：5‰     提成：2.5‰
           +              +                           +
        额外：2 000元   额外：1 000元               额外：
                                                   成交1套：5 000元
                                                   成交2套：10 000元；
                                                   2.5万元封顶
```

图7-7　高激励的具体措施

1. 客研体系打造最强大脑，源头提升销售去化速度

龙湖的客户与市场研究部门（客研部门）于2011年组建，2014年扩编，在龙湖内部具备极强的话语权。不论新盘、老盘还是现房，不论项目此前销售如何，必须经由客研部门重新论证。目前，从集团到

第七章　努力实现快周转

区域公司共计70余人的客研团队及其搭建的研究体系（客研体系），已经覆盖了龙湖的住宅、商业和物业三大业务领域（其中住宅领域的研究最为深入及系统），为全业务流程提供决策依据。客研体系已然成为龙湖的最强大脑。

这个最强大脑的最大作用是及时把客户自己都未必说得清的需求刻画出来，并与项目有效对接，避免在红海里拼争。该体系最主要的两个基础工作就是城市地图和客户细分，如7-8所示。

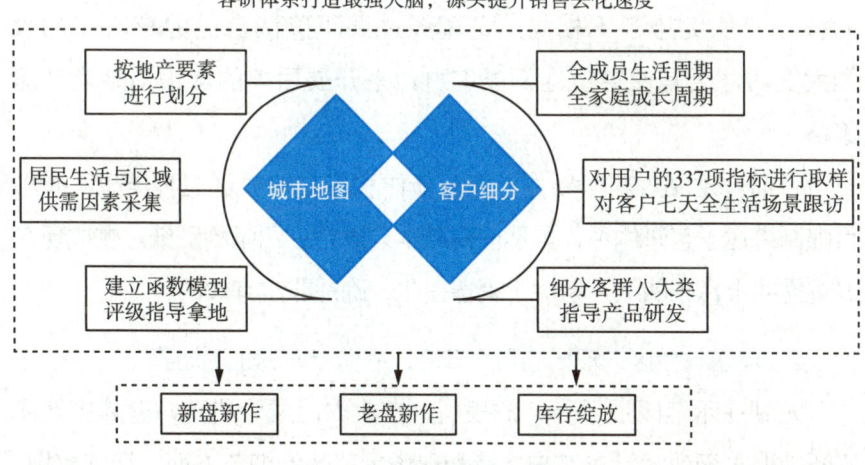

客研体系打造最强大脑，源头提升销售去化速度

```
按地产要素                      全成员生活周期
进行划分                        全家庭成长周期

居民生活与区域      城市地图  客户细分    对用户的337项指标进行取样
供需因素采集                              对客户七天全生活场景跟访

建立函数模型                    细分客群八大类
评级指导拿地                    指导产品研发
            ↓         ↓         ↓
         新盘新作   老盘新作   库存绽放
```

图7-8　客研体系的两大基础工作

城市地图是指将城市切成很多细碎的小板块来研究，这种板块并非以行政区划分，而是以地产要素划分。例如，北京切到273个板块，上海切到198个板块，每个板块包含历史成交数据和竞品分析，此外，影响居民生活和区域供需的因素被指标化地录入城市地图中，经过函数折算，形成最终评级，并定期更新，作为拿地依据。

客户细分则是结合居民收入、家庭结构、购房次数、配套需求等不同要素，将客群切为扎根、安居、功改等八个大类，若干个子类。在

千亿之路

集团框架指导之下每个城市有小差异,例如广州就细分为九类。客户细分围绕用户家庭的全成员生活周期和全家庭成长周期这两大周期,对涉及用户的337项指标进行取样;以及对客户七天的全生活场景进行跟访工作,发现以往忽略的生活细节,从而指导最新的户型研发。

城市地图加上客户细分,形成了土地和客户的对应关系,也为后期实现科学拿地和产品研发提供了坚实可靠的基础。以杭州市场为例,房企的定位分层非常明显,绿城、万科、龙湖等代表性房企的核心竞争优势各不相同,龙湖经过调研确认自己的核心在功改和大安居,于是便定位这两类客群,来开展后续的拿地策略及产品策略。

目前,龙湖对新盘新作、老盘新作和库存绽放这三种类型所有项目强制搭建了客研体系,虽然使得原本只需要三四张的图纸,变成现在普遍需要十几张图纸,但对于销售去化,确是非常有效的。

2. 追求样板区的现场感与细节度,打造专业的生活场景

龙湖在示范区展示环节的表现,在业内已成为典范,但其仍然在不断地追求极致:针对客户接待和现场示范区的细节方面,深度挖掘,精益求精。

(1)立体样板区展示。在样板区展示方面,一般房企讲求整齐有序,往往给人以静态和呆板的印象。龙湖强调,现场打动客户重要的地方是整个样板区,而不仅仅是售楼部和样板房。因此在龙湖的项目中,公共沿途景观、未来绿地、实体入户大堂、实体样板房、车库等形成立体效果;样板间里餐桌上的酒杯、茶几上的杂志、水槽里的水果蔬菜、衣柜里的衣服,所有能够展示未来的生活场景的环节,都要精心设计。龙湖的样板区包括的内容如图7-9所示。

第七章　努力实现快周转

明源地产研究院

龙湖：立体样板区展示，打造专业的生活场景

| 屏风式照壁 | U形水景 | 亭台楼阁 |
| 超大草坪 | 花海夹道 | 儿童乐园 |

图7-9　立体样板区内容说明

（2）产品细节创新。在样板房的介绍环节，置业顾问也会针对每处设计细节，为未来业主设定无数可能的生活情景。无论是注重生活品质的公园房，还是动感活力的阳光房，或是静谧素雅的禅意空间，都能满足相应客户的需求。例如每个女主人都梦想着拥有专属的鞋柜，因此龙湖在每个房间都配置了玄关柜和活动的换鞋座椅，并通过活动隔板来灵活地调整收纳空间。另外，现在的生活离不开网购，为了方便业主签收快递，龙湖在玄关操作台上设置了手扫感应灯，收快递时就可以从容签字了，更为人性化。诸如此类产品细节，不再一一列举。

（3）细分客户介绍。龙湖对样板间的介绍也有标准化的介绍内容，不同的客户，介绍内容也不一样。例如小户型的单身客户，经常会对家具尺寸产生担忧。对此，龙湖会列出具体数据，床的尺寸、衣柜的尺寸、衣柜抽屉拉开的尺寸，并告诉客户这些尺寸是设计师事先考虑好，并且用家具实际摆放过的。再如针对五口之家的需求，龙湖会强调餐厅、厨房和户外空间的设计，并将干湿分离的设计传递到位，真正将场

三、快速回款，提升造血功能，助力快速扩张

郁亮曾经说过："没有回款的销售就是耍流氓。"据明源地产研究院统计，一般房企的平均回款率低于80%，而像万科、龙湖等典型房企的回款率能达到90%，甚至更高。毫无疑问，有些房企的销售耍了点"小流氓"。[注：当期回款率=当期回款金额/（当期销售金额+期初已销售未回款金额）]

为什么差距这么大？问题到底出在哪里？

根据明源地产研究院与众多典型房企的交流和分析，除去不可抗力之外，影响回款的主要因素有：客户的履约意愿、客户的支付能力、银行的审批效率、回款催缴的制度与规范、绩效考核的制度与规范，还有项目推盘时机的把握等。而各方面潜在的风险都需要房企相对应的一些制度、流程或工具等去规避。

图7-10是促进快速回款最重要的七个保障措施及简要说明。

客户履约意愿保障　　客户支付能力验证　　银行放贷效率提升　　购房尾款资产证券化

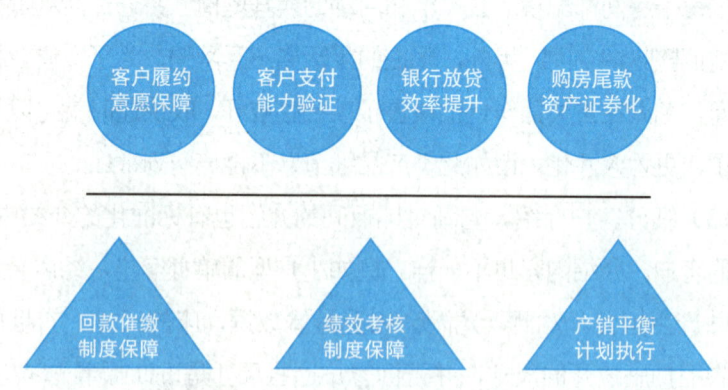

回款催缴制度保障　　绩效考核制度保障　　产销平衡计划执行

图7-10　快速回款七个保障措施

第七章 努力实现快周转

- 客户履约意愿，可以通过给予客户准时签约折扣和收取客户履约保证金进行促进和约束。
- 客户支付能力，可以通过提前验资确定客户购房资格、抵押贷款资信以及还贷能力。
- 银行放贷效率，可通过统筹谈判争取资源的方式，多方在线协同提高工作效率。
- 回款催缴制度，制定款项跟进标准动作，对欠款进行统计分析，形成排行榜和任务单。
- 绩效考核制度，制定与回款相关的绩效考核指标，确保回款率得到各级管理人员的重视。
- 产销平衡计划，基于年度目标合理把握全年供货与推盘节奏。
- 购房尾款资产证券化，通过资产证券化手段实现快速回款。

针对每一种手段的详细说明，请见下文。

（一）通过给予客户准时签约折扣或收取客户履约保证金的方式，促进客户按时缴款

1. 严格执行准时签约折扣，避免随意放水

大多数房企都有准时签约折扣，但从实际情况来看，准时签约折扣促进认购转签约的动力并不大。事实上，为了销售业绩，很多准时签约折扣优惠成为默认折扣，一是客户没有享受特殊优惠的感知，二是对准时签约与否没有进行严控，存在大量的放水行为。为此房企需要有技巧地设置折扣方案，对准时签约折扣进行严格管控，真正实现只有准时签约才能享受折扣优惠。

在签署认购书时一定要郑重地告知客户，只有准时缴纳首期款并签署合同才能获得准时签约折扣，对于未准时缴纳首期款的客户

一定不给予准时签约折扣,不能让客户心存侥幸。并且可以通过IT(信息技术)系统对相关的折扣权限进行控制,规避未准时签约而给予准时签约折扣的不当行为,减少不必要的人为干预。在必要的时候,还可以对延期付款的客户收取一定比例的滞纳金,以促进客户提前缴款。

2. 收取履约保证金,进一步约束客户行为,规避房企损失

万达通过收取履约保证金的方式进一步约束客户按时缴款、按时签约、按时提交资料办理住房抵押贷款,如果客户违约则没收保证金。在跟客户签订购房合同时,同时签订一份补充协议,主要约定以下几点内容。

(1)乙方(指客户,下同)承诺在合同签订后5个工作日内书面申请住房抵押贷款,并保证自办理贷款申请之日起,10个工作日内住房抵押贷款将全额划付至甲方账户;甲方同意给予乙方住房抵押贷款付款的优惠折扣为1%。

(2)乙方应在本协议签订的同时向甲方缴纳履约定金,履约定金金额与甲方给予乙方的住房抵押贷款付款优惠金额相等。

(3)若因乙方逾期申请贷款、逾期提交完整贷款申请资料、逾期缴纳费用或乙方自身资信出现问题,导致乙方住房抵押贷款不能按约定期限发放至甲方账户,则甲方有权不返还履约定金,以补充甲方给予优惠房价的损失。

(4)若乙方住房抵押贷款按约定期限发放至甲方账户,则甲方在收到住房抵押贷款银行"零售贷款借款借据"后5个工作日内无息返还履约定金给乙方。

在以上协议中,履约折扣和履约定金的实施是促进房企回款速度的核心,它们极大地调动了客户的积极性,扭转了以往客户提供贷款申

第七章 努力实现快周转

请资料不完整、不主动的局面，并紧密地将银行、客户和房企的利益联系在一起，实现了三方互利共赢。

（二）提前验资，确保客户具备购买资格、住房抵押贷款资格与还款能力

由于各地都有不同程度的限购、限贷政策，房企的置业顾问和售后服务人员要清晰地掌握当地最新的限购与限贷政策，公司要开展针对性的培训并提供相关学习文件。

在签署认购书之前，置业顾问至少要口头上对客户购房资格和住房抵押贷款资格进行确认，在签署合同之前，提醒客户自行到房管部门和征信机构获得相关证明文件，避免到签合同的时候发现客户不具备资格，不仅浪费了双方的时间，还影响了销量与回款，甚至还带来了一大堆的麻烦。另外，对于住房抵押贷款的客户，在签署认购书时要准确告知客户住房抵押贷款所需要资料，房企应将住房抵押贷款所需资料制成纸质文件或电子文件，以方便客户查阅，规避住房抵押贷款所需资料不齐全而导致办理周期拉长。

（三）与银行高效协作，综合统筹，提高放贷效率

1. 住房抵押贷款与开发贷款综合统筹谈判，提前争取有利条件

将住房抵押贷款业务提前纳入开发贷款谈判范畴。一般来讲，银行会明确要求客户的住房抵押贷款业务必须在承贷行续做。既然这一点难以规避，房企何不化被动为主动，前期谈判就明确要求银行对现场客户经理人数、服务时间、服务质量、审批及放款速度等做出明确答复，使得银行缩短对客户的住房抵押贷款放款的审批时间以及延长系统的开放时间。

2. 现场办公、轮流值班，快速响应客户疑问或需求

房企可以要求银行指派客户经理中的精兵强将，专职服务于项目现场。项目现场放置了银行住房抵押贷款方面的资料供客户参考，客户有任何疑问可直接与银行客户经理面对面地交流，银行客户经理不能解决的疑难问题必须当场电话咨询银行其他人员或更高级人员，切实当好客户的专业顾问。为保证银行提供优质、高效的服务，明源地产研究院鼓励客户通过置业顾问向房企的财务部反映、投诉，财务部在调查核实后与银行交涉，对银行客户经理做出评价。

3. 房企、客户、银行、律师事务所多方在线协同，提升工作效率

在住房抵押贷款的办理过程中，涉及房企、客户、律师事务所、银行这四方，它们之间需要进行频繁的沟通，但是基本上是通过线下Excel表格或纸质文件进行信息传递。比如，对于银行客户经理来说，经常是上午在销售现场处理业务并收集整理客户资料，下午赶回银行办公室在系统中录入客户材料。经办责任人、各级领导均无法及时了解到住房抵押贷款办理情况，导致跟进不到位，有问题不能及时进行处理。这个沟通过程基本上都串行的；客户有问题反馈给房企置业顾问或售后服务人员，然后房企再反馈给律师事务所，律师事务所再反馈给银行。其他各环节的信息传递也基本是这种方式，非常低效，这也是一些企业住房抵押贷款办理周期长的原因之一。

明源地产研究院曾经分析了某千亿房企的回款情况。数据分析表明，占总应收款56%的住房抵押贷款，当年平均回款天数为161天，其中61%的住房抵押贷款项需要3个月以上才能回款，如图7-11所示。这些不能及时回款的钱就相当于公司的无息存款，而公司为满足发展需要还到处借款。千亿房企如此，其他房企也可见一斑，所以必须要对回款管理予以重视。

第七章　努力实现快周转

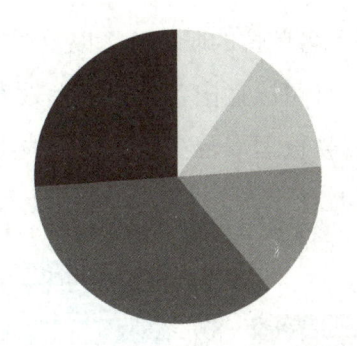

■ 30天以内　■ 30~60天　■ 60~90天　■ 90~180天　■ 180天以上

图7-11　回款周期分布

在互联网时代，企业流程处理要有跨界协同的思路，可以通过互联网甚至是一个手机App（应用程序）实现对住房抵押贷款办理全过程进行有效监控和跟进，房企、客户、律师事务所、银行都可以直接通过PC（个人计算机）端或手机App查看到业务办理的情况，有问题（比如欠缺资料）能够直接反馈到客户，其他经办人也可以及时了解到这个情况，无须逐个传递。

要实现上述功能，房企首先要具备开放的心态，这样才能够将自己的平台开放给律师事务所与银行所用（当然开放的信息是有限的，数据是有安全保障的）；其次，需要获得律师事务所与银行的配合，以往的信息交换是靠Excel表格或纸质文件，而现在直接在线协作，要求律师事务所与银行能够在房企所提供的这个平台上进行一些业务操作，反馈业务办理进展情况，比如已签署住房抵押贷款合同、已收齐住房抵押贷款所需资料、已审批通过等。以往这些信息都是由律师事务所与银行提供Excel表格或纸质文件给房企，然后再由房企的财务人员或售后服务人员录入到系统，以方便查询或分析。以前这些工作量都集中在房企，而现在这种移动化在线协同模式将这些工作分散给各协同单位。

图7-12是明源地产研究院为某千亿房企打造的住房抵押贷款管理

千亿之路

平台，该平台可以显示各单位的职能分工以及对应需要处理的业务步骤和更新的资料，并且可以输出各银行审批效率、放贷周期等相关的指标。住房抵押贷款管理平台在该房企上线半年后，90天内住房抵押贷款回款比例相比之前提升了近20个百分点。

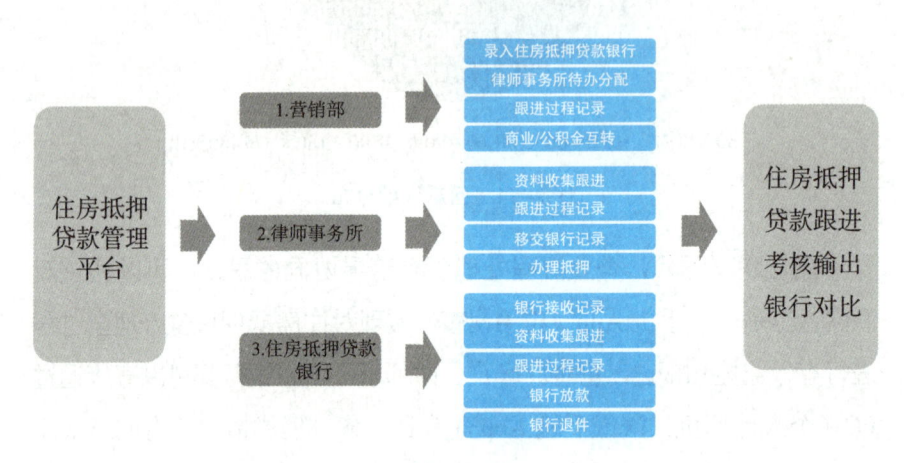

图 7-12　住房抵押贷款管理分工说明

4. 定期评估银行放贷效率与服务配合情况，优胜劣汰

定期评估住房抵押贷款银行的放款效率，及时淘汰放款效率慢的合作银行。如W企根据不同银行的放款效率，同时与省行、市行达成快速贷的合作协议（银行发放"同贷书"后7天内放款），从而提高回款效率。

（四）制定回款管控关键节点及跟进规范，并定期制作各类报表与排行榜

1. 制定回款管控关键节点与跟进规范，应回款、催款有依有据

对于每一类款项，在什么时候（关键节点）、由谁负责执行、执行哪些规定动作，房企需要有清晰明了的工作指引，如表7-1所示。不管是老手还是新手都可以依此规范执行，确保及时回款。

表7-1　回款关键动作规范

款项名称	回款关键节点	责任人	款项跟进手段（规定动作）
首期款	认购书签署当天	置业顾问	电话、短信催收，可记录进系统
	欠款一周	置业顾问	电话、短信催收，可记录进系统
	欠款两周	销售经理	电话、短信催收，可记录进系统
	欠款一个月及以上	客服人员或法务人员	催款通知书或法律文件
楼款	合同签署当天	置业顾问	电话、短信催收，可记录进系统
	……		
住房抵押贷款	认购书签署前	银行住房抵押贷款专员	客户征信查询
	住房抵押贷款合同签署	销售助理	收集客户住房抵押贷款相关资料
	银行初审通知	银行住房抵押贷款专员	记录银行初审及通知结果
	办理登记抵押	银行住房抵押贷款专员	记录办理登记抵押结果
	银行审批	银行住房抵押贷款专员	记录银行审批结果
	银行放款	出纳	住房抵押贷款录入系统
其他款项	……	……	……

基于认购书或合同签订时约定的付款方式，严控延期付款申请，并对延期付款收取适当的滞纳金（关系户另当别论），以规避客户的拖欠行为。

2. 制作各类统计报表，对实收款、欠款知根知底

制作回款类排行榜，按城市公司、项目等进行排行并公示，可以对连续三个月排名靠前或靠后，或变动较大的公司或项目给予表扬或批评、奖励或处罚。

- 年度综合回款率：年度综合回款率＝当年回款金额/（年初已销售未回款金额＋当年销售金额）。可以细分为历史款项回款率、新签回款率。（注：有的房企关注动态综合回款率，即数据统计范围是最近12个月，而不是以自然年为单位。）
- 回款周期：从认购当天开始到收齐全款的天数。可以细分为首期款回款周期、商业住房抵押贷款回款周期、公积金回款周期、一

千亿之路

次性付款付清周期等。

房企需要制作欠款明细台账并对欠款账龄报表进行分析,提升内部回款跟进意识与力度,锁定跟进责任人,每周或每月跟进并反馈进展情况;及时进行过程动态跟踪,以销售合同为依据,实现全过程的状态跟踪,特别是针对住房抵押贷款办理进程的异常情况予以跟进(如表7–2、表7–3所示)。

表7–2 客户住房抵押贷款基本信息跟进表(一)

客户基本信息									住房抵押贷款基本信息			
合同号	项目名称	楼栋号	房号	业主	合同总价	建筑面积	合同签署日期	备案登记证明	书编号	住房抵押贷款	银行	付款方式	贷款金额	备案合同移交	银行时间

表7–3 客户住房抵押贷款基本信息跟进表(二)

住房抵押贷款情况								
资料送银行日期	银行退件日期	放款日期	银行返回借款合同日期	补齐否	支行初审需补交的资料	分行审批需补交的资料	异常说明	备注

另外,房企需要对客户欠款原因进行分析,如表7–4所示。

表7–4 欠款原因分析图

序号	未回笼原因	部门	款项未回笼原因类型						
			定金	首期	楼款(一期楼款、二期楼款、三期楼款、四期楼款)	补差款	装修款	住房抵押贷款	公积金
1	退房审批中	客服	◆	◆	◆				
2	拟定审批中	客服	◆	◆	◆				
3	未达到预售	工程	◆	◆	◆				
4	未达到预售	工程						◆	◆
5	客户逾期	工程						◆	◆
6	在建工程抵押	客服	◆			◆	◆		
7	备案办理中	客服						◆	
8	客户资料准备中	客服						◆	◆

续表

序号	未回笼原因	部门	款项未回笼原因类型						
			定金	首期	楼款（一期楼款、二期楼款、三期楼款、四期楼款）	补差款	装修款	住房抵押贷款	公积金
9	住房抵押贷款审核中（资料未上报）	客服						◆	◆
	住房抵押贷款审核中（已上报待审）							◆	◆
10	抵押办理中	客服						◆	◆
11	审批通过待放款	客服						◆	◆
12	其他	客服	◆	◆	◆	◆	◆	◆	◆

（五）制订与回款相关的佣金结算方案，制定绩效考核指标，奖罚结合促回款

1. 建立与回款密切挂钩的佣金管理方案，促进置业顾问重视回款

置业顾问与客户关系最为紧密，是公司与客户之间的纽带，有责任提醒并协助客户准备相关资料，更要保障按时回款。企业一定要建立与回款密切挂钩的佣金管理方案，要求置业顾问不能只关注销售而不关注回款，不能认为回款是售后服务部门和财务部门的事，否则纽带的作用将发挥不出来。例如K企规定只有准时签约，置业顾问才能获得全额佣金，逾期1~7天只计取90%的佣金，逾期8~15天只计取80%的佣金，逾期16~30天只计取70%的佣金，逾期超过30天只计取50%的佣金，甚至有不再计取佣金的情况发生。

2. 建立与回款密切挂钩的绩效考核指标，促进相关部门与公司重视回款

为保障项目回款，在财务部门和营销部门设置专人专岗，制定相应的奖惩机制，如在表7-5中，设置了应收逾期率、住户抵押贷款件齐率、当期回款逾期率、回款预算达成率等指标。

表7-5　回款考核指标表

考核项	考核周期	考核指标	考核标准	考核星级
应收逾期率	季度	应收逾期率=3个月平均逾期金额/3个月平均应收账款总额	考核指标≤8%，奖励3 000元/人	+★★★
			8%<考核指标≤15%，不奖不罚	不奖不罚
			考核指标>15%，罚3 000元/人	-★★★
住户抵押贷款件齐率	月度	住户抵押贷件齐率=件齐金额/应收住户抵押贷款金额	件齐率≥90%，且当月完成营销内部签约目标的70%，奖5 000元/项目	+★★
			件齐率<70%，罚3 000元/项目	-★★
当期回款逾期率	半月	当期回款逾期率=当期逾期总套数/（当期回款套数+当期逾期套数）	当期回款逾期率未超15%，100元/套	+★★
			当期回款逾期率超15%，未超20%，不奖不罚	不奖不罚
			当期回款逾期率超20%，营销经理罚100元/套	-★★
			当期回款逾期率超25%，对该项目停止分期政策	-★★★
回款预算达成率	月度	回款预算达成率=当月回款金额/当月回款预算	考核指标≥100%	+★★★
			考核指标≥90%	不奖不罚
			考核指标<90%	-★★★
其他指标：缺件补件率、新签回款达成率、综合回款率、逾期90天欠款清欠完成率

其中回款预算达成率、综合回款率可以作为公司级考核指标，其他指标可以作为部门或岗位一级的考核指标。

（六）合理把握供货与推盘节奏

房企销售高峰期通常在6月、10月、12月，说明房企形成了在半年度、年末进行销售业绩冲刺的推盘节奏，而全年回款呈现不均衡的分布趋势。虽然房企销售受市场因素影响较大，但也不排除房企前松后紧的心态，导致前面月份业绩完成得不好，年末销售压力大。房企应该合理地把握市场机会及时供货、快速销售、快速回款。

（七）购房尾款资产证券化

只要购房者不是一次性付款，不管分期还款来源是银行贷款、公积金贷款，还是其他贷款，都会产生购房尾款。从签约到款项回笼存在一定的时间差，如果签约就可以拿到购房尾款，那最好不过。购房尾款资产证券化可以帮助房企实现这一目标。购房尾款资产证券化实质是房企的应收账款证券化，可以使预售资金提前回笼，缓解资金占用压力。

从本质上讲，房企发行购房尾款资产证券化，除了可以提前回款之外，带来的另一个显著效果就是优化财务报表。相比债券融资在资产负债表上带来的"资产"和"负债"两部分的变动，资产证券化融资对资产负债表的影响，仅体现在"资产"内部的调整，属表外融资。除此之外，发行购房尾款资产证券化还可以突破主体评级的限制，有效地降低房企的整体融资成本。

2015年，自世茂购房尾款资产证券化首发成功以来，碧桂园、融信、融创、合生创展、宝龙、龙光、绿城、嘉禾、雅居乐、万科、首开股份等房企也陆续发行购房尾款资产证券化。截至2017年10月，已发行成功的有18单，总规模达275亿元。

但是，购房尾款资产证券化受房地产调控政策影响比较大，需要实时关注窗口指导。2016年下半年至2017年上半年，购房尾款资产证券化曾一度被"叫停"。2016年10月的房地产调控，监管层对有"套现"嫌疑的购房尾款资产证券化进行严控，只有少数大型房企可以申报项目，但近期窗口指导逐步放开。目前在交易所新受理或通过的购房尾款资产证券化项目有13单，总规模达187.35亿元。"重启"购房尾款资产证券化，一方面是因为购房尾款资产证券化潜在发行规模较大，不宜"一刀切"；另一方面是因为购房者已经支付20%以上的首付款，违约成本高，违约概率低，基础资产质量较优。

千亿之路

购房尾款根据还款来源的不同,可分为银行商业贷款、公积金贷款、组合贷款以及购房者自行分期付款。碧桂园曾发行过以购房者自行分期付款的购房尾款资产证券化,但由于自行分期付款的账期不规律,且无须经过银行或公积金中心的风控审核,不确定性较大。所以后期市场上发行的购房尾款资产证券化,多以银行商业贷款、公积金贷款、组合贷款为入池基础资产。

通过分析以往购房尾款资产证券化的发行案例,以下三点需要特别注意。

1. 交易设计中,要做好增信

虽然说"跑得了和尚跑不了庙",购房尾款资产证券化在理论上的安全系数比较高(毕竟若非遇到市场崩盘,交了首付的购房者都不会违约),但是,为了给管理人和投资者吃下定心丸,房企还需要有一定的增信措施——比如优先/次级分层、原始权益人差额支付承诺、现金流划转机制和提前终止机制等。

首先,折价发行其实也是增信的一种形式。以世茂尾款资产证券化为例,资产池应收尾款总额为77 856.17万元,实际资产支持证券发行规模为6亿元,其中优先级证券为5.4亿元。目前市场上发行的购房尾款均对应收账款本金折价入池。

其次,房企不仅可以利用优先或次级的结构进行内部增信,还可以设置外部担保或维好承诺(类似安慰函,并非担保)达到增信作用。例如,世茂尾款资产证券化由世茂房地产控股有限公司进行维好承诺,碧桂园一期尾款资产证券化由碧桂园外部担保,均对尾款资产证券化产品给予有利的信用支撑。

再次,设置不合格资产赎回机制,为资产端现金流提供一定的保障。目前市场上发行的产品基本都设置了不合格资产赎回的机制,但是由于购房尾款回款期限具有一定的不确定性，不合格资产的定义不同于信贷资产证券化中的不合格资产。购房尾款中不合格资产赎回主要是指由于项目开发资金被截流、因房屋质量问题应收款无法收回或有所减少等情况下的不合格资产的赎回。

最后，应设计循环购买机制解决期限错配的问题。由于银行贷款或公积金贷款类的购房尾款回收期一般较短，通常为3~6个月，而专项计划存续期通常为2~3年，为了解决期限错配问题，需要设计循环购买环节。通常是产品设立的前1.5年、2.5年为循环期，根据实际基础资产回款期限，设计循环购买频率；最后0.5年为摊还期，停止循环购买，并对资产证券化本金进行过手摊还。

2. 做好基础资产的归集

通常，房企采用项目公司管理的模式，这有利于降低开发经营风险，实现不同房地产项目的风险隔离。可是，如果直接将多个项目公司均作为原始权益人设立计划，将不利于管理人的管理。因此，在专项计划设立前，各项目公司将与原始权益人签署《应收账款转让协议》，由各项目公司将购房尾款债权作为基础资产转让给原始权益人，以达到单一原始权益人的目的。

当然，各项目公司仅转让购房合同项下的权利，并不向原始权益人转让项目公司在购房合同项下或与之有关的任何义务或责任。项目公司在购房合同项下的交房义务由原始权益人委托项目公司代为继续履行。

3. 做好基础资产的分散

对购房尾款资产证券化来说，基础资产的风险分散主要包括两个方面：基础资产的区域分散性和基础资产的金额分散性。

首先是区域分散性。我国的楼市受调控政策的影响较大，比如

2016年9月30日之后，限购限贷城市的房价就受到了压制。资产证券化项目的基础资产的物业分散度高，可以一定程度上避免受某个地区经济下行或楼市政策的影响。

以已经成功发行购房尾款资产证券化的碧桂园和世茂为例。碧桂园资产证券化项目的基础资产覆盖24个省，且主要位于东部地区；而世茂项目的入池资产对应厦门湖滨、厦门翔安和南京海峡城3个项目。从地区分布的多样性来看，碧桂园比世茂有优势。

其次是金额分散性。碧桂园项目的合同笔数多，单笔合同平均的尾款金额仅为29.7万元。世茂的合同单笔金额较大，达到179万元。碧桂园对其基础资产有如下约定：入池资产和已经支付的购房款项累计不少于该商品房合同项下购房款总额的30%。风险分散做得较充分，一方面可以容易促成资产证券化的发行，另一方面拥有更大的谈判筹码，可以降低发行的成本。碧桂园比世茂的成本就要低。

华尔街有一句名言：如果想要有一个稳定的现金流，就将它证券化。购房尾款资产证券化对房企来说，是一种新型的盘活资产流动性的创新方式。虽然2015年才发行第一单购房尾款资产证券化，但是其发展势头十分迅猛，未来潜力巨大。

上述七大保障措施是一套组合拳，组合得越好、回款的效果也将越好。房企可以根据这七大保障措施进行自我检查，对存在差距的方面应制订针对性的提升改进计划，在限定时期内落实整改行动，从而逐步实现回款率的提升。

四、快周转的基本前提和重要保障

因为高效率的业务流程是实现快速周转的关键手段，所以房企必须快速决策、快速开工、尽早开盘，并进行全过程的风险防范。项目运

第七章　努力实现快周转

作层面的快周转是为了缩短回款周期，这已经成为很多房企的共识。除了上述几个案例之外，中南的"六先六快"为企业的快周转提供了源源不断的业绩贡献，祥生的"36781"，也为企业快速规模扩张提供了保障。

其实，对于怎么提升速度，很多房企都非常了解，但不少房企的提速效果并不明显，主要是受到两个重要因素的制约，一个是低成本拿地，另一个是产品标准化。

（一）低成本拿地

当前各城市都推出了限购政策，部分城市还处在政府限价的调控政策之下，尤其是一、二线热门城市，其房地产市场的价格基本已经稳定。这些城市的土地价格在过去几年时间里都有了很大的增长，受到限价的影响，销售价格上不去。如果走快速销售的套路，企业的项目收益肯定没有办法得到保障，但是如果不进行快速周转，资金的利息又很高，房企往往左右为难。

因此快周转的打法更适合于三、四线城市和部分弱二、三线城市，这些城市的土地价格相对来说比较低。低成本的土地对于房企来说，比较容易操作，买得便宜就可以卖得便宜，不但不用突破政府指导价，可以快速拿到预售证开盘，而且还可以获得比较可观的利润，更能为企业带来规模的增长。从当前的形势来看，推行快周转的企业大部分围绕三、四线城市进行布局。

还有一些地是不能做快周转的。比如产业地产、城中村"旧改"等。有些房企为了拿到便宜的地，打着做产业地产的幌子去拿地，拿了地后仍然想用开发住宅的逻辑来开发项目，做快速周转的卖房生意，结果受到政府的限制，政府不发放预售证。如某项目2016年年初就已经完工，原计划2016年年底开卖，直到2017年年底还没拿到预售证，无法推向市场销售。还有城中村"旧改"的地,因为"旧改"项目的成本较高,再加上项目开发前期不可控因素太多(既受到政策的影响,又受到拆迁进度的制约),房企几乎没有在项目开发前期快速推进的能力,更不用说快速周转了。

总的说来,拿到一块低成本的好地是实现快周转的重要前提。在当前土地竞争极其激烈的阶段,房企不可能只拿低成本的土地,因此房企往往要因地施策,建立三种不同的开发策略,第一种是快周转的开发策略和操作方式,第二种是高利润型项目的开发策略和操作方式,第三种是介于两者之间的开发策略。

(二)做好产品标准化,缩短前期周期

很多典型房企之所以能够实现快周转,重要的原因在于企业的标准化程度比较高。通过深度的客户研究,房企将客户的需求进行细分,结合客户的需求敏感点打造企业产品的标准化(包括产品标准化、户型标准化、施工图纸标准化)。某房企的图纸据说是全国通用的,这样一来,就能有效地缩短投资决策、项目前期定位、规划设计、招标采购这些环节的时间了。

中国最大的房地产信息综合服务商之一克而瑞(中国)曾经做过统计,推行产品标准化的房企,在项目开发周期上,平均要比没有做产品标准化的房企短7个月,其效率和收益可想而知。

产品标准化对于快周转的意义主要体现在如下几个方面:

一是降低拿错地的风险。房企一旦实现了产品标准化,其产品线相对成熟,而且是经过市场检验的,因此房企在异地拿地时,就容易判断这块地的性质、项目状态是否符合产品要求,生产出来的产品是否能够满足客户的需要。因此有企业就规定,在同一区域,如果客户定位相同,必须选择标准化产品,以便在区域范围内快速复制。对于相邻区

域，关注地域、政策及客户需求，参考相邻区域成功的标准化产品。对于新开拓区域，要优先选择相邻区域成功的标准化产品。

二是大大缩短前期设计周期。房企采用标准化的设计图纸，无须重新设计，这样设计周期可以压缩3个月。标准化的设计图纸往往经过项目实践、公司内部的深度评审、外部专家评审，还经历过集团层面的整体评审，在项目开发完成后还需要经过后评估优化。因此，标准化的设计图纸可以避免多次修改，对于产品质量有很好的保障。

三是可以实现提前招标。标准化的产品背后就是标准化的成本，意味着项目在招投标的时候，什么产品线应该用什么样的材料、用多少量，房企都有数据沉淀；在招投标环节还采用标准的招标文件、合同文件等。甚至和房企深度合作的供应商也能够更好地理解房企的需要和要求，在招投标和后续合作的过程中可以增进互信，大大降低供应商的筛选、条款谈判的周期，有利于规避招投标的风险。

四是有利于确保产品品质，提升产品设计和工程施工质量，减少设计变更和返工率。

（三）快周转的组织和机制保障

组织体系和资源支持是实现快速周转的保障。为了实现快速周转，房企要具备完善、相互协作的组织体系。

快周转的实施需要关注两个方面的内容。一方面是聚焦利润规划区的方案进行高质量的决策，其中涉及的重要决策包含：项目立项、专业评审、项目决策。重点是简化决策，在区域（城市）具备决策资源和决策能力的时候，集团总部要坚决地把决策权下放给它们。正如某房企领导所说："在快周转的模式下，单纯依靠集团或者集团领导做决策，企业运作负荷就会越来越大，此时，企业迫切需要有更多的经营中心和决策主体。"

千亿之路

另一方面是聚焦利润实现区执行和监控。执行的主体必然是项目团队，项目团队需要将快周转落实到具体的项目层面。毕竟项目是公司经营的载体，只有将快周转落实到项目层面才能保障具体措施的针对性，另外，只有落实到项目层面才能保障评价的时效性。

在实践中，房企需要重视开发全链条的管理标准化建设，也需要关注计划管控和风险的异常分析。在这个过程中，大部分房企都会建立项目开发全程监控信息系统，对地块立项调研、规划配比、挂摘牌、规划定稿、报建开工、达预售条件等进行进度及状态监控，并可实时进行数据筛查，生成报表，进行系统性分析。

更多的房企则通过合适的绩效评价和激励机制进行导向和牵引，以"快周转"为主线，进行战略目标的层层分解，把绩效目标落实到公司、项目、部门层面，进而实现快速周转。"成就共享""项目跟投"应该说是和快周转完美匹配的激励制度，另外，更多的房企为推动项目的快速开发和去化还制定了专项的激励措施和处罚措施（如表7-6所示。）

表7-6 快速开盘的激励措施和处罚措施

序号	开盘时间	开发节点奖励（40%）	序号	开盘时间	开发节点奖励（40%）
1	150天内	奖励80万元	5	180~190天	不予奖励
2	150~160天	奖励60万元	6	190~200天	处罚20万元
3	160~170天	奖励40万元	7	200~210天	处罚30万元
4	170~180天	奖励20万元	8	超过210天	处罚40万元

第八章

构建合理机制
充分激活动力

在企业的发展过程中，我们经常遇到"一抓就死、一放就乱"的现象，这几乎成了企业做大做强的死结。面对这个死结，企业需要为全体员工重新寻找动力来源，充分调动员工的积极性。在这个方面，典型房企通过激励制度的创新将职业经理人变成企业的事业合伙人，实现了"共创、共享、共担"。在发展的过程中，房企为了规避布局和拿地的盲区也普遍采用内部竞争机制，在员工方面则通过奖惩措施来强化员工的执行力，针对项目开发则采用分级计划进行强管控。激活动力有四大举措，如图8-1所示。

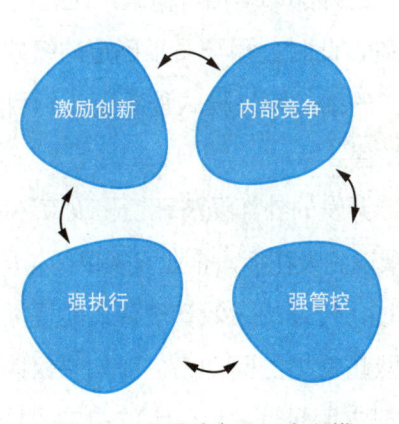

图8-1 激活动力的四大举措

一、激励创新，激发自组织时代最大潜能

为了保证项目运营的各项目标能够有效达成，房企除了在运营管理制度上进行变革，为运营体系保驾护航外，还需要一整套绩效考核体系来有效地支撑运营体系的落地。通过绩效考核体系，房企能够帮助区域公司、项目团队、个人明确各自的整体目标和阶段性目标，并实现过程的目标跟踪和监控，并对区域公司、项目团队和个人的工作完成情况进行整体评价。

（一）项目跟投将是主流激励手段

以往房企的绩效管理往往根据KPI、BSC（平衡计分卡）等指标，辅之以各种专项奖的激励形式（包括工程进度奖、开发报建奖、工程结算奖、工程质量奖、设计质量奖、新开盘奖、融资放款奖、销售回款奖等），力图保障项目各个阶段和总体目标的有效达成。

传统房地产开发的外部环境相对稳定，在既定的战略发展框架下，其经营目标相对明确，此时公司与员工确定的绩效目标具有高度一致性，以KPI指标为主的绩效管理模式能凝聚组织目标，并以目标为导向，牵引团队达成经营目标。

然而，在房地产开发的外部经济环境和政策环境日新月异的当下，行业利润下降、发展遇到天花板，企业发展目标与员工个人利益的不一致性和不确定性剧增，传统的绩效管理模式能提供例行、常规的驱动力，却无法赋予团队超常规的驱动力，而如果仅以KPI来衡量最终的业绩成效，难免在拟定目标时发生巨大的偏差。并且在绩效考核模式下，一线与总部往往站在利益的对立面，总部必然倾向于将绩效目标定高以实现公司更高的效益，而员工则必然倾向于将目标定低以便更

第八章 构建合理机制 充分激活动力

容易达成。

因此,在市场风险加剧的新形势下,传统的KPI考核体系已经不适用于项目一线,考核及激励体系的变革已是大势所趋。当前,项目跟投机制是房企普遍推行的激励制度,在此机制下,跟投员工通过投入自有资金、分享项目分红的形式,实现"风险共担、利润共享"。这种机制能够充分激发和释放一线员工的主人翁精神和自组织热情,将总部与一线绑定为利益共同体,进而推动项目开发运营效率的提升,帮助房企经营目标的有效达成,并规避过高的经营风险。

不得不指出的是,尽管项目跟投机制已成为房企考核激励模式的主流形式,但对于资源型项目,例如一些核心城市、核心地段的项目,房企仍将维持原有的KPI考核体系。原因在于,项目跟投机制更适合于短平快的快周转项目,能够满足房企对现金流的要求;对于一些特殊的长周期项目,例如持有型商业项目、"旧改"项目、综合型项目等,对周转时间、现金流要求不高,项目跟投机制起到的刺激作用不那么明显。对于这些资源型的、高利润型的项目,传统的KPI考核体系更加适用,例如利用"销售额""利润率"等传统的KPI指标对其进行考核。

此外,对于项目开发的基层组织而言,除了项目跟投机制的激励外,节点达成率仍是关键的考核指标。原因在于,一方面,项目跟投机制关键在于对核心人员的利益绑定,因此更侧重对公司管理层的激励,会显著地向核心骨干倾斜,基层员工只是自愿跟投,跟投权益占比相对较低,因此激励程度有限;另一方面,项目跟投机制是偏向结果的指标,即通过最终的项目收益和分红实现对员工的激励,但对于项目开发运营过程中的激励则不那么直接,而节点达成率这一传统的考核指标,是偏向中基层执行的过程指标,对于推进项目关键节点的达成仍然非常关键。

（二）多层级的激励措施在规模冲刺中效果更为显著

房企的激励机制种类多样，各有优劣。在行业的不同形势和企业的不同发展模式下，为补充单一激励模式的不足，房企一般采用多种模式，相互补充，以更好地激发组织的潜能。明源地产研究院针对房企的不同层级和人员，梳理出对应的激励模式，如图8-2所示。

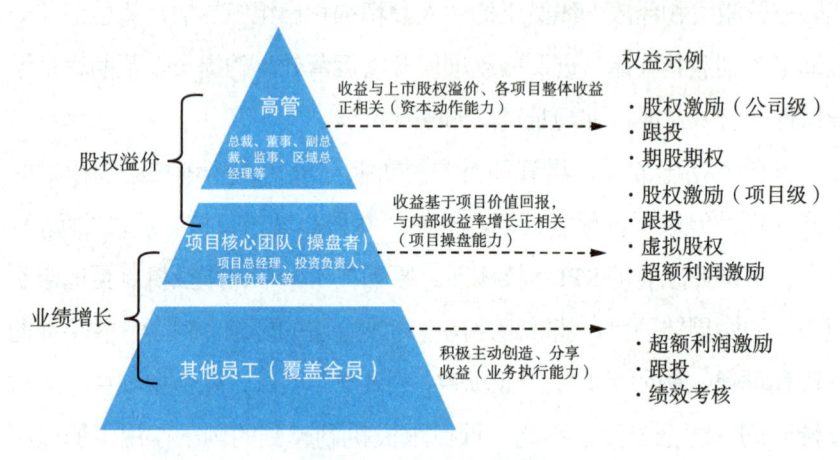

图8-2 多层级激励模式

从房企的实践来看，采用多层级激励模式的房企，规模增速效果往往更为显著，如万科、中梁、阳光城等。

B企业在2014年推行"同心共享"的项目跟投机制后，并没有取消此前的"成就共享"的超额利润激励模式，而是推行两种激励模式并行的"双享"机制。通过多层次的激励，B企实现了销售规模的跳涨；同时在项目的执行层面，B企仍然保留了很多节点冲刺奖励，比如达成开盘时间节点要求会针对性地给予"总额=开发面积×奖励单价"的奖励。

在更多高速发展的房企中，也设置了许多节点冲刺奖励，比如达成4个月开盘奖励项目团队100万元，5.5个月现金流回正再给予100

第八章 构建合理机制 充分激活动力

万元的奖励。针对去化也有相应的激励措施，比如开盘一周去化率达到80%会给予项目团队60万元的奖励，去化率不足60%要罚款30万元。

2017年的行业黑马Z企业，构筑了以项目跟投为核心，涵盖成就共享、费用包干、专项激励的多层级激励体系（如图8-3所示）。

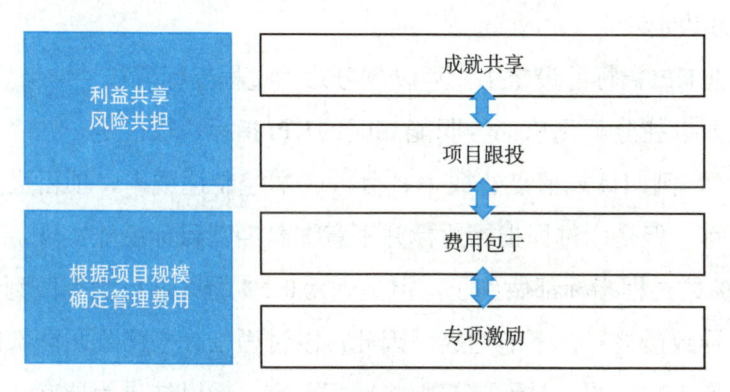

图8-3 Z企的多层次激励机制

总体而言，尽管项目跟投机制已成为当前房企主流的激励模式，但是，由于每种单一的激励方式有其长处也有其短板，所以房企往往会构建多层级的激励体系，彼此互补，扬长避短，以发挥组织的最大效能。

（三）从"过程指标"向"结果指标"转变

房企的绩效指标体系可以通过三条路径来建立：一是基于企业战略目标或战略地图，细分得出各层面的指标，进一步分解得到可落地的KPI指标；二是基于企业运营视角来细分核心指标，具体可根据经营计划、年度开发计划、部门计划来进行考核指标的分解；三是基于专业线视角，根据职责进行分解，得出关键绩效指标，如分别针对工程项目经理、营销总经理、采购总经理、财务总经理等不同职务制定不同的绩效

315

考核指标。这三条路径对应的其实是构建高效项目运营绩效管理的三个关键点，即项目绩效指标要契合管理目标，要与项目计划联动，岗位绩效指标要适合具体岗位。总体而言，不论是基于战略、计划还是职能部门，能够解决房企当下面临的核心管理挑战才是指标体系选择的关键因素。房企应根据自身的发展阶段和管理水平，进行项目绩效管理指标的选取和设定。

在KPI指标的设定上，可以划分为"过程指标"和"结果指标"两类。以往分解到总部各职能部门的KPI指标，往往是一些"过程指标"，例如计划节点达成率、目标成本控制达成率、项目进度偏差率等。但是，过程指标达标并不意味着经营目标就能实现，例如99.9%的过程指标都做到了，但是因为0.1%的关键点没有做到，就可能导致最终目标不能达成。因此，以过程指标来评判职能部门的表现是不准确的。对于总部职能部门而言，应以结果为导向，直接以"结果指标"来进行考核（例如有无按时开工、有无按时开盘、有无按时交楼等，就属于结果指标），根据结果指标是否达成来进行相应的奖惩。总体而言，在房企冲刺千亿元销售规模的过程中，对总部职能部门的过程指标考核显然难以满足房企的要求，只有采用结果指标进行考核才能真正有效地推动运营效率的提升，进而推动企业业绩的增长。

二、鼓励内部竞争，规避盲区

在竞争激烈的房地产市场，房企之间相互竞争，通过市场竞争让别家房企没有立足之地，这是多家房企采取的竞争策略。现在这种枪口向外的竞争已经发生了一些微妙的变化，不少房企开始鼓励内部竞争，让内部人员进行同场竞技。

第八章　构建合理机制 充分激活动力

（一）规避拿地盲区

一线城市的土地资源稀缺，对于大型房企来说，一线城市的每一块土地都是必争之地，它们强化区域公司的拿地能力，推动区域公司在拿地时出尽全力。

其中最为典型的莫过于某房企拿地的内部竞争机制。从2013年开始，该企业将拿地权下放，各区域公司投资团队都可在全国范围内拓展拿地，形成内部竞争机制。

比如其北京区域公司在"进京"8个月后，业绩一直未能有所突破，集团总部通过"制造竞争"，为其制造内部对手——令环京区域的公司去北京拓展地块。北京区域公司失去了对北京市场的专属权，未来将面对环京区域的公司的内部同场竞争。

该房企在上海拥有5个项目，仅有2个项目归属上海区域公司，其余归属沪苏事业部。深圳也不例外，莞深区域、惠深区域及一线城市事业部均可在深圳范围内拓展项目。在深圳已有的5个项目中，仅有龙华老围"旧改"项目是由一线城市事业部深圳区域公司拿下的。

对于房企来说，拿到地的区域公司，理所当然负责项目开发，未能拿到地的区域公司很有可能会失去已有项目开发的所有权。

可以说激烈的内部竞争让区域公司不敢放过任何一块土地的调研，从而提高了拿地的可能性。

（二）内部销售竞争

随着外部竞争的加剧，再加上政策限购的影响，客户成为房企争夺的重要资源，从全行业来看，客户的数量是有限的，特别是在三、四线城市。客户储备能力和客户收割能力更强的房企显然会有更高的销售效率。因此，很多大规模的房企纷纷建立了销售环节的内部竞争机制，以规避因为部分人员的盲区导致客户资源的浪费。

先来看看行业内颇为著名的大兵团作战方案：以庞大的销售团队为主力军，并以策划团队为作战指挥部门，以销售、拓展两大工作内容为主，进行标准化的培训，从蓄客期到VIP（贵宾）期，再到认筹期全过程进行竞争模式考核；督导组每天会对各拓展组上报或录入系统的数据（含客户登记、活动举办）进行检查，每天抽查每个拓展组的10组数据，若存在虚报、错报的情况，一经发现，假一罚十（虚报1组，扣除组内业绩10组）。

考核机制：考核起止日期为既定考核节点至认筹前（以录入售楼系统的时间为准，考核节点前的意向客户数据清零）；考核项包括拓客数量目标完成率（权重20%）、VIP目标完成率（权重20%）、认筹目标完成率（权重20%）、开盘目标完成率（权重40%）。

激励机制：按照小组考核得分的高低确定排名，分别奖励排名前三位的拓展经理3万元、2万元、1万元。

考核结果处理：排名最后的三个小组，如考核得分在80分以上，拓展经理降职为销售顾问，组内人员根据综合业绩排名实行10%比例的强制淘汰；如考核得分在80分以下，拓展经理降职为销售顾问，组内人员根据综合业绩排名实行20%比例的强制淘汰。

小组排名考核方法：小组考核得分=（实际拓展客户人数/竞拍目标客户人数×0.20+实际圈层活动数量/圈层活动目标×0.20+实际认筹数量/认筹目标×0.60）×100。

恒大的业绩导向机制、营销考核及激励制度也呈现内部竞争和重奖重罚的特点：对于持销期的项目，如当月目标完成率不足10%，在集团内予以通报；对于业绩排名倒数的地区，地区董事长和营销主管领导需要在集团周例会或月度会上做检讨，相关营销人员也要受到一定的责罚。单个项目也秉持同样的原则，充分引入竞争机制，并实行团队及个人末位淘汰制。

- 分部门竞争，销售部门与策划部门分别组建拓客团队；
- 本地与外地团队竞争，引入外地支援团队，与本地销售团队竞争；
- 内部竞争，销售员内部分组竞争。

上述拿地阶段和销售阶段的内部竞争机制，结合传统房地产行业中无所不在的排名文化，辅以重奖重罚的机制，能够有效地帮助房企突破划地而治的边界，也能够彻底打破企业内部各部门间的潜规则，充分鼓励内部竞争，规避拿地和销售盲区，实现资源储备、销售量的大幅度增加。

三、严考核锻造超强执行力

西点军校曾为美国培养了众多政治家、企业家、教育家和科学家，并立下了经典的22条军规，第一条是"无条件执行"，最后一条是"立即行动"，可见其对于"执行力"的重视程度。"无条件执行"被认为是完整地跨越国界被接受的个人、企业和组织获得成功的唯一方法。

在房地产行业，当前的千亿房企，如恒大、万达、万科等，都是以锻造行业铁军而闻名，超强的执行力在它们的发展过程中发挥了决定性的作用。那么，这些房企是如何通过制度来保障强有力的执行呢？下面分别以典型的做法来谈谈千亿房企的执行力，其中有许多亮点值得不同规模的房企借鉴。

（一）重要集权的高执行力

"恒大式"的高执行力强调中央集权，通过集团总部全程控制区域公司拿地、融资、报建、规划设计乃至采购和营销的各个流程，并同时进行考核，同时培育高执行力的团队文化。正如恒大高层常说的："我们每个人都是推进器，不是螺丝钉。"

1. 标准化+集约化

对于员工而言，每个人的知识面和经验都是不一样的，整理出一套标准化的流程，对于推进各项工作的落地与执行，将起到极好的推进作用。同时，在图纸的标准化、成果的标准化过程中，更形成了工作方法和思考方式的标准化。

例如，恒大通过标准化的工程建设计划模板及质量考核制度，对所有项目的各个建设节点进行严格的计划管理；对各项目的每栋楼都进行进度考核、质量检查以及安全文明生产检查。恒大曾出台《恒大精品工程标准》，该标准共800余页，近6 000项条款，对精品工程进行了提炼，使之高度标准化。

又如，恒大全国所有项目的营销方案、销售价格都执行总部的统一标准，同时推行严格统一的开盘标准。2010年4月17日"新国十条"出台，18天后，当恒大总部宣称全国价格调整时，各区域公司都能凭借标准化的执行方案在极短的时间内完成价格调整。

此外，在标准化体系战略上，恒大赖以成名的是"以标准化为核心的郊区大盘开发模式"，即以标准化运营为战略导向，建立拿地标准化、管理标准化、材料标准化、营销标准化、产品标准化和户型标准化六大标准化体系。

恒大的集约化，是指高度的中央集权、简约的管理程序、对区域公司垂直化管理。恒大在一个城市投资项目，两小时内可迅速组建项目组并开始运作，其原因就在于恒大的高度集权化和简约化管理。每一个执行命令的背后，都是集团总部战略委员会的成熟策划，而区域公司只

第八章 构建合理机制 充分激活动力

需严格执行即可。恒大的各地分公司没有招聘权限，人员统一由总部招聘，他们在经过培训后再被外派至各地分公司。这种集中优势兵力夺取局部"战争"胜利的战略，效力极高。

2. 目标计划管理

恒大的目标计划管理，按三级目标层层分解，按照适度从紧的方式确定开盘节点（一般要求实现6个月开盘）。为抢时间赶进度，恒大在明确大的节点目标后，会将目标逐层分解，落实到人，着力形成各司其职、各负其责、一级抓一级、层层抓落实的工作局面。恒大的目标计划管理如图8-4所示。

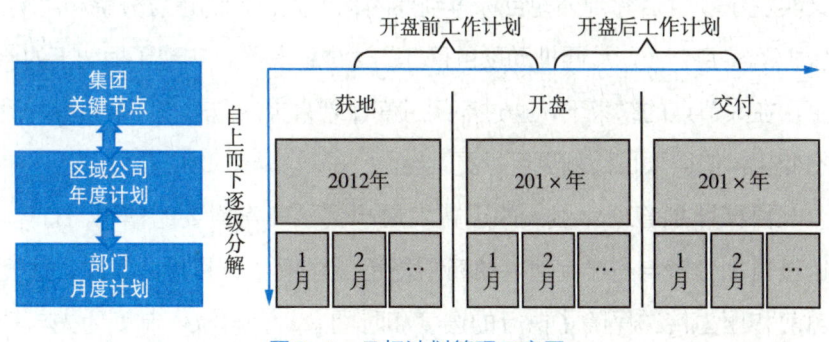

图8-4 目标计划管理示意图

首先，以开盘节点倒排项目的关键节点，并在开盘后刷新调整。在拿地时，各区域公司根据集团工期模板，一般会先按照6个月开盘时间来顺排或倒排项目的关键节点，制订出各项目开盘前工作计划，经集团审议并报集团分管副总裁、董事局分管领导、董事局主席审批。区域公司各项目每期开盘后的两周内，由集团管理中心组织营销中心及区域公司相关部门对后续开发建设计划进行论证，并视情况决定是否调整，刷新后续工作计划。

其次，实行集团各中心、区域公司年度计划两级管理，确定各中心、各区域公司的年度关键目标。为匹配年度经营目标，每年年底之前，由集团管理中心会同区域公司及集团相关部门制订各项目年度开发建设计划，经集团董事局主席审批后下发，每年年中修订一次。在各项目年度开发建设计划发文后的两周内，区域公司综合计划部依据该计划，组织制订各部门关键工作的节点计划，经区域公司董事长审批后报集团管理中心备案。

最后，实行部门月度计划，给予各部门一定的自主权，对开发建设的过程实施动态管理。

通过上述三级目标管理，首先，既实现了目标管理的适度超前，又实现了项目目标到公司目标再到部门和个人目标的逐层分解和落实，压力落实到个人，从而推动项目目标的达成；其次，实现了框架下的自由，在大节点的约束下，通过部门月度计划来灵活应对与匹配过程的动态变化，使得项目计划更可行更柔性。

目标计划管理对恒大的迅猛发展起到了非常重要的作用，首先，通过目标分解与科学完善，执行层能迅速了解执行目标；其次，适度超前和压力传递保障了执行的进度和时间余量；再次，制度为先与精细管理，对员工也能形成良好的自我约束与督促；最后，考核通报和分析差距等手段能够反向倒逼目标工作不断优化、不断推进，直至达成。

3. 强督查+严考核

狠抓落实，构成恒大强大的执行力，主要体现在恒大的强督查与严考核上。

（1）强督查。首先，有统筹，两级计划监督部门统筹管理。在计划目标明确以后，为狠抓落实，恒大在集团和区域公司两级分别设立了强势的计划监督部门，来统筹计划的推进、过程的协调、监督与考核工

第八章　构建合理机制　充分激活动力

作。集团管理中心负责集团各中心、区域公司年度及月度计划的制订、分解及考核，区域公司综合计划部则根据集团下达的区域公司计划，再将计划分解落实到各部门，并且进行过程的监督和考核。两级计划监督权责说明如图8-5所示。

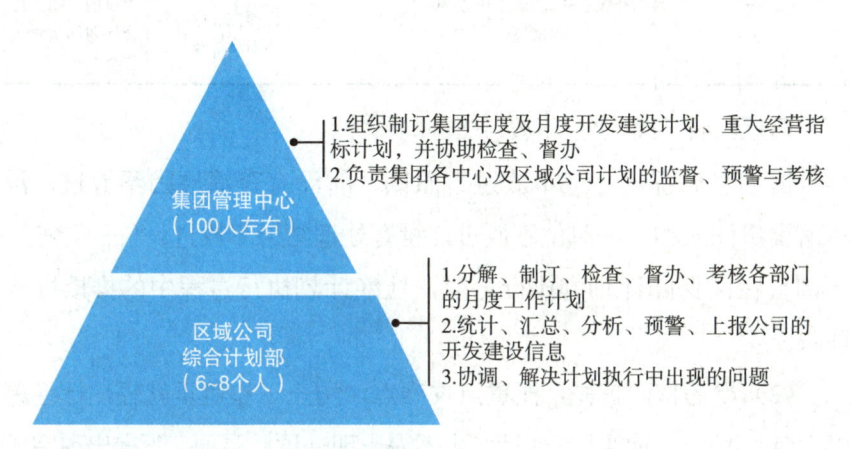

集团管理中心（100人左右）
1. 组织制订集团年度及月度开发建设计划、重大经营指标计划，并协助检查、督办
2. 负责集团各中心及区域公司计划的监督、预警与考核

区域公司综合计划部（6~8个人）
1. 分解、制订、检查、督办、考核各部门的月度工作计划
2. 统计、汇总、分析、预警、上报公司的开发建设信息
3. 协调、解决计划执行中出现的问题

图8-5　两级计划监督权责说明

其次，有机制，两级会议逐级定时排除过程风险与障碍。为了推进各项目工作按照预定目标执行，恒大特别强调通过集团工程建设协调会和区域公司工程建设协调会两级会议的方式来检查工作的完成情况，针对难点和风险点及时预警，及时决策。两级会议权责说明如表8-1所示。

表8-1　两级会议权责说明

类别	时间	主持人	参加部门	会议内容	会议输出	保障机制
集团工程建设协调会	每双周一次	集团总裁	集团各部门、各城市公司总经理等	协调解决各项目工程建设中存在的问题，并检查计划的完成情况	管理中心负责组织并于会议结束次日下发会议决议，并将决议纳入工作计划考核	未召开或未及时下发会议决议，扣发管理中心负责人奖金

323

续表

类别	时间	主持人	参加部门	会议内容	会议输出	保障机制
区域公司工程建设协调会	每周一次	分管工程领导或三线城市项目总经理	综合计划部、工程部、合同管理部、工程技术部、招投标部、预决算部、采购部、开发部、营销部等	检查各项计划完成情况，制订各部门工作计划并落实到人	综合计划部于协调会结束次日下发会议决议，并将决议纳入区域公司内部考核，且须三天内报管理中心备案	未按时召开的，扣发分管工程领导或三线城市项目总经理奖金；未按时下发会议决议的，扣发综合计划部负责人奖金

最后，有手段，"三不放过"。

恒大明确提出"三不放过"原则，即没有查清原因不放过，没有落实责任人和责任单位不放过，没有处理结果不放过。"三不放过"原则旨在以保障计划的执行力度，杜绝计划执行过程中的推诿扯皮现象。

（2）严考核。首先，抓重点攻难点，防止工作避重就轻，杜绝漏网之鱼。恒大明确要求工作计划中不得出现缺项、漏项，不得出现完成难度过低、时间节点严重滞后或非主要（重要）工作内容的计划。为此，恒大明确了必须纳入考核和禁止纳入考核的两大类工作项。其中，必须纳入考核的工作项，包括以下三个大类。

一是工作计划，指各部门自行填报的符合区域公司要求和集团节点计划要求的正常工作计划。为此，恒大特别梳理了项目开发从拿地到交楼八大阶段，涉及开发、设计、工程、营销等各职能部门的244个工作项，明确要求这些工作项如果处于考核周期内则必须纳入部门的月度计划。如取得土地的各类有关工作节点、重要图纸的设计及方案报审、开发报建取得的各种证照和批复、相关重要合同的签订，重要工程节点的开工、完工，销售、交楼方面重要的工作安排等。

二是互提计划，指各部门根据集团节点及区域公司规定等要求提出的，在责任部门完成后方能进行本部门工作的需求计划。

第八章　构建合理机制　充分激活动力

三是中层会议及其他会议决议，指由区域公司领导主持的、会上各部门提出的、会上确定时间节点的且与各项目开发建设密切相关的会议决议，均须纳入月度计划考核中。此外有一个特殊情况，即部门月计划已经审批通过、新增的一些会议决议事项也需要再纳入考核中，按正常工作计划考核。

上述三类工作项由综合计划部考核：如果按时完成，则实际得分都为计划分值的100%，未按时完成的实际得分为计划分值的60%，未完成不得分。另外，恒大还根据工作的重要程度与难度的不同设定了不同的计划权重分值。

其次，推动部门间协作，关联部门考核成绩纳入绩效分数。恒大将部门考核分为本职工作完成率考核和关联部门工作完成率考核。最终绩效完成率 = 80% × 本部门当月实际计划完成率 + 20% × 关联部门当月实际计划完成率。例如，开发部80%的绩效完成率参照本职工作考核，20%的绩效完成率与关联的工程部、总工室、招投标部的实际计划完成率挂钩。其他部门以此类推。

再次，根据不同部门的特性分类考核。比如开发部计划完成率的基准指标为70%，招投标部、总工室计划完成率基准指标为75%，其他各职能部门或业务部门计划完成率基准指标为95%。各部门最终考核完成率是根据上述各部门绩效完成率与计划完成率基准指标的比值确定的，且以此作为各部门当月奖金系数的评定依据。具体计算公式为：考核完成率 = 绩效完成率 / 计划完成率基准指标 × 100%。

最后，为推动重要工作项的完成，恒大明确了工作项的考核追踪机制。对于未按时完成及相关部门多次在会议上提出的同一计划，则要进行重复考核。比如，某条计划被提出，设定计划分值为3分，但在下一次会上因未按时间要求完成被再次提出，则该计划首先按未完成考

千亿之路

核,扣除计划分值,并再次按新确定的时间重新纳入考核,以此类推,直至完成为止。

(二)以模块化为基础,打造高效执行力

对于万达而言,执行力可谓其生命线,包括按指标完成销售、按期开业等。在万达,有这样一种说法:开工典礼是新高管"组织执行力"的第一次考试,报批报建是新高管"开发执行力"的第一次考试,每月高管会的"第一、倒数第一"述职是执行力的常态化考试。

1. 制度标准化,计划模块化

万达在规模高速扩张的同时,特别强调通过制度来强化企业运营并实现有效管控。有过10多年从军经历的王健林在万达实行军事化管理的模式,目标责任状、誓师大会等军队管理手段被万达广泛采用。

(1)制度标准化。制度作为万达企业文化的一部分,体现着万达的内在精神,其关键是执行。万达非常重视企业制度,尤其重视企业制度的可操作性。万达制度标准化的特点如图8-6所示。

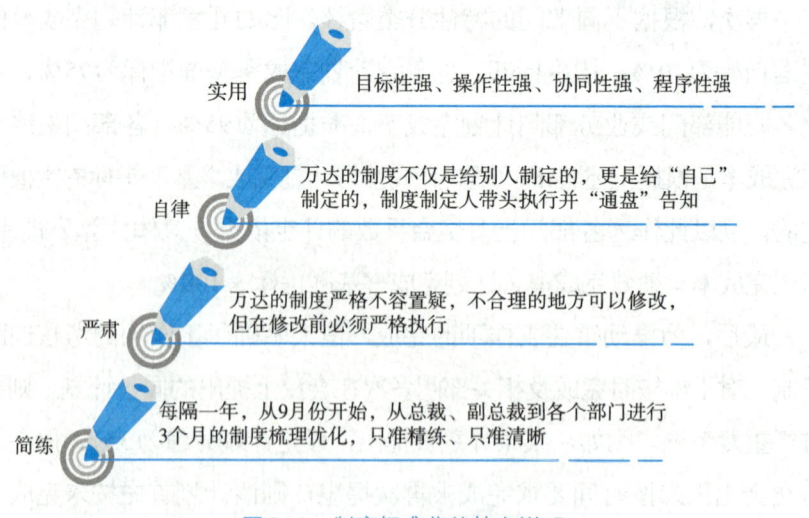

实用 —— 目标性强、操作性强、协同性强、程序性强

自律 —— 万达的制度不仅是给别人制定的,更是给"自己"制定的,制度制定人带头执行并"通盘"告知

严肃 —— 万达的制度严格不容置疑,不合理的地方可以修改,但在修改前必须严格执行

简练 —— 每隔一年,从9月份开始,从总裁、副总裁到各个部门进行3个月的制度梳理优化,只准精练、只准清晰

图8-6 制度标准化的特点说明

第八章 构建合理机制 充分激活动力

万达2014年召开了制度修订启动会，修订后的制度的文字总数相比2012版减少了20%。各业务岗位的一把手是制度修订工作的第一负责人，制度修订遵循"简化、实用"的原则。万达制度设计关注三大关键点，如图8-7所示。

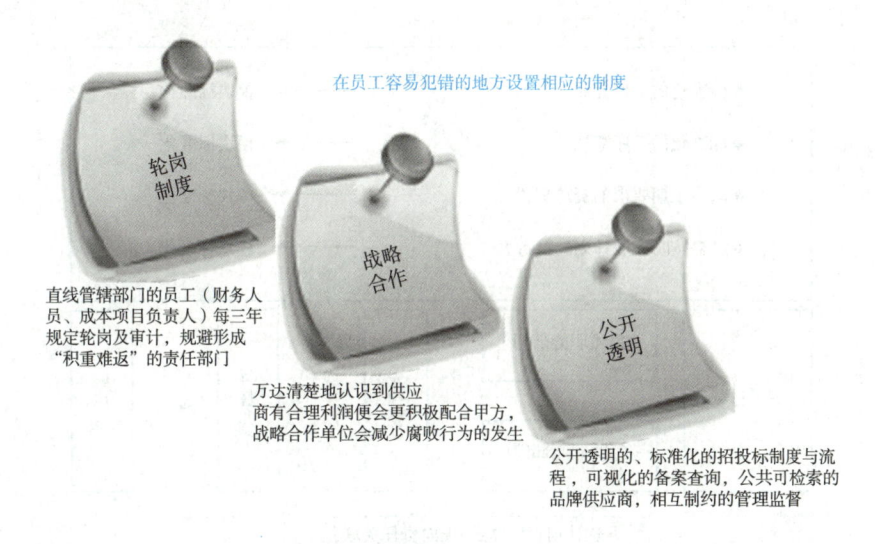

在员工容易犯错的地方设置相应的制度

轮岗制度
直线管辖部门的员工（财务人员、成本项目负责人）每三年规定轮岗及审计，规避形成"积重难返"的责任部门

战略合作
万达清楚地认识到供应商有合理利润便会更积极配合甲方，战略合作单位会减少腐败行为的发生

公开透明
公开透明的、标准化的招投标制度与流程，可视化的备案查询，公共可检索的品牌供应商，相互制约的管理监督

图8-7 制度设计的三大关键点

比如万达商业地产投资制度，解决了项目能不能拿及新员工操作执行的问题。十几年前，万达编成商业地产投资100问，5年前，万达把它提炼成商业地产投资50问，包括地下有没有障碍物，有没有配套设施，当地的建设成本是多少，人工成本是多少，税费是多少等。这50个问题都必须用数字回答。王健林称回答完这50个问题，这个项目能上不能拿就清楚了。更重要的是，在回答完这50个问题之后，新员工只需要全面理解公司的发展投资制度，就能对工作项的操作流程非常清楚。

（2）计划模块化。房地产行业的特点是计划不如变化快，不确定因素很多。万达的制度，以计划结果为导向，将"关键环节"模块化，

千亿之路

把控关键计划节点：一是通过标准化的工期控制，实现模块标准化；二是通过标准化的工序穿插，固化进场时间；三是配置满足工期要求的资源，进行战略合作总包；四是严格按时完成计划，严格进度考核。万达计划模块化的要点如图8-8所示。

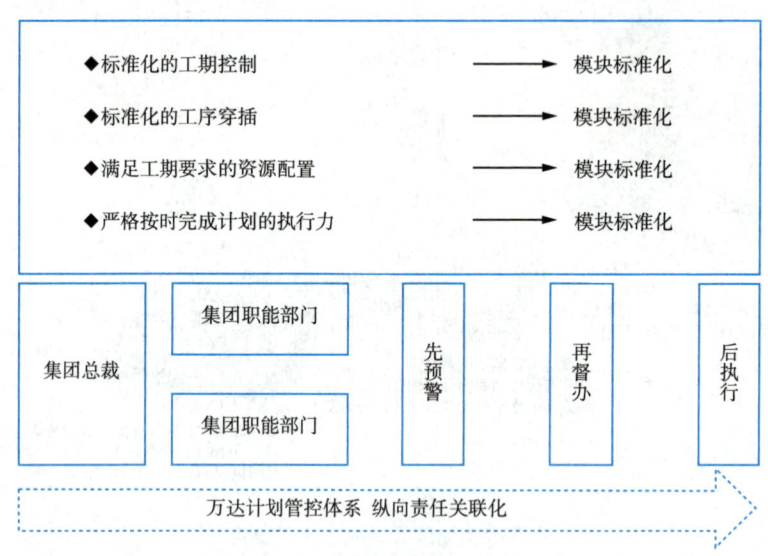

图8-8 计划模块化要点

万达还特别强调通过信息化系统的红、绿、黄灯及绩效绑定等机制，来实现对关键计划节点的把控，这些无不体现该企业强大的执行力。节点预警和亮灯机制如图8-9所示。2013年，万达全集团计划模块考核93项，考核节点8 565个，延误一周左右的"红灯"加起来只有39个，仅占全部节点的4‰。

与此同时，各项计划要充分协同，如图8-10所示。

2. 奖惩严格，量化考核，令行禁止

首先，选有执行力的人，如图8-11所示。

第八章 构建合理机制 充分激活动力

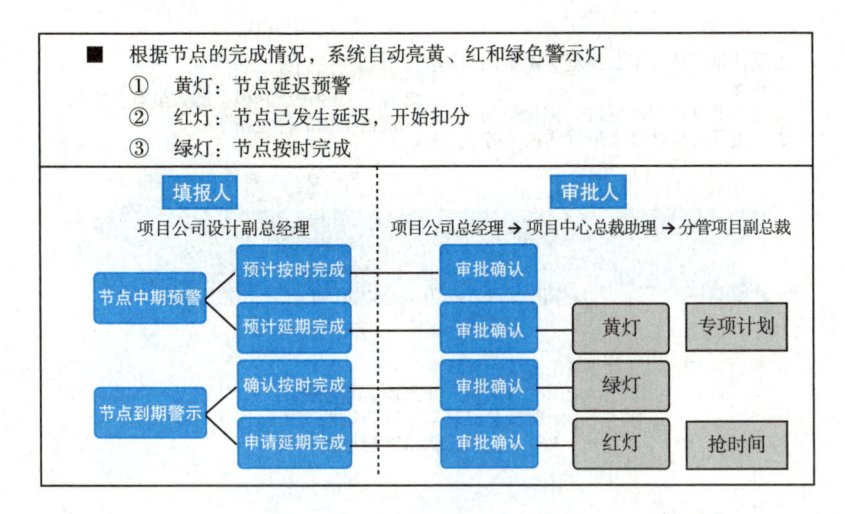

- 根据节点的完成情况，系统自动亮黄、红和绿色警示灯
  ① 黄灯：节点延迟预警
  ② 红灯：节点已发生延迟，开始扣分
  ③ 绿灯：节点按时完成

图8-9 节点预警和亮灯机制

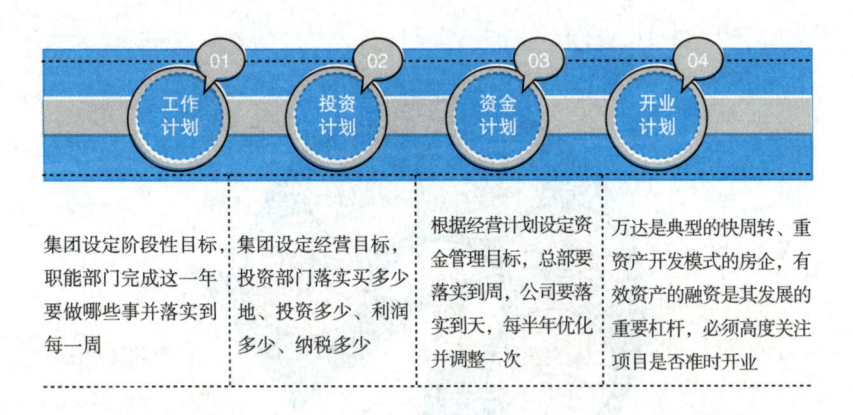

图8-10 计划协同四个要点

其次，所有考核量化，防止主观判断。万达认为不能量化的考核等于没有考核。一方面经营部门的考核完全可以量化，另一方面，非经营部门如人力资源中心、企业文化中心的考核也可以量化。量化考核要点如图8-12所示。

千亿之路

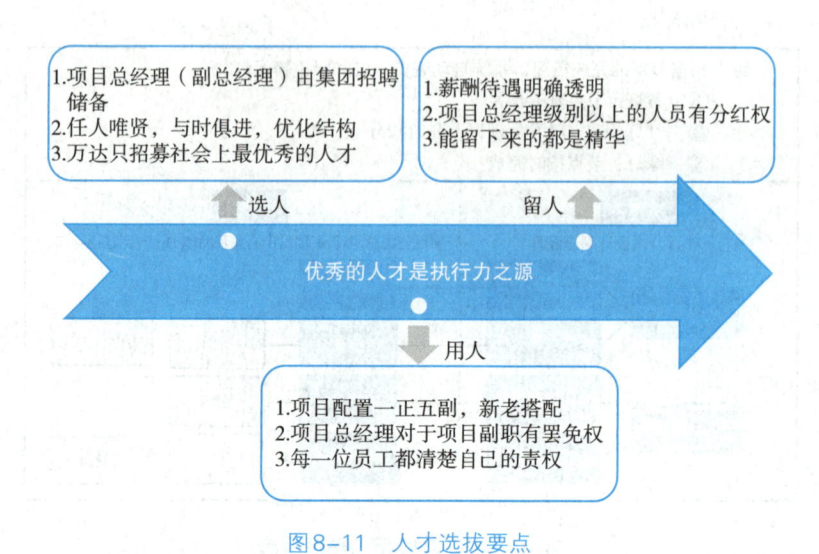

选人
1. 项目总经理（副总经理）由集团招聘储备
2. 任人唯贤，与时俱进，优化结构
3. 万达只招募社会上最优秀的人才

留人
1. 薪酬待遇明确透明
2. 项目总经理级别以上的人员有分红权
3. 能留下来的都是精华

优秀的人才是执行力之源

用人
1. 项目配置一正五副，新老搭配
2. 项目总经理对于项目副职有罢免权
3. 每一位员工都清楚自己的责权

图8-11 人才选拔要点

量化考核：清晰标尺、结果清晰、聚焦目标、团队责任、敲山震虎
- 突出量化指标
- 以结果论成败
- 考核不超过三项
- 处罚直接领导
- 针对关键环节
- 不能量化的考核等于没有考核

图8-12 量化考核要点

再次，考核必须有结果。一是纵向强管控，通过三级管理逐级盯；二是横向强协同，责任一条线，劲往一处使。万达的考核计划每年9月开始制订，历时3个月，12月5日前由总裁正式签发。

第八章　构建合理机制 充分激活动力

最后，内部审计制度。万达有审计部，审计部每年对所有部门进行审计。审计得出三种意见：一是管理建议书，没有任何处罚，提出管理建议；二是整改通知书，处罚程度及罚多少钱等，非常明确；三是审计通报，开除相关违规操作人员。由于万达严格执行着内部审计制度，所以其员工的执行力都非常强。

3. 会议管理：万达开会，无人敢睡

很多人惊叹于万达的执行力，其实只要你了解万达是如何开会的，就会对其强大的执行力有所了解。坊间的传闻"万达开会，无人敢睡"，正是万达执行力的一个写照。具体来说，并不是对哪个领导的敬畏导致"不敢睡"，而是对于后续指导工作的"指示精神"不敢怠慢。万达具有特别的会议管理原则，详情如下。

第一，从不打印的工作报告。在每年的万达年会上，王健林都会做一个精彩的大会发言，工作报告是其亲自手写的，从来不在会前打印出来。报告中既有宏观分析，也有客观业绩，还有微观褒贬，更有未来走势。

第二，精细的会务手册。会议的流程、参会人员、会议的主题、每一个议程的时间，甚至会议人员每人每天每场在哪张桌子开会，需要穿什么服装，在哪个餐厅、哪个位置就餐，会议当天的天气如何，这些都在会务手册中有详细的说明和介绍。如今，会务手册已经嵌入万达集团移动办公的App里，也可称之为"会议管理系统"。

第三，准时开会准时散会。万达做到了三点：一是会议通知时就明确会议开始及结束的时间；二是合理安排会议议程，明确每件事项的讨论时间；三是会议主持人必须有效调动与会人员的积极性和控制好会议时间。

第四，开会发言只捞干货。万达开会从来没有空话、废话，开会

是要解决问题的，不是用来抱怨的。因此，在万达的会场上，经常会有发言和汇报被打断，因为发言者跑题了。会议的PPT（演示文稿）也都是极简风格，有规范模板，杜绝花里胡哨；一般会议的PPT不许超过10页，给董事长、总裁汇报的PPT基本不会超过3页。

第五，开会不许找替身。每个部门派来参会的人要能拍板，能定意见，参会代表要能代表整个部门。

第六，强大的会议督办系统。会上确定的事会落实到每个人、每件事、具体时间段。万达开发了一个任务追踪系统，目的是通过量化的指标来跟踪会议的落实情况。

（三）标准化推动强大的执行力

1. 在标准化体系下，又快又好做项目

建立项目开发过程的标准化管理体系，是房企实现强大的执行力的有力抓手，可以助力房企又快又好地发展。

快速开盘的标准化指引——聚焦展示区域，确保完美开盘，以及各类标准化表单、计划、请示、报告、方案书等，从根本上提高了执行效率和质量。

企业标准化体系下的超强执行力文化，还体现在其标准化的营销体系上。常见的标准化营销把项目营销管理全流程划分为七个阶段，并相应地建立若干个工作集群和数百个工作节点，辅之以上千个具体模板和600多个案例的营销标准库。营销总部可利用电子系统对项目运营实施监控，对所有项目进度及工作项完成情况一目了然；各级管理人员可及时采取措施，发出精准指令。

2. 推行跟投机制，极大地释放员工活力

在项目推行跟投机制之后，房企的拿地到开盘周期往往会有较大

第八章 构建合理机制 充分激活动力

幅度的压缩，比如某房企的开盘周期就由推行跟投机制前的6.7个月缩短为4.3个月，净利润率由10%提高到12%，个别项目甚至高达20%；自有资金年化收益率由30%左右提高到65%；现金流回正周期从10～12个月缩短为8.2个月。跟投机制有力地推动了快周转目标的达成，其效果如图8-13所示。

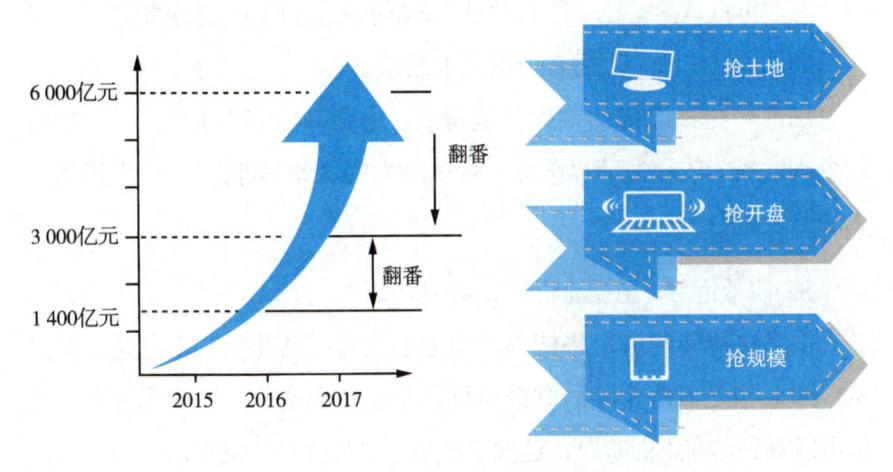

图8-13 跟投机制的效果说明图

具体来说，拿地奖励机制、成就共享与同心共享机制，对于激发员工激情和强化执行力发挥了巨大作用。项目跟投本质上是内部员工与企业合资开发项目，让员工为自己打工（员工跟投资金源于自有财产，能为项目及时补充资金，因而锁定了利润分享比例），驱动员工不断自我激励、自我管理、突破创新。

跟投机制对员工的激励性，也反映在收入上。比如某房企在推行跟投机制后一年内，项目总经理年收入过千万元，区域总裁年收入过亿元，"各区域员工都像打了鸡血一样"。与此同时，企业内部的管理、运营发生了质的变化，一方面让有能力有想法的高管工作更加稳定，信心更加坚定，由被动式工作自觉转为主动式工作；另一方面吸引了社会上众多优秀的人才加盟。

在重奖的同时，房企针对未达成目标者的惩罚也绝不手软。通常来说，很多房企将一年之内现金流回正作为重要的指标，只有实现这个目标才可以拿成就共享的奖金。2017年，奖励制度变得更为灵活，有房企将其调整为如果一年内没有回正，延期一个月回正，打八折，再延一个月，再打八折。在"同心共享"的跟投机制下，因为绑定了员工投入，如果项目失败，跟投者可能血本无归。

由此可见，以前的"火车跑得快，全靠车头带"理论已经过时，如今则发展为依靠每节"车厢"提供动力的"动车理论"，以发挥每个人的巨大潜力。

3. 高效运营，重视流程与节点

很多快周转的房企将核心竞争力定义为：高速度、精品质、低成本。图8-14是某房企随时间的推移其企业核心竞争力的演化过程，我们可以看到，在不同阶段，速度、成本、品质都是关键词。

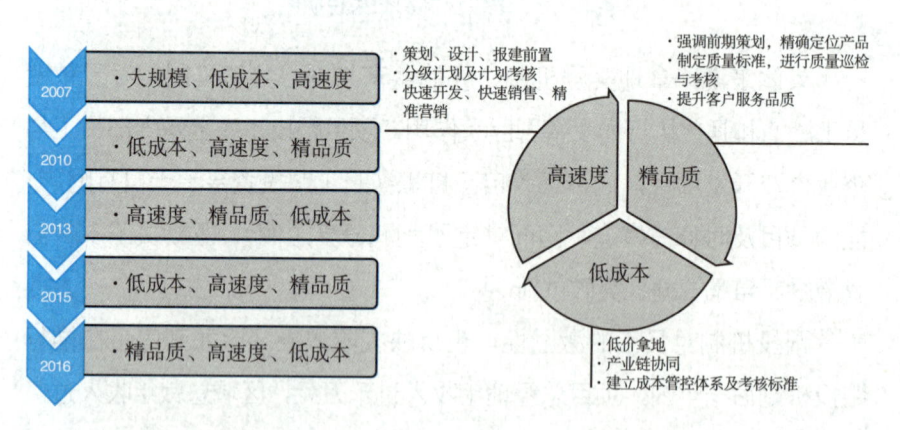

图8-14 核心竞争力说明图

其中，"高速度"重在执行，一是策划、设计、报建前置；二是实行分级计划及计划考核；三是快速开发、快速销售、精准营销。"摘牌

第八章　构建合理机制　充分激活动力

即开工"的运营神话一度享誉业界。实现摘牌即开工必须要做的八项工作依次为：做好前期策划，规划设计前置，强势推进收地，先行进场勘探，提前开展招标，重视临设先行，政府关系维护和摘牌即是开工，具体如图8-15所示。

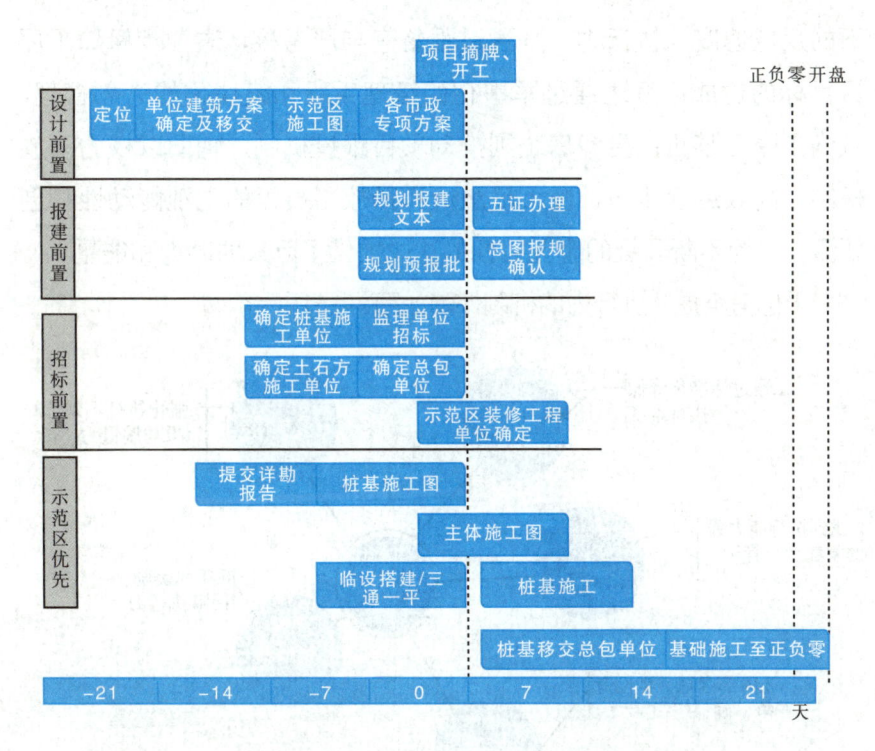

图8-15　开发模式及开发流程图

　　将多种业务都实现电子化的流程管理也是打造房企强大执行力的重要抓手。对于每一个业务的进度都设置了红、黄、绿预警灯。当出现三个红灯，相关业务人员会被职能中心负责人约谈，一旦出现四个红灯，相关业务人员将接受总裁的约谈。在快周转的房企中，节点管理正变得越来越严苛，这在一定程度上也保证了房企较强的执行力。

（四）千亿房企执行力的核心要点

科学的制度与规范是房企执行力的基础与保障，已成为企业规模化扩展的关键环节，也成了当下众多房企高层关注的重点。

由前文可知，恒大通过集权化和目标计划管理，提升了从上至下的反应速度与执行力，并通过强督查与严考核，进一步保障了项目目标的达成；万达通过军事化的管理手段和模块化的计划管理，做到了令行禁止；更多房企则推动项目跟投机制，辅助以权力下放机制、高效运营能力，极大地激活和释放了员工的主观能动性和创新活力，为不断升级的企业目标的达成提供了巨大的动力和能量。

千亿房企提升执行力的机制保障如图8-16所示。

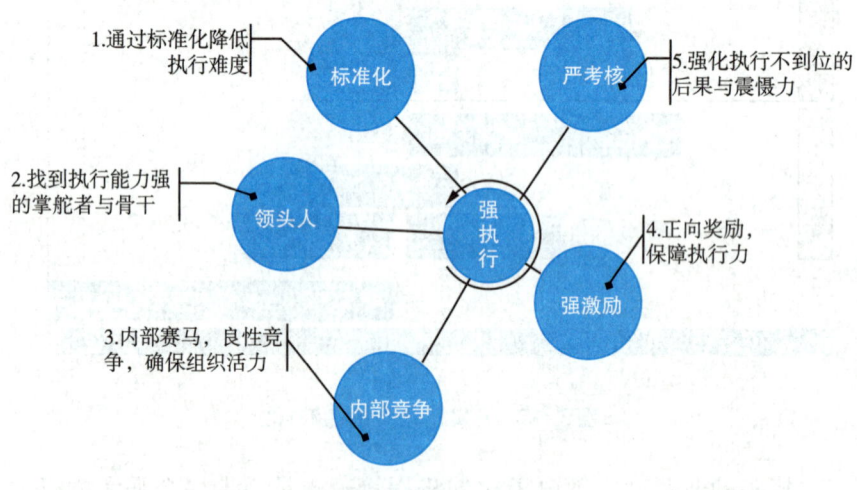

图8-16 强化执行力要点

1. 标准化：通过标准化降低执行难度

标准化对房企战略的执行与落地发挥着重要的作用。如前所述，标准化带来的是产业化与规模化。在目前房地产市场的政策、资源、成本等越来越透明的情况下，标准化战略成为中小型房企的核心战略，也

第八章　构建合理机制　充分激活动力

是它们增速提效走上千亿之路的基本功。

标准化管理是一项长期系统的工程，需要整体规划、分步实施。大型房企大多已经完成了长期的积累与沉淀，对于其他中小型房企而言，短期内可以分步实施，将关键的、能用的和有优势的内容进行标准化，并不断进行提炼、应用与优化，之后再逐步拓展标准化的范围。

2. 领头人：找到执行能力强的掌舵者与骨干

任人唯贤、与时俱进，不断优化人才结构，吸引执行力强的"将才"，对于企业战略落地与执行，起到驱动的作用，对于人才的储备与梯队建设，也会形成积极的用人氛围与生态机制。

3. 内部竞争：内部赛马，良性竞争，确保组织活力

通过内部通报排名的手段来促进各区域公司间的良性竞争、优胜劣汰，或通过内部竞争来打破各区域公司属地限制与地域保护，都有助于激发员工的"狼性"，有助于打造"狼性之师"。

4. 强激励：正向奖励，保障执行力

随着房地产行业利润率不断下滑，项目奖金额度往往不如人意，核算机制也较为复杂，房企的激励力度不断下降。与此同时，许多异军突起的区域公司或是城市公司，年度交易额达百亿元乃至几百亿元，甚至与许多前50强房企的整体业绩相当，而薪酬待遇方面的落差越来越大，急需新的激励机制来激发士气，为企业开疆拓土。而激发员工士气的正向激励和高额奖金，正是适应这种时代背景的良好机制，千亿房企高速前进必然需要这样的激励机制。

5. 严考核：强化执行不到位的后果与震慑力

强有力的制度与严肃的"奖罚分明"机制，无疑是打造一线员工

强执行力的有力保障。除了广为人知的"成就共享""项目跟投"激励机制之外,恒大、万达也无一不是"奖罚分明"。若现金流不能如期回正,或是项目考核期出现亏损,相关一线员工便面临严劣的惩罚。严苛的惩罚机制意味着员工需要承担较高的风险,有利于激发员工的潜能。

良好的考核机制能激发潜能,还能起到淘汰作用。以项目跟投机制为例,万一项目发生亏损,参与投资的人所面临的就不是简单的"罚款",而是血本无归。

四、计划强管控,提升开发效率

房企的项目开发计划达成率是衡量其执行能力的重要指标,部门间信息共享、工作的计划协同是项目开发过程中的重要关注点。如果说过去几年行业中计划管理是百花齐放,那么最近几年随着计划运营部门的不断成熟,开发计划的管理便犹如雨后春笋。对于千亿房企而言,计划的强管控更是深入到整个开发计划管理的各个环节。以超强的计划执行来保障开发节点的准点达成,具体的手段包括:分级计划强管控、计划量化严考核、运营会议强协同、移动办公强执行。接下来结合企业的实践分别阐述。

(一)分级计划强管控

项目开发计划的分级管理已经是行业常态,其中的关键词是抓一级、控一级、看一级。集团强控少数关键节点,区域公司或者城市公司控制项目的次一级节点,在项目执行层面重点推动执行节点。不管是计划分级、计划编制、计划调整还是计划反馈、计划预警等,整个计划管理过程都在传递计划严格执行的要求。

第八章　构建合理机制 充分激活动力

1. 计划分级

某千亿房企将项目主项计划（280个节点）分为项目里程碑计划、项目一级计划、项目二级计划、项目三级计划，如图8-17所示。

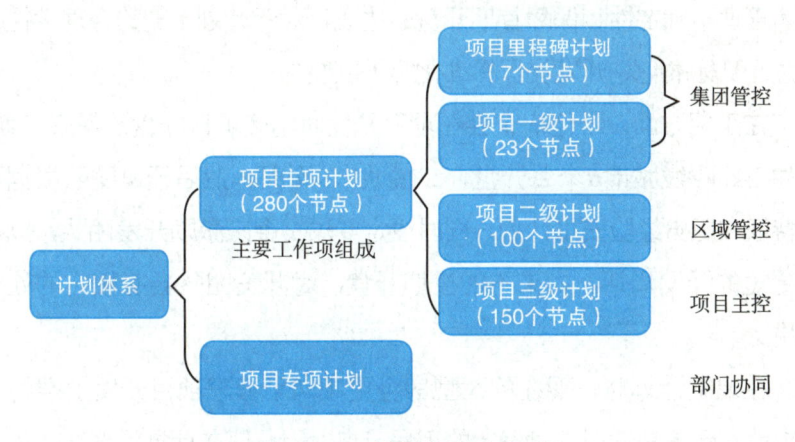

图8-17　计划分级管理模型

抓一级：集团项目里程碑计划及项目一级计划作为集团管控的核心要点，其中项目里程碑计划是由集团总裁终审，一旦确定，原则上不允许调整，以确保计划的刚性。但在年中、年底或新项目首次开售后一个月内，可以进行统一调整。项目一级计划由集团副总裁（主管运营）终审，一旦确定，原则上也不允许调整，每月进行回顾，检查是否存在风险及偏差。项目一级计划的调整须与项目里程碑计划的调整同步进行。

控一级：项目二级计划作为集团核心的监控计划，其由区域公司进行管控。项目二级计划审核只需要到区域总裁即可，并且区域公司可以根据区域内各项目情况每月进行回顾，每季度可以调整一次。

看一级：项目三级计划由项目进行主控，虽然审核节点同样到区域总裁，但三级计划不是集团的管控要点；当项目出现异常时，集团能够追溯到项目三级计划。

2. 计划编制

在中小型房企中，计划编制往往都会强调计划的合理性，强调计划不要经常发生变化。但是纵观千亿房企，项目计划的编制重心已经表现为管理不确定性和保障首期开盘的达成，对于计划工期的合理性往往通过产品标准化、开发流程标准化等予以控制。

在工期方面，千亿房企会在项目开发时明确项目开盘的保底工期，比如三、四线城市6个月开盘，二线城市9个月，然后开发团队根据项目特征和历史经验安排计划，同时设定专项奖金来激励开发团队，以挑战更短的开发周期，如果不能按期开盘，对开发团队会有相应的处罚措施。

在编制计划时，现在的大型房企更倾向于管理项目开发前端的不确定性，而不是管理相对确定的工程节点，因此现在计划管理往往都会前置到拿地阶段，如图8-18所示。

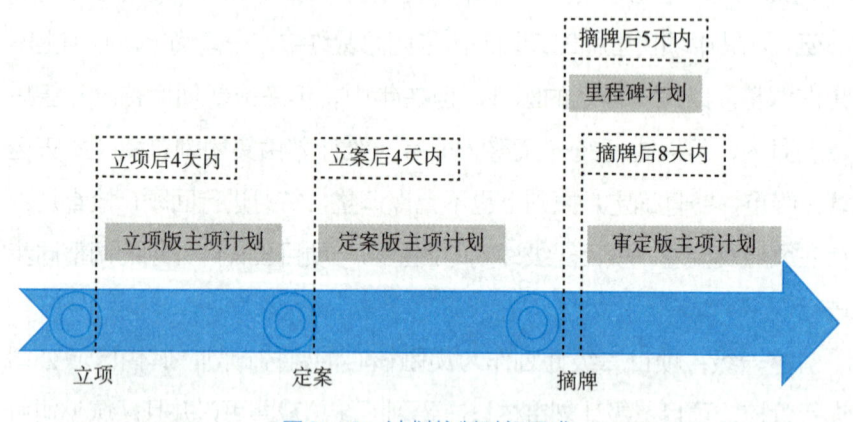

图8-18 计划编制时间要求

目前，大型房企的计划管理重心在于首批开盘的影响因子，因此在专项计划设计方面，房企会瞄准企业计划达成的重难点来专门设置，比如定案专项计划、供应商招标专项计划、开盘专项计划等。

第八章 构建合理机制 充分激活动力

在计划落实方面，房企现在的普遍做法是将里程碑节点的时间要求落实到区域负责人和项目第一责任人的经营目标中，作为考核他们的重要指标。

3. 计划调整

对于计划的节点调整，大部分房企都强调刚性原则，由集团强控项目的关键节点。表8-2是常见的调整规则。

表8-2　计划调整规则

节点类型	调整时间点	调整审批（与编制时审批路径一致）
里程碑节点	原则上不予调整，保证计划的刚性。年中、年底或新项目首次开售后一个月内进行统一调整	审批路径与里程碑计划审批路径一致，由集团总裁终审
一级节点	原则上不予调整。每月回顾，调整须与里程碑节点调整同步进行	审批路径与审定版主项计划审批路径一致，由集团副总裁（主管运营）终审
二、三级节点	区域公司可根据区域内各项目情况，每月回顾，每季度调整一次	审批路径：项目第一负责人—区域运营负责人—区域总裁

集团要明确调整规则，严格调整程序，层层加码，传递压力，把一级节点以下的调整都下放到区域公司，仅抓里程碑节点，并且对一级计划的调整审批，也做了明确约定。

4. 计划反馈

由于销售规模的不断扩大，很多房企将计划的过程管理下放到区域公司，集团对计划的执行情况了解难度加大，因此当前对于计划反馈的要求急剧放大，既包含节点反馈的及时性，也包含节点反馈的准确性。图8-19是某企业对于计划节点反馈的时间要求和质量要求。

千亿之路

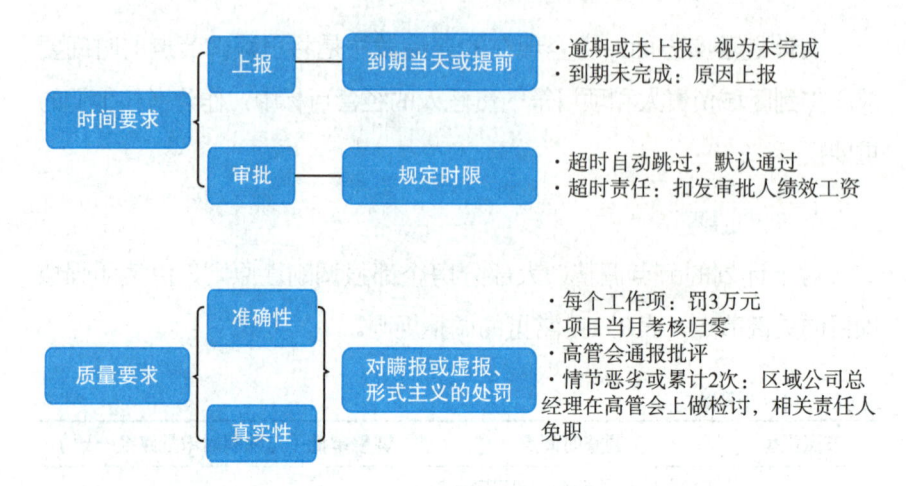

```
时间要求 ┬─ 上报 ── 到期当天或提前    · 逾期或未上报：视为未完成
         │                          · 到期未完成：原因上报
         └─ 审批 ── 规定时限         · 超时自动跳过，默认通过
                                    · 超时责任：扣发审批人绩效工资

质量要求 ┬─ 准确性 ┐
         │         ├─ 对瞒报或虚报、   · 每个工作项：罚3万元
         │         │  形式主义的处罚  · 项目当月考核归零
         └─ 真实性 ┘                  · 高管会通报批评
                                     · 情节恶劣或累计2次：区域公司总
                                       经理在高管会上做检讨，相关责任人
                                       免职
```

图8-19　计划反馈的要求

5. 计划监控

在计划的执行过程中，集团层面对都采用红、黄、绿灯预警的方式对计划进行监控。表8-3是某房企的计划预警方式，重点在于采取相应措施自行解决问题。

表8-3　计划预警方式

预警等级	触发点	处理措施
绿灯	按时或提前	正常执行
黄灯	延迟时间在3天内	里程碑节点：区域公司总经理牵头组织各方资源，确保尽快完成计划。一级节点：区域公司运营负责人及项目总经理牵头组织各方资源，确保尽快完成计划。二、三级节点：项目总经理牵头组织 各方资源，确保尽快完成计划
红灯	延迟时间超过3天	

（二）计划量化严考核

计划考核是保障计划实施的有效手段。以前房企对于计划的量化考核难以统一，每个房企的考核模式都不太相同，但随着快周转房企考核措施逐步发挥作用，目前在房地产行业，针对计划的量化考核逐渐形成了标准。在考核过程中需要坚持如下原则：首先要实现精准考核，对集团职能部门、城市公司、项目公司采用不同的考核方式，确保考核内容与实际工作内容或者职能是相关的；其次要保证达到全方位覆盖，针对计划的考核内容，不限于项目开发计划，而是将职责范围内的重点工作项、上下游提请协办项、会议决议及高层交办事项都纳入计划考核的范围。

在考核模式上，房企普遍采用了三种不同的考核模式：节点计分考核、现金奖惩考核和横向排名考核。以下是对这三种考核模式的简单介绍。

1. 节点计分考核

房企通常对各级计划的节点设置一定的分值，例如里程碑计划10分/节点，一级计划7分/节点，二级计划2分/节点，三级计划1分/节点。针对节点计分考核模式，通常都会有配套的红、黄、绿警示灯。比如某房企规定，节点按时完成则为绿灯，节点分值计为得分。一旦发生延误将被扣分，将亮黄灯，根据延误的多少来计算得分。节点延误三天以上则亮红灯，节点工作项分值将被全部扣完。表8-4是节点计分规则表。

表8-4　节点计分规则表

标准分值	绿灯得分	延误1天	延误2天	延误3天	红灯
10分	10分	10分×80%	10分×50%	10分×10%	0

2. 现金奖惩考核

通常采用的现金奖惩考核方式是根据节点不同，采取相应的专项奖惩措施。以新项目开售进度奖励为例：

开售进度奖励金额 = 总供货面积（展示区 + 销售区）× 奖励单价

面积：按取得预售证面积计算（地下室及公共建筑等不纳入计算面积）。

奖励单价：与提前开售的时间量挂钩，如表8-5所示。

表8-5 奖励单价规定

提前量	<15天	15~30天	31~45天	45~60天	61~75天
单价	0.5元	1元	1.5元	2元	2.5元

3. 横向排名考核

横向排名的考核模式相对简单，主要根据计划完成率进行排名。此类考核方式更多适用于区域公司、项目公司的生产部门（工程技术中心、采购中心、成本管理中心、设计中心、投资发展中心），对于职能部门（总经理办公室、企划中心、营销中心、客户关系中心、财务中心）通常不做横向排名考核。考核的达成率通常也仅是按实际完成节点数除以计划完成节点数的方式进行计算。因此，在千亿房企和快周转规模房企的考核模式取得成功的背景下，此考核模式也将逐渐淡出人们的视野。

（三）运营会议强协同

在项目的开发过程中，计划没有变化快是常见现象，开发过程中的重难点也会随着时间的推移而发生变化。标准化的计划管理和开发管理对这种变化一般难以全面适应，同时在项目的开发过程中经常会出现部门间信息不对称的现象，因此房企需要通过会议的形式来明确工作新目标和新行动，运营例会（周会、月会）便成为项目开发过程中协同和执行的重要环节。

1. 运营会议的目标是决策

运营会议的目标是解决分层决策和团队决策的问题，同时解决项目团队和经营团队信息沟通以及整体协调的问题。正如某千亿房企高管所言："在快周转的模式下，单纯依靠集团或者集团领导决策的方式，企业运作负荷会越来越大，此时，企业迫切需要更多的经营中心和决策主体，以形成一支'虎狼之师'。因此，做强专业线，做实做强区域公司，集团下放决策权，是规模扩张的必然要求。"

2. 会后决议成文，狠抓落实

在每次会议召开后的一天内，由会议组织者把明确的决议和待办事项形成会议纪要发送给各个参会人员，以便让会议决议真正落实；利用移动手机的会议决议跟踪功能，能够实时地追踪会议决议的执行情况，做到决议实时跟踪，风险及时了解，真正形成决议执行闭环。

（四）移动办公强执行

1. 把工作装进口袋

"我要把企业装进你的口袋里，让你想怎么看就怎么看，想怎么管就怎么管。在系统中，企业的4 000多种业务都实现了流程管理，对于每一个业务的进度都设置了红、黄、绿预警灯。当出现三个红灯时，相关业务人员会被职能中心负责人约谈；一旦出现四个红灯，相关业务人员将接受总裁的约谈。在房企中，节点管理正变得越来越严苛，这在一定程度上保证了房企强大的执行力。节点管理最终成为业绩跃进的助推器，也是规模导向的重要支撑。"这是某房企的IT负责人在接受采访的时候对于移动化办公的形象表达。

事实上，越来越多的房企正在把管理放到行业专属的移动App中，以协助员工更好地掌握业务全貌，更好地进行业务协同，也更好地进行信息共享以确保工作的快速推进，其中移动计划是一个重要的管理工具。

移动计划可以将工作日程、关键节点、任务交办的执行情况进行统一管理，同时可以实现管理任务、安排日程、即时讨论等团队所需要的协作功能。

移动计划中的日历视图让日程管理变得更加简单。日历视图可以帮助员工安排好一整天的任务：日历视图中汇总了员工需要完成的任务、参与的任务以及需要参加的日程，员工不用担心遗忘重要的事情。

项目是由一项项的工作任务组成的，每一项工作任务的背后都涉及多方协作。可以利用移动计划工具，在工作的过程中加强部门协同，及时互通消息和风险，保证工作的顺利完成。

2. 高层交办任务随时随地下达，工作无遗漏

针对日常工作中发现的问题，集团高管只需要拿出手机，语音输入交办事项，即可下达指令给下级责任人员，以使问题快速得到解决。如果已下达的任务进度发生了变化，集团高管能够及时收到消息，及时查看到交办事宜的进展情况，达到对指令的随时跟踪（或监控、了解）。

在房企业务突飞猛进、技术日新月异的当下，各种管理创新和业务创新手段层出不穷。千亿房企通过开发计划进行工作管理，实现开发任务的监督、管理、控制已经是常态，借助移动智能工具更成为当前的一种潮流。整体而言，标准化、模块化、智能化的计划管理是提升房企业务执行力的重要手段。

后记：千亿房企的路径选择

随着2016年房地产行业销售规模达到新的高峰，行业两极分化的态势越来越明显：规模大、实力强的房企加速发展，行业集中度加剧，竞争将更多地在"大象"之间展开。因此众多房企竞相推出"千亿"愿景，期望在未来的竞争中奋起直追，保持行业排名。

在这场千亿追逐战中，不同房企的策略各不相同。不同房企的发展经历和能力禀赋决定了它们必将沿着各自的轨道快速前进。不管是采用"融资+并购"为主驱动力的路径，还是采用"产业融合"的资源路径，以及更多的房企采用"快周转"路径，理论上都有成功的可能。但是不管采用哪条路径，"广积粮、找资金、建标准、调运营、强激励"都是千亿房企的必经之路。

广积粮：表现为积极获取土地资源和拓展区域布局，为后续的高速发展储备合理的货值。

找资金：主要围绕资金筹措和资金安全建立管理策略，保障资金供应，降低资产负债率，降低融资成本，同时保障企业的"血液"健康地流动。

建标准：在房企内部坚定不移地推动标准化建设，不仅涵盖产品的标准化，更覆盖运营标准化和服务标准化，满足房企快速扩张的开发、管理和去化的需求。

调运营：深化运营职能，以节奏调节、经营观察和组织保障为根本，推动房企运营模式的转型，更快地提升房企的运营效率。

千亿之路

强激励：激发企业全员活力，将企业目标和个人目标有效捆绑，将职业经理人变成企业的事业合伙人，实现"共创、共享、共担"。

通过归纳与总结，我们期望房企能够在千亿追逐过程中厘清机遇与挑战，更好地规划路径、洞察风险、推动创新、落实执行，在千亿之路上走得又快又稳。